KB028255

기억의 벽

일러두기

1. 논어, 맹자와 같은 동아시아 고전에서 인용한 경우, 될 수 있으면 한문을 병기하지 않고 전체 문맥에 어울리게 한글로 풀어쓰는 것을 원칙으로 하되 인용출처는 편명까지만 문장 끝에 밝혀두었다. 동아시아 고전의 출전과 한글 풀이에 참고한 자료는 다음과 같다. 《장자》, 안동림 옮김, 현암사, 1999. 배병삼, 《한글세대가 본 논어》, 문학동네, 2005. 《회남자》, 이석호 옮김, 세계사, 1999. 박세당, 《박세당의 노자》, 김학목 옮김, 예문서원, 2008. 《순자》 김학주 옮김, 을유문화사, 2008. 《여유당전서》, 전주대 호남학 연구소, 여강출판사, 1999.
2. 나머지 인용의 경우는 원저자와 역자, 출판사와 발행연도 인용쪽수 그리고 부연설명이 필요한 경우는 각주로 처리하였다. 인용이 중복된 경우는 두 번째 인용부터는 책 제목과 인용 쪽수만 문장 끝에 명기하였다.
3. 원저, 책·신문은 《 》, 편명이나 시·소설·논문·신문기사 제목, 미술작품, 음악 곡명은 〈 〉.

사회문화 현상으로 본 치매

기억의 병

1판 1쇄 발행 | 2016년 2월 22일
1판 3쇄 발행 | 2017년 12월 15일

지은이 | 김진국
펴낸이 | 김경배
펴낸곳 | 시간여행
편 집 | 이진의 · 박정민
홍 보 | 강민정
본문 디자인 | 서진원

등 록 | 제313-210-125호 (2010년 4월 28일)
주 소 | 서울시 마포구 양화로 6길 9-24 (서교동 동우빌딩 3층)
전 화 | 070-4032-3664
이메일 | sigan_pub@naver.com

종 이 | 엔페이퍼
인 쇄 | 한영문화사

ISBN 979-11-85346-24-3   (03300)

* 이 책의 내용에 대한 재사용은 저작권자와 시간여행의 서면 동의를 받아야만 가능합니다.
* 잘못 만들어진 도서는 구입한 곳에서 바꾸어 드립니다.

이 도서의 국립중앙도서관 출판예정 도서목록(CIP)은 서지정보유통지원시스템 홈페이지 (http://seoji.nl.go.kr)와 국가자료 공동목록시스템(http://www.nl.go.kr/kolisnet)에서 이용하실 수 있습니다. (CIP제어번호 : CIP2016002985)

* 이 도서는 국제친환경 인증을 받은 천연펄프지(Norbrite 95#)로 제작되었습니다.

기억의 벽

김진국 지음

시간
여행

몸과 인격

몸은 '지금', '여기'에 머물고 있는 사람의 삶을 가능하게 하는 유일한 수단이요 형식이다. 몸이 무너지면 삶도 무너지고, 몸이 소멸되면 존재도 함께 소멸된다. 그래서 '몸이 곧 나(身則我)'이기도 하고, 내가 살아온 삶의 모습과 정체성까지도 내 몸으로 드러나게 된다. 따라서 똑같은 삶이 있을 수 없듯이 똑같은 몸이 있을 수 없다. 삶의 다양성을 인정한다면 삶을 가능케 하는 몸도 어떤 기준에 맞추어 미추·귀천으로 가를 수는 없다.

그러나 지금 우리 사회에서 몸은 몇 가지 기준에 의해 미추나 귀천이 선명하게 갈라져 있다. 아름답다는 평가를 받거나 시장에서 귀한 대접을 받고, 경우에 따라서는 경탄을 자아내기도 하고, 숭배의 대상이 되기도 하는 몸은 젊은 몸, 흰색 피부가 둘러싸고 있는 날씬하고도 훤칠한 근육질의 몸이다. 여기에 얼굴까지 동안이면 금상첨화다. 그러나 그런 몸이 실지로 '올곧은 정신'을 가지고 '올바른 가치'를 지향하는 '건강한 몸'인가를 묻는 물음에 대해서는 아무도 답하지 않는다.

대신 살가죽이 거칠거나 늘어지고, 얼굴을 뒤덮은 주름살 사이로 검은 저승꽃이 만개한 늙은 얼굴과, 하루가 멀다고 느낄 만큼 빠르게 달라지는 세상의 흐름을 따라잡지 못해 뒤뚱거리다 쓰러지고 마는 늙은 몸들은 그 몸이 품고 있는 정신세계가 어떠하든 간에 누구나 외면하고 싶어하는 추하고 그로테스크한 몸이다.

생명체로서 인간의 몸은 역사가 있다. 그것은 몸에 밴 기억으로, 습관·문화·몸짓·말투로 나타나며 그 기억들은 한 사회나 집단이 서로 공유한다. 그런데 지금 온갖 미디어에서 아름다운 몸이라고 평가받는 몸들은 '소비'와 '투자'로 '만든' 몸이어서 역사가 없다. 서구식 외형으로 박제된 몸이어서 혼이 없다. 당연히 역사를 가진 늙은 몸들과는 습관·문화·몸짓·말투가 다르다.

야만인으로 번역되는 영어, Barbarian의 원래 뜻은 고대 그리스 문화권에서 그리스어를 모르는 사람을 지칭하는 말이었다. 지금 21세기의 한국 사회는 '속도와 IT의 시대'이다. 따라서 IT 시대의 속도를 따라잡지 못하고, IT 시대의 새로운 언어를 이해하지 못하고, IT 시대의 디지털 미디어들을 소비할 경제력이 없어서 IT 시대의 습관·문화·몸짓·말투를 모르는 늙은 몸들은 쓸모없는 야만인 아니면 불가촉천민 취급을 받고 있다. 고대 그리스 시대의 야만인처럼.

고령화사회가 되면서 노인인구가 늘어나고 그에 따라 기억이 온전하지 못하거나 때와 장소에 대한 분별력이 떨어지는 사람들이 늘어나는 것은 어쩔 수 없는 현상으로 사회 전체가 감당해야 할 짐이기도 하다. 그것은 비단 한국 사회만의 문제가 아니다. 21세기 인류 전체가 해결해야 할 어려운 숙제 같은 것이기도 하다.

그렇다 하더라도 한국 사회는 좀 특별하다. '고령화사회로 인구구조가 바뀐 이상 치매 환자가 늘어나는 것은 당연하고 불가피한 현상이다'라고 하기에는 치매 환자의 증가 속도가 너무 빠르다. 그런 한편으로 사회 전반에 노약자나 소수자·장애자들에 대한 이유없는 모멸·멸시·혐오의 문화가 기승을 부리고 있다. 반면에 보건당국의 대책은 부실하기 짝이 없다. 부실하다기보다는 무대책이라고 하는 편이 더 정확할지도 모른다.

병의원에서 몇 분 만에 치매라 진단받고, 자신의 의사와는 무관하게 가족과 가정으로부터 격리되어 요양시설에 수용되는 노인네들이 정말 주변 사람들과 어울려 살아가기 힘들 정도로 위험하고 혐오스러운 존재일까? 만약 기억에 병이 생겼다면 그 원인이 전적으로 기억 기능을 담당하는 뇌세포가 손상된 탓이라고 단언할 수 있을까? 또 인간의 기억이란 것이 저장해두었다가 출력하여 사용하는 인공지능의 작동기전과 같은 것인지도 의문이다. 인간은 결코 기계가 아니며, 기계일 수도 없는데……

그리고 늘어나는 치매 환자뿐만 아니라 노인문제에 대한 대책으로 '수용' 이외에는 달리 대안이 없는가? 이제 은퇴와 함께 고령의 단계로 성큼 들어선 베이비부머 세대의 미래는 어떤 모습일까? 멀고 험한 길을 헤쳐 나온 뒤 이제 막바지에 이른 삶을 불안과 우울, 그리고 가난으로 얼룩지지 않게 할 삶의 지혜는 없을까? 이런 의문들에 대한 답을 의료현장에 있는 의사의 시각에서 찾아보려는 것이 이 책을 쓰게 된 동기다.

책은 전부 10장으로 구성되어 있는데 첫 장은 서문 격이다. 치매 환자들의 제일 뚜렷한 증상 중의 하나가 시공간에 대한 지남력 상실, 즉 때와 장소를 제대로 가릴 줄 모른다는 것이다. 그런데 우리 사회에서 치매 환자가 늘어난 시기는 한국 사회의 특성이 정보통신사회로 진입하는 시기와 비슷하다고 볼 수도 있다. 그런데 정보통신사회의 생존 필수품이 되어버린 디지털 미디어가, 고전적인 시공간 개념에 뿌리를 둔 소통 문화에 익숙한 노인들에게는 엄청난 충격을 주고 있다. 시공간의 무한 확장이 가능한 IT 시대에 아날로그 문화에 젖어 있는 노인네들의 인지능력이 따라갈 수 없는 것은 당연한 일인지도 모른다.

한편 우리 사회에서 노인들의 지위 격하, 인격 폄하가 일어나는 이유 중의 하나는 의학계와 정부, 언론에서 사용되는 노인 관련 용어와 결코 무관하지 않다. 2장은 여기에 대한 분석과 비판의 내용을 담고 있다. 그리고 늙은 몸(老化)을 질병으로 바라보는 현대의학의 관점과 동아시아 전통 문화에서 바라보는 늙은 몸을 비교해보았다. 모든 사람이 손가락질하는 '어리석음(癡)'에 대한 과거와 현재의 평가가 어떻게 다른 지에 대해서도 다루었다.

치매 증상이 발현되기 전에 나타나는 중요한 정동장애가 '불안증'과 '우울증'이다. 증세가 깊어지면 스스로 삶을 포기하게 만들고, 자칫 남의 목숨까지 노리는 무서운 병이다. 그런데 지금 우리 사회는 대단히 불안하고, 분위기는 또 우울한 것이 현실이다. '불안증'과 '우울증'에 시달리는 사람은 연령대가 높아질수록 더 많아진다. 10년 이상 전 세계 선두 자리를 지키고 있는 자살율도 문제지만 65세 이상 노년층의 자살율은 다른 나라와 비교조차 할 수 없을 정도로 높다. 이런 불안과 우울에 대한 이야기를 각각 3장과 4장에 담았다.

그 다음 5장은 요양시설이나 병원에 격리 수용되어 있는 노인들의 실지 사례 중심으로 서술되어 있다. 그리고 늙고 병든 부모들을 병원에 의탁해놓은 자녀들의 심리나 태도, 딱한 사정들도 함께……. 그런데 이 시대에 값싸고 보잘것없는 죽음은 늙은 노인들의 죽음만이 아니다. 암으로, 뇌졸중으로, 산업재해로, 노숙인으로, 허망하고 쓸쓸하게 죽어가는 베이비부머 세대들이 숱하다. 그들의 죽음을 통해, 이 글을 쓰고 있는 나처럼 이제 곧 노년의 길로 치닫는 베이비부머 세대들의 미래를 짐작해볼 수 있을 만한 글들을 6장에 모았다.

치매는 몸의 병일까 아니면 마음의 병일까? 사실 치매는 그 발병기전이 확실하지 않고, 치매의 병리적 원인도 아직 밝혀진 것이 없다. 만약 치매가 마음의 병이라면, 사리분별이 없어질 정도로 사람을 황폐하게 만드는 마음이란 도대체 어떤 마음일까? 7장은 그런 마음을 추측해볼 수 있는 사례들을 모은 글이다.

보건당국에서 발표하는 치매 환자의 증가 속도는 정말 무서울 지경이다. 그러나 그 많은 환자가 정말 모두 치매 환자가 맞는지에 대한 확신은 없다. 8장에서는 베르그송의 기억이론과 연관시켜 현재 의료현장에서 사용되고 있는 치매 진단법에 한계나 문제점이 없는지를 살펴보고, 한편으로 지금의 사회구조, 정부정책, 그리고 의약계의 '보이지 않는 손'이 치매 진단에 어떤 영향을 끼치는가를 살펴보았다.

치매가 많은 사람들의 불안과 공포를 부추기는 질병이 되면서 예방을 위한 처방들이 쏟아져 나오고 있다. 그러나 효과를 확신할 수 있는 약이나 처방은 없고, 눈에 띄는 대책도 없다. 다만 여기저기 나도는 대책이나 예방책을 모아 정리했을 때 공통된 것은 '치매를 예방하려면 건강하게, 행복하게, 잘 살아라'는 정도가 될 것 같다. 사실 의료현장에서 노인 환자들을 지켜본 경험에 비추어보면 행복하게 살던 사람이, 건강하게 살던 사람이, '잘' 살던 사람이 나이 들어 느닷없이 치매증상을 보이는 경우는 드물었던 것 같다.

한국 사회에서는 남과 비교할 수 있는 학벌, 권력, 재물, 직위, 건강 같은 것을 행복의 기준으로 삼는다. 그런 행복은 끝없이 자신과 남을 비교하게 만들고, 경쟁하게 만들고, 시기와 질투심에 시달리면서 누리게 되는 행복이다. 그것이 진정한 행복이라고 믿을 사람은 아무도 없을 것이다. 9장은 우리 사회에 만연해 있는 속물적인 행복을 지양하고, 남과 비교되지 않는 개성있는 주체로서 누릴 수 있는 행복이 어떤 것인가에 대해 분석심리학자 칼 구스타프 융의 이론에서 도움을 얻어 정리했다.

10장은 이 책의 결론에 해당되는 글이다. 박완서의 소설 〈환각의 나비〉와, 신경숙의 장편소설 《엄마를 부탁해》는 똑같이 치매를 앓던 어머니를 잃어버린 것으로 시작한다. 그런데 박완서의 어머니는 혈육들과 극적으로 다시 만나게 되고 치매에서도 거의 회복하지만, 신경숙의 어머니는 가족들과 끝내 만나지 못하고, 가족들이 불특정 시민들에게 "엄마를 부탁"하는 것으로 끝이 난다.

두 소설이 픽션인지 논픽션인지는 중요하지 않다. 지금 우리가 살아가고 있는 삶에서 궁극적으로 되찾아야 할 가치가 무엇인지 두 소설을 통해 한번 확인할 수 있을 것 같다. 지금 이 시대의 삶이 불안하다면 그 불안은 삶의 뿌리가 뽑힌 데서 오는 불안이요, 삶의 길을 잃어버린 데서 비롯된 불안 아니겠는가? 그런데 그 길은 사실 먼 곳에 있는 것이 아니라 우리 마음속에 있는 것일지도 모른다.

21세기의 인류 문명이 이루어낸 'e 편한 세상'이 사람들의 삶을 더 빠르게, 더 편리하게, 더 화려하게 만들긴 했지만, 삶의 속은 텅 비어 있는 것 같다. 그래서 많은 사람들의 삶이 불안과 우울, 어리석음으로 얼룩져 있는 것은 아닌지……

◆　◆　◆

장황하게 늘어놓았지만, 우리 사회에서 늙은 몸이 모멸·멸시·혐오의 대상이 되고 있는 현실에 대해서, 또 한 가족의 일상과 평온을 파괴하는 기억의 병에 대해서도 뚜렷한 해결책을 제시해놓은 것은 없다. 한 가지 분명한 것은 모든 생명체의 운명이 그러하듯이 몸으로 살아가는 삶의 최종 목적지는 죽음이란 사실이다.

하지만 우리는 지금 죽음을 잊고 산다. 젊고, 흰 피부가 둘러싸고 있는 근육질의, 날씬하면서도 훤칠한 몸들이 숭배의 대상이 된 세상은 죽음을 거부하고 죽음을 부정한다. 죽음은 딴 세상의 이야기이고, 그렇고 그런 사람들만이 겪는 불행이고, 현대의학의 힘만 빌리면 삶을 얼마든지 연장

할 수 있을 것이란 믿음이 널리 퍼져있다. 죽음을 멀리하고 죽음을 잊고 살게 되면서 한 삶을 마무리하는 죽음의 절차도 이제는 '장례'라기 보다는 상조 '산업'이 되어버린 지 오래다.

하지만 사람인 이상 사람은 사람이 가야 할 길(道)을 가야 한다. 사람이 가야 할 길이란 바로 차안(此岸)에서 피안(彼岸)으로, 즉 '지금 여기'의 삶에서 '저기 저편'의 죽음으로 가는 길이라는 것이 조선 후기의 사상가 정약용의 설명이다. 그 길을 가는데 수신과 수양을 멈추거나 아예 하지 않으면 어떻게 될 것인가? 금세 잡초가 우거지고 토사가 쏟아져서 길을 잃게 될 것이다. 다산(茶山)은 사람이 삶을 마치는 순간까지 한순간의 쉼도 없이 수신과 수양을 해야 하는 이유가 바로 삶의 길(道)을 잃지 않기 위해서라고 하였다. 그런 수신과 수양이 없는 삶은 길을 잃고 헤매다가 '취생몽사(醉生夢死)', 즉 한평생 술에 취한 듯 살다가 결코 스스로 깨닫지 못하고 꿈을 꾸듯이 죽음을 맞이하게 된다.

주어진 한 삶을 온전하게 살아내기 위해서는 시간을 따라 지나온 행적을 되돌아보는 성찰이 필요하다. 그런 끝없는 성찰의 힘이 사람이 삶을 마감할 때까지 가야 할 길을 잃지 않게 하고, 때와 장소를 가릴 줄 아는 분별력을 지켜주는 것이라 믿는다. 그 성찰은 뇌세포가 담당하는 일이 아니라 내 마음이 하는 일이다. 그런 내 마음을 어지럽히는 삼독(三毒), 탐진치(貪瞋癡, 탐욕, 노여움, 어리석음)에 물들지 않으려면 젊어서는 색(色)을 삼가고, 장년에 이르러서는 다툼(鬪)을 경계하고, 만년(晚年)의 나이가 되면 재물욕, 권력욕, 명예욕에 젖어 무언가를 끊임없이 얻으려는(得) 욕망을 절제하여야 한다.

공자(《논어》, 〈계시〉)가 경계하고 또 경계하라 했던 '색(色)·투(鬪)·득(得)'에 휘말리지 않고, 삶의 길을 비틀거리다가 넘어지지 않고 똑바로 가게 만드는 것은 뇌세포의 역할이 아니라, 쉼 없는 반성과 성찰을 통해 맑게 비워진 마음의 역할이다. 노추와 노욕을 다스릴 수 있는 약은 없다.

기억하고자 하는 것도, 잊고자 하는 것도 내 마음이다. 살고자 하는 것도 삶을 포기하는 것도 내 마음이 결정한다. 채우고자 하는 것도 비우려고 하는 것도 내 마음이 하는 역할이다. 악착같이 붙잡고자 하는 것도, 턱 놓아버리는 것도 내 마음이 하는 일이다. 이 모든 일들에서 뇌세포가 하는 역할은 그리 많지 않다.

◆　◆　◆

선익을 지식으로 삼히 한 권의 책을 쓰겠다고 나서게 된 것은 소설가 김영현 님의 격려와 도움이 있었기 때문이다. 아마추어의 여기(餘技)에 불과한 글에 과찬과 함께 힘과 용기를 북돋우어 주신 김영현 님께 감사의 말씀을 올린다. 청년의사 시절 동문수학, 수련하면서 고락을 함께했던 김욱년 선생과 20여 년 만에 다시 만나 같은 일터에서 일하게 된 인연도 큰 힘이 되었다. 김욱년 선생의 우정과 배려가 없었더라면 이 책이 나오기는 어려웠을 것이다. 감사의 뜻을 여기에 전한다. 그리고 이 책의 이야기에 소재가 되었던 많은 분들 중 이승의 삶을 마감한 분들의 영전에 이 책을 바친다. 이 책에 담긴 많은 내용이 그분들이 남겨주고 간 가르침이기 때문이다. 올해는 아내 정경숙과 함께한 삶의 시간이 만 25년이 되는 해이다. 25년간 한결같은 모습으로 곁을 지켜준 아내에게 이 책이 작은 기념이 되었으면 좋겠다.

앙상한 겨울나무 사이로 바람이 분다. 우-우-우… 소리가 인다. 바람이 우는 건가, 나무가 우는 건가? 무성하던 옷을 다 벗고 마지막 잎새까지 내려놓기 전에 깡마른 나무가 내는 마지막 울음소리일지도 모른다. 나무의 울음소리에 새도 놀라 울며 날아간다. 새 날아간 뒤의 하늘이 텅 비어 푸르고 맑다. 마지막 이파리 떨어지고 나면 끝일까? 아니다. 봄이 오면 파란 새싹과 함께 나무의 삶은 다시 시작될 것이다. 사람의 인격이 몸의 소멸인 죽음으로 함께 끝나버리는 것이 아니듯이…….

병신년(丙申年) 1월 12일
결혼 25주년을 맞아 흘러간 시간들을 되돌아보며
대현동 진료실에서
김진국

차 례

제1장

시공간과
기억

그리움과 기다림

산다는 것이 무엇인가?

이 질문은 인류의 역사가 시작된 이래로 지금까지 끝없이 되풀이되어 온 질문 중의 하나이다. 그런데 그 질문에 대한 답은 인류의 사상사에 등장하는 철학자들이나 사상가들의 수만큼이나 다양하여 딱 하나로 명쾌한 답을 끄집어낼 수가 없다. 누구에게나 삶은 단 한 번뿐이고, 그 삶은 누구도 함부로 흉내 낼 수 없는 것이다. 일란성 쌍둥이조차 똑같은 삶을 살 수는 없다. 인간은 누구나 자신만의 길이 있고, 자신만의 몫이 있고, 자신만이 들을 수 있는 소명이 있고, 자신만이 할 수 있는 역할이 있고, 자신만이 누릴 수 있는 기회가 있다. 한 인생이 초라하건 화려하건 간에, 그 사람의 인생 자체는 헤아릴 수 없이 많은 인생 중에 단 하나뿐인 인생이다. 그래서 그 어떤 법칙이나 이론을 적용하더라도 인간의 삶을 객관적인 기준이나 표준치로 설명할 수는 없다.

그런데 장자(莊子)는 이 지상에 살고 있는 모든 인간에게 적용할 수 있는 한 가지 보편 법칙을 들어 삶 그리고 나아가 죽음까지도 명쾌하게 설명을 한다. 하늘이 정해준 때에 맞추어 와서 이 세상에 머무르다 하늘이 부르는 때에 맞추어 미련 없이 가는 것, 이것이 바로 장자가 삶과 죽음에 대해 내린 정의다.(《장자》,〈양생주〉)

살아가는 모습이나 살아가는 방식은 사람마다 각양각색 천차만별이겠지만, 이 세상에 왔다가 언젠가는 이 세상을 떠나게 된다는 사실만큼은 누구에게나 차별 없이 적용되는 보편 법칙이요, 누구도 거역할 수 없는 하늘의 명이며, 아무도 피해갈 수 없는 공평한 운명이다. 차이가 있다면 이 세상에 머무는 시간의 길이뿐, 인간은 누구나 죽음을 향해, 쉼 없이 흘러가는 강물과도 같은 삶을 살아간다.

하여 우리는 한 사람의 죽음을 '서거(逝去)'라고 표현하기도 한다. 서거라는 한자말을 한 글자 한 글자씩 풀어보면 '흘러갔다'라는 뜻이 된다. 한번 흘러가버린 강물이 다시 되돌아올 수 없듯이 인간의 삶 역시 걷고 되돌아올 수 없는 길을 잠깐 사이에, 또는 찰나에 훅 지나가버리고 마는 것. 공자(孔子)가 밤낮없이 쉬지 않고 흘러가는 강물을 바라보며 장탄식을 쏟아낸 것이나, 또 길에서 양화(陽貨)를 만난 공자가 정치를 하기로 결심하게 된 것도 삶은 사람을 기다려주지 않고 그저 시간에 얹혀 흘러갈(逝) 뿐이라는, 지극히 평범한 사실을 새삼스럽게 깨달은 탓이리라.(《논어》,〈자한〉,〈양화〉)

우리가 때로는 꽤나 지겹고도 지루한 시간들을 권태 속에서 살아가고 있는 것 같지만, 지나고 나서 보면 삶 자체가 찰나에 불과한 것이기도 하다. 그래서 "눈 뜨면 이승이요, 눈 감으면 저승"이란 말이 만들어진 것인지도 모른다.

❖   ❖   ❖

　하지만 우리는 시간이 흐르는 것을 지각할 수는 없다. 손가락 움직임 하나까지도 초 단위로 해체하여 기록할 수 있는 온갖 디지털 기기에 둘러 싸여 살고 있지만 정작 우리 자신은 시간의 흐름을 지각할 수도 없고, 또 시간의 흐름을 의식하며 살지도 않는다. 흘러가는 것에는 고정된 것이 없다. 따라서 흘러가는 시간에 얹혀 살아가는 우리의 모습도 고정된 상(狀)이란 것이 없으며 몸은 시시각각으로 변한다. 지금 내 눈앞에 있는 모든 것, 그리고 거울에 비친 내 모습까지도 꿈속의 환영이요, 물거품, 그림자 같은 것, 순간을 머물다 사라지고 마는 이슬이나 번개 같은 것이라는 게 천둥 벼락같은 소리로 내리치는 부처님의 가르침이다. 그러니 어제도, 내일도 또 오늘까지도 실지로는 없는 것이며, 인간들끼리 만들어놓은 약속이나 규칙에 불과한 것이다.

　그렇다면 우리는 소리도 자취도 없이 흘러가버리는 시간들을 어떻게 의식할 수 있는가? 흘러가는 시간은 비록 한순간도 머무르진 않지만 다행히 내 몸과 마음에 흔적을 남겨놓고 간다. 우리는 그 흔적들을 더듬어 흘러가버린 시간들을 가늠하기도 하고, 다가올 시간을 꼽아볼 수 있을 뿐이다. 시간이 흘러가면서 내 몸에 남긴 흔적들을 살펴 젊음과 늙음을 분별하기도 하고, 마음 한구석에 쌓여 있는 그리움이나 기다림의 무게를 저울질하면서 내 삶의 시간들을 되돌아보거나 내다보기도 한다.

삶이 그렇다. 지나가버린 것들은 그리워하면서, 또 아직 오지 않은 것들을 기다리면서 지금 오늘의 이 순간을 견디며 살아내는 것이 바로 삶이다. 어제는 회상하고, 내일은 상상하면서 오늘을 마주하는 것이 삶이다. 기다림이란 오늘을 지나 내일로 나아가고자 하는 마음이고, 그리움은 오늘을 거슬러 어제로 되돌아가고픈 마음이다. 이것이 바로 시간이 흘러가면서 사람에게 던져주고 가는 두 마음이다.

기다림과 그리움은 시간의 흐름에 무심히 얹혀 살아가는 모든 사람들의 가슴 속에 새겨져 있는 두 마음이지만, 그 비중과 강도는 사람의 나이에 따라 차이가 있다. 오늘 하루의 힘든 일과를 거뜬히 견뎌내면서 내일의 더 나은 삶을 기다리는 마음이 지난 시절의 그리움보다 더 강렬한 것은 아무래도 내일의 가능성이 활짝 열려 있는 청년들의 마음이다. 무한정 내일을 기다릴 만한 여력이 없고, 내일에 대한 기대치가 낮은 노년의 마음은 다가올 시간에 대한 기대와 상상보다는 살아오면서 지나가버린 시간에 대한 절절한 그리움과 회한의 마음이 더 넓고도 깊을 것이다. 그런 그리움과 회한의 마음이 뼛속까지 파고든 것을 우리는 '사무친다'라고 표현하기도 한다.

시간은 무한한 것이지만 한 생명에게 하늘이 내려준 시간은 유한한 것. 기다림의 시간이 점차 줄어들고 대신 그리움만 흘러넘쳐 뼛속까지 사무칠 때 사람은 끝내 그 그리움의 뿌리가 묻혀있는 곳으로 돌아가려 한다. 삶의 끝자락에서 나를 기다리고 있는 것은 무엇인가? 내가 기대할 수 있는 것은 또 무엇인가? 오직 죽음뿐이다. 오랜 세월이 지나는 동안 우리는 한 사람의 죽음을 '돌아갔다'라고 표현해 왔다. 옛 사람들은 죽는 날을 대

귀일(大歸日)이라 했다. 삶의 끝자락에 다다르면 누구나 다시 돌아가고 싶을 것이다. 내 삶이 처음 시작된 그때 그곳으로…….

기억과 추억

삶이 흘러가는 시간에 의지하여 앞으로 나아가는 것이라면 죽음이란 삶이 처음 시작된 그곳으로 되돌아가는 것이리라. 삶이 시작된 그곳은 내 몸이 처음 머물던 곳이기도 하다. 그런 몸은 기억을 간직한다.

그런데 그 기억은 뇌세포에 저장해 두었다가 필요하면 인출해서 사용하는 무미건조하고 오류가 없는 인공지능 같은 기계적 기억이 아니라 시간을 따라 흘러오면서 몸에 배게 된 자연스런 기억들이요, 삶의 역사다. 한 인간이 긴 시간을 헤쳐 나온 삶의 궤적에 녹아있는 기억들이 어떻게 과거의 단순 복제에 불과한 것이겠으며, 한갓 컴퓨터의 저장기능에 견줄 수 있겠는가?

그 기억들은 이성으로 추리되거나 과학으로 정제된 개념이라기보다는 마음 깊은 곳에서 울컥 솟아 나오는 뜨거움 같은 것이다. 아버지의 듬직한 손길을, 어머니의 따스한 젖가슴을 머리로 기억하는 사람은 없다. 고향 하늘의 청명함과 고향땅의 포근함, 그리고 내가 태어나고 나를 이 세상에 있게 해준 고향집 구석구석에서 풍겨나오는 구수하고도 그윽한 냄새를, 고향집 앞마당에 피어있던 봉선화와 채송화, 뒷마당의 감나무와 석류나무를 그리워하면서 그곳으로 돌아가고 싶어하는 마음을 신경과학의 기억 이론으로는 절대 설명할 수 없다. 그래서 그런 기억들을 우리는 기억이라 하지 않고 추억이라고 말한다.

추억이란 그때 그곳에서 내가 몸으로 겪었던 일들과 보고 들었던 이야기들이 뇌가 아닌 내 마음 속에 쌓여 있는 것이다. 지나쳐온, 머물렀던, 사라져버린, 또는 아직도 남아 있는 그곳에 대한 사랑이요, 그리움이다. 시간을 되돌릴 수도 없고, 그리하여 다시는 그때 그곳으로 되돌아갈 수 없는 아쉬움과 안타까운 마음이 빚어낸 것이 추억이다. 그래서 고향에 대한 추억을 즐거움이라기보다는 '시름(鄕愁)'이라고 했을 것이고, 갈 수 없는 고향에 대한 그리움을 달래기 힘든 '아픔(Homesickness, Nostalgia)'이라고 하지 않았을까?

◆　◆　◆

시간은 흐르고 그 시간을 살았던 기억들도 흘러 흩어진다. 붙들지 않은 기억은 흘러가는 시간처럼 잠시도 머물지 않는다. 사람들이 사진을 찍는 이유는 내가 지금 머물고 있는 이 자리에 흘러가는 시간을 붙들어둠으로써 '지금, 여기'에서 있었던 찰나의 일들에 지속성을 부여하기 위함이다. 그래서 사진은 "결정적인 순간"에 지속성을 부여하는 예술이다. 사람들이 살아온 흔적, 폐품이나 다를 바 없는 구질구질한 고물들을 꼭꼭 모아두는 까닭도 그 물건의 쓸모보다는 시간을 따라 속절없이 흩어져버릴 기억들을 한 자리에 모으기 위함이다. 돌아가신 부모님의 유품을 차마 함부로 버리지 못하는 것은 되돌릴 수 없는 부모님의 시간이 그 유품에 묻어있기 때문이다. 그렇게 모여 다시 되살아나는 아스라한 기억들, 가슴 짠한 기억들이 바로 추억이다. 그 기억은 천자문을 줄줄 욀 수 있는 기억력이나 학력으로 평가하는 지식 수준과는 무관하다. 오래된, 그렇지만 낯익은 흔적들과 우연히 맞닥뜨렸을 때 불쑥 솟아 나오는 그런 기억이다.

추억은 내가 기억하고자 하는 의지도 없었고, 꼭 기억하라는 누군가의 강요도 없었지만, 잊으려 해도 잊을 수 없는 기억, 꿈조차 꿀 수 없는 깊디깊은 잠길에서도 잊히지 않는 그런 기억이다. 가을이 오면 시작되는 철새들의 멀고 먼 겨울여행, 산란을 위해서 물길을 거슬러 올라가는 은어 떼들의 움직임, 토끼가 뛰어 굴로 돌아가고 여우가 죽을 때 고향 언덕으로 머리를 두는 것, 갈수기에 물을 찾아 멀고도 험한 대륙을 이동하는 물소들의 행렬……. 생명체들의 이런 장엄한 움직임을 가능케 하는 기억들은 그 생명체의 뇌세포에서 분비되는 화학물질의 힘 때문이라기보다는 지울 수도 없고, 고칠 수도 없는 기억이 배어 있는 몸의 힘일 것이다.

생성과 성장, 그리고 노쇠에 이은 소멸의 과정을 거치는 것은 모든 생명체가 가지고 있는 속성이다. 인간 역시 예외는 아니어서 생장(生長)의 정점을 지나면 소멸로 가는 노쇠의 단계로 접어들고, 노쇠의 단계로 진입하는 시점이 되면 몸이 가난해진다. 몸이 가난해지면 경험 가능한 세계는 좁아지고 새로운 기억이 오래된 기억을 억누르거나 밀어낼 만큼의 힘이 없다. 내일에 대한 상상보다는 지나간 것들에 대한 회상의 시간이 많아지고, 오랜 세월 잊고 지내왔던 추억들은 더욱더 선명해진다. 전망의 폭은 줄어들고 반성과 회한의 깊이는 점점 깊어진다. 끝내는 돌아가고 싶어진다. 돌아가서 이제는 쉬고 싶어진다.

그러나 존재의 소멸, 즉 죽음으로 가는 길은 단 한 번도 가보지 않았던 길이고, 아무도 가르쳐 주지 않는 길이며, 누구와도 함께 갈 수 없는, 진정 쓸쓸하면서도 고독한 길이다. 그래도 꼭 가야 할 길이고 언젠가는 갈 수밖에 없는 길이라면 사람은 누구나 내 몸이 자유롭던 곳, 어느 곳보다 편안했던 곳, 행복했고 즐거웠던 그곳으로 돌아가서 삶을 마무리하고 싶어한다.

그런 한편으로 또 세상이 나를 기억해주기를 바란다. 내 형체가 사라진 뒤 혈육이 아니더라도 누군가는 내가 한때 여기에 머물러 있었던 사람임을 꼭 기억해주기를 바란다. 그래서 사람은 누구나 죽음 이후를 생각하며 자신이 살았던 흔적을 남기려고 한다. 이승에 머무는 동안 몸에 지녔던 권력의 무게나 재물의 크기가 큰 사람들일수록 그런 욕심은 거의 강박에 가까운 수준이 된다. 그래서 천 년의 세월이 흘러도 지워지지 않도록 큼지막한 돌에다 이름을 새기기도 하고, 신전 같은 사당에다 송덕비까지 세워 세상 사람들에게 기억을 강요하는 영원불사의 기획을 하기도 한다. 온 나라의 강을 파 뒤집어 콘크리트로 처발라놓은 '사대강 사업' 역시 천박한 권력자의 기억에 대한 부질없는 욕심이 불러온 대참사다.

"새가 죽을 때가 되면 그 울음이 슬프다"(《논어》, 〈태백〉)고 한 것은 자신의 생명이 위협받고 있는 상황에 대한 본능적인 두려움과 공포 탓이지, 새가 죽음을 의식하고, 주변에 자신의 죽음을 알리려 한다거나 삶에 대한 미련이 남아서가 아닐 것이다. 사람은 죽을 때가 되면 울음이 슬픈 것이 아니라, 오히려 그 말이 착해진다고 한 이유는 사람만이 지나온 자신의 행적을 반성하고 지나가버린 시간에 대한 회한을 느끼게 하는 기억을 가지고 있기 때문이다. 내 몸이 머물고 있는 이 자리를 이제 곧 떠나야 한다는 아쉬움과 함께 삶이 다할 때까지 내 곁을 지켜준 혈육들과 영영 이별해야 한다는 안타까운 마음을 만들어내는 것은 인간만이 가질 수 있는 추억의 힘이다. 그런 기억과 추억의 힘이 죽어가는 사람들의 말을 착하게 만드는 것인지도 모른다.

우주와 사이버 세계

동아시아 문화권에서는 상하사방의 공간을 우(宇)라하고, 그 공간 속에서 뭇 생명체들이 살아온 시초부터 지금까지의 시간을 주(宙)라 하여, 이 둘을 합쳐서 우주라고 불렀다. 도연명(陶淵明)은 인간의 삶을 몸이라는 형체가 상하사방의 공간에 머물러 있는 것이라 하였고("寓形宇內", 〈귀거래사〉) 그렇게 머물러 있는 몸을 시간은 내동댕이치고 달려간다고 했다.("日月擲人去", 〈잡시〉 2수) 그리고 장자는 죽음을 몸이 하늘의 매달림에서 풀려나는 것이라고 하였다.("懸解", 〈양생주〉) 두 선현들의 표현을 모아 인간의 삶을 정의하자면 거칠고도 광활한 우주의 한 점에 잠시 잠깐 매달려 있던 몸이 때가 되어 풀려나는 것이라고 할 수 있을 것 같다.

삶의 근거로서의 우주, 즉 시공간은 인간의 삶을 가능케 하는 두 축이기도 하지만 한편으로 세상과 사물을 인식하게 하는, 앎의 두 원천이기도 하다. 그런데 칸트가 시공간을 앎, 즉 인간의 인식을 가능케 하는 두 형식이라고 선언한 이래로 수백 년의 세월이 지나는 동안 인간이 인식 가능한 세계의 범위는 시공을 넘나들며 끝 모르게 팽창해 왔다. 그리하여 21세기의 인류는 인식에 필요한 감각자료들을 '지금', '여기', '내'가 머물고 있는 시간과 공간 속에서만 구하지는 않는다.

시공의 경계가 없는 무의식이라는 또 다른 인식의 세계가 있는가 하면, 디지털 미디어의 발달로 내 감관(感官)이 전혀 닿지 않는 지구 반대편에서 일어나고 있는 일들을 실시간으로 전달받을 수도 있고, 과거의 사건들이 생동감 있는 이미지로 완벽하게 복원되기도 하고, 미래의 가상세계까지 지금의 현실인 것처럼 미리 당겨 볼 수도 있다. 천체 망원경과 광학 현미경이 등장함으로써 인간이 가진 시각과 시력의 한계를 무의미하게 만들어놓기도 했다. 무엇보다 개인용 컴퓨터와 인터넷, 그리고 끝없이 진화하는 스마트폰의 기능들로 말미암아 고전적인 시공간과 범주 개념으로는 지금의 사물을 인식하고 해석하는 틀을 설명조차 할 수 없게 되었다.

첨단과학기술과 정보통신기술이 이끌어가고 있는 21세기의 인류사회는 디지털 문명으로 탈바꿈됨으로써 전통적인 시공간의 개념과 경계가 없는 세상이 되어버린 것이다.

지식의 개념도 다르다. 시공간의 범위 안에서 경험할 수 없는 것들을 앎의 영역에서 배제해두었던 칸트 시대와는 달리 지금은 경험과는 무관하게 디지털 미디어에 의해 가공·조립된 정보를 검색하거나, 파도치는 바다에서 레저를 즐기듯 '서핑'한 것을 앎, 즉 지식 또는 정보라고 규정한다. 게다가 그런 앎이나 지식을 기억할 필요도 없다. 저장해두었다가 필요할 때 출력하거나 검색해보면 된다. 기억할 이유가 없으니 잊어버릴 걱정도 없다.

한지붕 아래에서 한솥밥을 같이 먹는다든지, 밥상머리에 둘러 앉아 두런두런 이런저런 이야기를 나누면서, 혹은 아버지의 끝없는 잔소리를 반찬 삼아 밥을 먹던 전통적인 식구의 개념도 사라졌다. 얼굴도 모르면서 네트워크로 연결된 가족과 친구들이 혈연관계로 맺어진 전통의 가족들을 밀어내고 그 자리를 대신 차지하고 있다.

◆　◆　◆

그러나 이런 디지털 문명이 이 시대 인류 전체의 보편적인 삶의 방식이라고 이야기하기는 어렵다. 고전적인 시공간을 초월한 삶이 인류가 살아갈 미래의 삶이 될 것이라고 함부로 확신하기도 어렵고, 또 그런 삶이 가능하다 하더라도 그로 말미암아 인류의 삶이 더 행복해진다거나 건강하고 평화로워질 것이라는 보장도 없다. 디지털 문명이 열어젖힌 신세계가 과연 과학기술이 인류에게 주는 은총이 될지 아니면 소리 없이 한순간에 엄청난 재앙을 몰고 오는 기계문명의 저주가 될지 판단하기에는 아직 이르다.

정보통신기술로 확장된 세계에는 복제성, 신속성, 동시성, 확장성, 편리성, 호환성, 경제성, 효율성, 보존성 같은 장점들이 헤아릴 수조차 없을 만

큼 넘쳐나지만 정작 사람의 몸과 마음을 따뜻하게 유지하게 하는 보온성
은 전혀 없다. 지독한 중독성과 음흉한 익명성, 거기에 잔인한 폭력성까
지 활개를 치고, 죄악과 몰상식, 몰염치, 몰개념이 판치는 가상공간이다.

　한편 그 공간 안에서 머무는 사람들은 어항 속의 물고기 신세와 다를
바 없다. 감추어야 하고, 또 보호받아야 할 사생활이란 게 없는 세계이기
때문이다. 누구든 마음만 먹으면 개개인의 속살까지 다 들여다볼 수 있다.
그 누구 중에 가장 자주 거론되는 자들은 '국가'와 '기업'이다. 형체도 그림
자도 보이지 않는 그들이 '국익'이나 '경제 살리기'라는 명분을 내세워 나
의 사생활과 개인정보를 몽땅 털어가는 범죄를 저지르고도 어떤 처벌도
받지 않을 뿐더러, 피해자가 책임을 물을 수도 없게 되어 있다. 사람들은
자신의 사생활이 홀랑 털리고 있다는 사실조차도 모르고 있기 때문이다.

　하지만 정보통신기술이 열어젖힌 세계가 아무리 현란하다 하더라도
그 세계는 가상공간과 가상시간으로 구축된 사이버 세계일 뿐 내 몸이 머
물 수 있는 실제 세계는 아니다. 그 세계에서 맺어진 관계는 잠시의 쉴 틈
도 주지 않고 문자로, 카톡으로, 페이스북으로, 트위터로, 메일로 소통을
강요하는 곳이지만, 접속이 끊기거나 방전·절전 되고나면 아무것도 없
는, 그야말로 아무것도 아닌 관계로 변하고, 있는 것도 아니면서 없는 것
도 아닌 그런 허무한 세계로 바뀐다. 과거에는 죽을 때가 되어서야 비로
소 알 수 있었던 삶의 허무함을 날마다 시시각각 손바닥 안에서 체감할
수 있게 된 것이다.

　그런 허무한 세계이지만 그 속에서 사람들은 조회수나 좋아요 숫자에
들떠서 흥분하거나 악성 댓글에 절망·좌절하기도 한다. 실체도 없는 공

간 안에서 공개적인 욕설·조롱·모욕·멸시·무시·망신주기가 다반사로 벌어지는가 하면 나의 치부나 한순간의 실수가 무한 복제되어 빛의 속도로 온 세상에 떠돌아다니게 되는 그런 세상이다. 하지만 그런 끔찍한 세상과 잠시라도 격리되어 있으면 초조와 불안에 시달리고, 그 세계와 접속할 수 있는 도구를 아예 잃어버렸을 때는 아무것도 할 수 없는 무력감과 공포에 시달린다.

한 가지 확실한 것은 첨단과학기술이나 정보통신기술의 발달이 시공간에 묶여 살 수밖에 없는 인간의 한계를 보완해줄 수 있을지는 몰라도 인간은 여전히 광활한 우주의 한 점에 불과한 지금 여기에 몸이 매달린 채 살아가고 있다는 것이다. 그렇게 살아가는 시간이라고 해봤자 무한한 시간 중의 찰나에 불과할 뿐이다. 지금도 그렇지만 앞으로도 그럴 것이다. 그것은 대부분의 인간이 살아가는 삶의 모습이요, 인간의 운명이며, 또 인간의 한계이기도 하다.

그런 운명과 한계를 뛰어넘기 위한 인간의 진취적 사고가 지금의 정보통신기술을 만들어냈는지는 모르겠지만 우리가 몸으로 경험 가능하고, 눈과 귀로 식별 가능하고, 일상의 언어로 표현 가능한 세상은 어디까지나 '지금', '여기'로 한정되어 있다. 사람이 살아간다는 말은 '지금', '여기'라는 시공간에 묶여 있다는 말과도 같다. 살아있는 동안에는 여기를 벗어날 수가 없다. 저편, 저 강 너머의 세상은 없다. 내가 지금 발 디디고 선 여기가 내 삶의 전부다. 우리가 사람으로서 가야 할 길이 있다면 그 길은 바로 지금 여기 우리 눈앞에 놓여 있는 길이다. 그러나 우리는 그 길을 제쳐놓고 작은 액정화면 속의 가상세계에 푹 빠져 살고 있다. 바로 옆자리에 앉아 있는 사람을 투명인간 취급하면서…….

• • •

　정보통신기술이 몰고 온 변화 중에서 가장 혁명적이라고 할 수 있는 것은 시간을 앞서 살아온 사람들의 몸에 밴 기억, 즉 경험을 무용지물로 만들어버렸다는 것이다. 경험이란 앞선 시간을 살아왔던 나이든 사람만이 가질 수 있는 재산이다. 디지털 기술은 나이든 사람들의 경험이라는 재산을 약탈하듯이 빼앗아 가버린 것이다. 지식과 정보는 물론이고 경험까지도 손바닥 안에서 검색할 수 있도록 만든 디지털 미디어의 힘은 경험이 유일한 재산일 수밖에 없는 노인네들을 그야말로 사회의 '잉여'로 만들어버렸다. 대신 세상은 그들을 허술한 보호구역으로 모셔갔다. 서부 개척시대 아메리카 대륙의 인디언들처럼…….

　디지털 문명이 열어젖힌 세상은 새로운 세계이며 그야말로 'e 편한 세상'이기도 하고, 누군가에게는 매일 환상 같은 축제가 펼쳐지는 '멋진 신세계'일 수도 있다. 하지만 이런 세상은 구시대적 시공간 개념으로 일생을 살아온 사람들에게는 혼란스러움을 넘어 대단히 불편한 세상이 될 수밖에 없다. 그들의 눈앞에 펼쳐져 있는 세상은 그들이 한 번도 경험하지 못했던 딴 세상이다. 그 세상은 시간과 공간의 한계도 없이 훤하게 열려 있는 광장이지만 쉽게 찾아갈 수도 없고, 초대해주는 사람도 없다. 어렵사리 광장의 문턱을 넘어서서 아무리 기웃거려 봐도 곁을 내주는 사람은 없고, 사람들끼리 서로 주고받는 말들은 도무지 알아들을 수가 없다. 같은 모습에 같은 언어를 쓰는 같은 민족임에도…….

그래서 거의 한목소리로 말한다. 그때 그곳으로 돌아가고 싶다고…….
그러나 돌아갈 곳이 없다. 그들이 돌아가고 싶어 하는 그곳이 어딘지, 그
때가 언제였는지를 아는 사람도 없다. 대신 보호구역은 점점 넓어지고 또
많아지고 있다. 그들이 살았던 삶의 시간은 지나갔고 살던 공간도 사라졌
다. 그때 그곳에 대한 기억과 추억이 없는 낯설고 불쾌한 보호구역만 잔
뜩 늘어났다.

"극혐"의 시대와 치매

지금 한국 사회는 한 세대도 지나지 않은, 불과 20여 년 전의 모
습과 달라도 너무 달라졌다. 달라지기 시작한 시점은 1997년, 외환위기
로 나라의 경제주권이 흔들리던 그 무렵 이후부터로 짐작된다. 그때 이후
로 과거의 기억들에 뿌리를 둔 사고방식과 행동들이 철저하게 탄핵되면
서 세상은 완전히 새로운 모습으로 탈바꿈했다. 국가와 기업의 '경쟁력
강화'를 위한다는 명분으로 '규제철폐', '구조조정', '선택과 집중'이란 정
책이 개혁과 혁신의 이름을 걸고 아무런 저항 없이 추진되어 왔다. 그 결
과 시장에서 팔릴 수 있는 모든 것-사람의 몸은 물론 정자와 난자까지

도-들을 죄다 내다파는 한편, 과거의 흔적과 습관들을 하나씩 지워나갔다. 그렇게 해서 달라진 사회를 우리는 '지식정보사회'라 하기도 하고, 어떤 이들은 '무한경쟁시대'라 하기도 하고, 또 다른 한쪽에서는 '소비사회'라 부르기도 한다. 이런 변화에 가장 충격을 많이 받은 세대는 아무래도 급작스러운 변화를 수용하기 힘든 고령의 노인네들이었을 것이다.

그들은 지식정보사회임에도 불구하고 디지털 미디어로는 소통이 어려운 세대였고, 무한경쟁시대로 바뀌었지만 그 시대에 걸맞은 경쟁력이라고는 눈곱만큼도 없는 사람들이었고, 소비가 경제를 살리는 소비시대에 살면서도 유행의 변화를 따라잡지도 못할 뿐 아니라 소비를 할 경제력조차 없는 가난한 계층이었기 때문이다. 그래서 속도가 생명이요 무기라고 할 수 있는 무한경쟁시대에 느리고 굼뜬 노인은 배려의 대상이 아니라 민폐만을 끼치는 불쾌한 존재로 전락했다. 소비능력과 소비수준으로 자신들의 존재감을 확인하는 소비사회에서 소비능력이 거의 없고, 자녀 아니면 정부나 사회로부터 도움을 받아 근근이 생활해나가는 노인네들은 소비사회의 당당한 구성원이라기보다는 성장을 둔화시키고, 복지 부담을 증가시킴으로써 국가 경쟁력의 발목을 잡는 골칫거리가 되고 말았다.

인간은 누구도 완전히 똑같을 수 없고 같은 인생을 살 수 없는 절대 유일성을 가진 존재이긴 하지만, 집단을 구성하며 살아가는 사회적 동물이기도 하고 세대를 이어감으로써 역사를 가지는 유일한 동물이기도 하다. 그런 점에서 서로 다른 세대가 한 사회의 같은 구성원으로서 함께 살아가기 위해서는 집단 구성원 사이에 같은 시공간에서 서로 공유하거나 교감할 수 있는 정서나 기억, 습관이 있어야 한다. 그런 공통의 정서나 문화가 없으면 집단 구성원들의 관계가 결속이나 유대로 이어지기는커녕, 이질적인 관계에서 아예 적대관계로 변하기도 한다. 무한경쟁 사회에서는 그런 적대감이 가족관계에까지 스며들게 된다. 지금 한국 사회의 친족대상 범죄는 몇몇 가정의 특수한 사례라고 보아 넘길 수준을 넘어서 있는 상태다.

◆　◆　◆

디지털 문명이 바꾼 세상은 전산으로, 자동으로, 무인으로 움직이는 세계다. 그런 세계에서 사람은 기계에 복종해야 하고 기계와 소통할 수 있는 능력이 있어야 하며, 기계를 작동시킬 수 있는 조작 기술이 있어야한다. 그런 세상에서 사람들의 움직임은 기계의 주문에 맞추어 물 흐르듯이, 목동이 몰아가는 대로 다소곳이 따라가는 양떼들처럼 자연스럽게, 아주 빠르게 흘러가야 한다. 그 흐름을 방해하거나 끊어놓는 사람은 어김없이 기계의 주문을 이해하지 못하고, 기계와 소통할 수 있는 능력이 없고 조작할 줄도 모르는 노인네들이다. 그러나 기계는 기계를 이용하는 사람들의 복종만 강요할 뿐 사람을 위해 그 어떤 배려도 하지 않는다.

누구든 낯선 세계에 내던져지면 당혹감과 불안감을 느끼게 마련이다. 그리고 낯선 세계의 낯선 질서에 적응하지 못하여 실수가 거듭되면 한없이 무기력해지고 자존감마저 떨어진다. 그런 낯섦과 수치심을 끝내 이겨내지 못하고 세상과 결별하는 사람들도 있다. 그래도 젊은 사람의 실수는 "과로와 스트레스" 탓이라며 이해심을 발휘하기도 하고, "처음이라, 아직 익숙지 않아서…."라고 토닥거려가면서 용기를 주기도 한다. 그러나 삶의 내리막길에 들어선 노인들이라면 사정은 확 달라진다. 의사의 진단을 받아보기도 전에 가족들이 먼저 치매를 의심한다. 그러다가 실수가 거듭 반복되면 결국 병원으로 내몬다. 치료를 하기 위해서라기보다는 격리·수용하기 위해서…….

지금 한국 사회에서 고령층에 속하는 세대는 걸음마를 시작할 때부터 컴퓨터, 스마트폰과 함께 자란 청소년 세대들과 같은 시대를 살아가고는 있지만 서로 교감하거나 소통 가능한 삶의 문화나 정서가 없다. 살아온 습관이나 추구하는 가치도 다르다. 이 세대들은 무엇보다 디지털 체제로 확연하게 달라진 사회환경에 적응하기가 어렵고 실수를 반복할 수밖에 없다. 그래서 청소년들의 눈에는 할아버지·할머니 세대들이 같은 문화권에 살면서 같은 정서를 가진 앞선 세대라기보다는 나와는 너무 다른, 정말 낯설고 이질적인 존재로 비쳐지고 있다.

게다가 우리 사회는 이질적인 존재나 열등한 존재, 사회의 약자들에 대한 혐오와 멸시, 조롱이 넘쳐나는 사회다. 이들을 모두 '벌레(蟲)' 취급한다. 온갖 흉측한 벌레들이 사회 구석구석에서 번식하고 있다 할 정도로 정말 끔찍하면서도 섬뜩한 사회다. 그 많은 종류의 벌레들 중에서 노인들은 '노년충', '무임충'으로 분류된다. 버스나 지하철에 무임승차하는 배려를 받고 있으면서도 주변을 의식하지 않고 벌이는 고성의 잡담, 노약자석에 대한 무례한 권리주장, 나이를 곧 벼슬로 아는 안하무인의 태도…….
그런 한편으로 무인자동화시스템에는 적응하지 못하여 주변 사람들에게 끝내 민폐를 끼치고 마는 일부 노인네들의 볼썽사나운 처신이 청년세대들의 박탈감과 충돌하면서 일어난 현상이다.

한편 우리 사회에서 치매라는 말은 병의원에서 의사들이 특정 증상이나 질병을 지칭하기 위해서만 쓰는 말이 아니다. 사물을 기억하는 데 착오가 거듭되고, 실수가 되풀이되거나 변화된 환경이나 질서에 쉽게 적응하지 못하고, 또 때와 장소를 분별하지 못하여 사회통념에 어긋나는 이상행동을 보일 때, 그런 현상들을 포괄하는 보통명사처럼 통용되고 있다. 따라서 치매라는 말은 배려와 보살핌이 필요한 질병이라는 뜻보다는 어설프거나 세련되지 못한 행동들에 대한 혐오와 모멸, 조롱이 담긴 은유적 표현으로 쓰이기도 하고, 나이와는 상관없이 함께 어울려 살 수 없고 배제되거나 격리해야 할 대상이라는 뜻으로 통용되고 있다.

◆　　◆　　◆

그런데 늙음에 대한 혐오와 멸시, 조롱, 차별의 언어는 도시의 뒷골목에 또는 SNS 상에 떠도는, 철없는 청소년들의 반항기와 장난기 섞인 말들만이 아니다. 학계와 언론계는 말할 것도 없고 정부의 공식 행정용어에도 늙음에 대한 차별과 혐오를 조장하는 용어들이 버젓이 사용되고 있다. 최소한의 의과학적 근거도 없고, 상식에 맞지도 않고 개념도 선명하지 않은 용어들이 학술논문에, 의학교과서에, 정부 문서에 당당하게 자리를 차지하고 있다.

한순간에 변해버린 사회 환경에 적응하지 못하는 노인네들의 당혹감은 더 큰 실수로 이어지거나 이상행동으로 나타나는 악순환에 빠지기도 한다. 주변에서는 그런 노인네들을 또 중증 치매라고 혀를 끌끌 차며 혐오감을 드러낸다. 이 나라에는 늙음이 병든 것과 마찬가지로 취급받고 있고, 조롱거리로 전락했고, "극혐"의 대상이 되고 있다. 여기 잠시 머물다 가는 몸에 말과 글로 던지는 팔매질이 너무 심하다.

치매 노인에 대한 이런 국민들의 집단 혐오감에 화답이라도 하듯 정부는 치매 환자를 수용할 수 있는 요양시설을 확충(!)하는 한편, 70세 이상 고령층을 대상으로 치매검사를 의무화하겠다는 결의를 다지고 있다. 고령화사회로 변하면서 덩달아 치매 환자가 늘어나고 있는 현상에 대한 대책이 과연 치매라는 '낙인'과 함께 가족과 가정으로부터 '격리'하여 외진 곳에 '수용'하는 것뿐인가? 이런 추세라면 치매 환자만이 아니라 21세기 한국 사회에서 늙고 병들어 죽어가는 모든 사람들이 감당해야 할 마지막 삶은 격리와 수용으로 바뀔지도 모른다.

제2장

노추(老醜)와
고졸(古拙)

노화(老化)와 노후(老後/老朽)

오늘 모란 앞에서 술 한 잔 마시다가(今日花前飮)

달콤한 마음으로 몇 잔 거듭 마셨더니 취해버렸네(甘心醉數杯)

그런데 시름이 쌓이는 것은 꽃이 하는 말 때문이라(但愁花有語)

늙은이를 위해 핀 게 아니란다 (不爲老人開)

〈목단을 보며 술 마시다(飮酒看牧丹)〉

중당(中唐) 시대의 시인이었던 유우석(劉禹錫, 772~842)이 남긴 늙은이 의 넋두리 같은 글이다. 붉은 빛깔을 열흘도 채 머금지 못하는 미물인 꽃 조차도 늙은이를 외면할 지경이니, 낙엽 구르는 소리만 들어도 눈가에 눈 물이 비칠 수밖에 없는 것은 늙어가는 모든 사람들의 한결같은 심정일 것 같다.

늙음이라는 말에는 고집, 욕심, 무뚝뚝함, 괴팍함과 같은 부정적인 편견들과 함께, 불결하거나 흉측하다든지 가까이 다가가기 싫은 '그로테스크' 한 분위기가 늘 표상처럼 떠오르게 되는 것이 사실이다. 그렇기 때문에 누구든 늙음을 감추거나 피하려 하고, 젊음을 지키기 위해 발버둥을 치는 것일 게다. 늙음 뒤에 곧 따라오는 죽음을 쉽게 받아들이지 못하고 아예 부정하기도 하는 현대사회의 경박한 풍조에도 원인이 있을 듯싶다.

아무리 그렇다 하더라도 지금 한국 사회에서 늙음이나 노인들을 바라보는 시선은 조금 유별나다. 어느 나라든 고령화사회가 되면 경제력과 생산능력이 떨어지는 노인들의 부양 문제가 사회문제로 떠오르는 것은 어쩔 수 없는 일이다. 그런데 세계에서 가장 빠른 속도로 고령화사회로 들어서서 고령사회로 치닫고 있는 한국에서는, 온 사회가 힘을 모아 노인 문제에 대한 해결책을 찾는 것이 아니라 오히려 늙은이들에 대한 배제, 차별, 인격의 비하가 일상의 문화로 고착되고 있는 분위기다. 그 까닭은 저소득층이나 노약자, 소수자들을 향한 조롱, 멸시, 학대를 일삼는 한국 사회 특유의 '갑질' 문화가 가진 자와 힘 있는 자들의 특권인 것처럼 아무 저항이나 제재도 없이 자리잡아가는 풍조와 무관하지 않은 것 같다. 반면에 사회적 약자들이나 민중들의 저항 문화라고 할 수 있는 풍자는 경찰·검찰과 사법부까지 한마음 한뜻이 되어 무자비하게 처벌하고 있다.[1]

---

1 2015년 4월, 대구에서 한 사회활동가가 박근혜 대통령을 풍자·비판한 내용을 담은 전단지 3만여 장을 제작하여 시내 곳곳에 배포하자 경찰은 당사자인 대통령의 고발도 없이 그를 출판물에 의한 명예훼손 혐의로 소환조사했다. 조사를 받고 나온 활동가는 이에 항의하는 뜻에서 "정권의 꼬리 흔들기식 공무 집행엔 개사료"라는 글귀가 적힌 피켓을 들고 경찰서 앞에서 1인 시위를 하는 한편, 경찰서 표지석에 다 개사료를 뿌리는 퍼포먼스를 하기도 했다. 결국 그는 명예훼손죄로는 이례적으로 구속이 되었고 지난 2015년 12월 22일, 1심에서 징역 1년에 집행유예 2년을 선고받고 구속 8개월 만에 풀려났다. 그런데 유사한 사건으로 기소된 일본 산케이 신문 지국장의 경우 법원은 대통령의 명예훼손죄에 대해 무

그래서인지 우리 사회는 지금 최소한의 균형감각도 없는 몰염치한 사회로 변해버렸다. 여기에 젊은층 사이에 3포(연애, 결혼, 출산을 포기한 세대), 5포(연애, 결혼, 출산, 내집마련, 인간관계를 포기한 세대)에 이어 7포 세대(연애, 결혼, 출산, 내집마련, 인간관계, 꿈, 희망직업을 포기한 세대)까지 등장하게 되자 세대 사이의 관계는 갈등 수준을 넘어 적대관계로까지 변해가고 있는 형편이다. 이런 사회 분위기에 노년기와 관련하여 학계나 언론계에서 사용하는 용어들, 심지어 정부의 공식 용어들까지 세대 간의 정서나 문화의 간격을 좁혀주기는커녕 오히려 편견과 차별을 더욱 부추기고 있는 경우가 허다하다.

◆　◆　◆

먼저 노화(老化)라는 말이 있다. 석회화·산성화·연성화·사막화·부영양화와 같이 화학반응을 일컫거나 자동화·무인화·전산화와 같이 쓰이는 말로 과연 이 말이 인격체인 사람에게도 쓸 수 있는 것인지 의심스럽다. 우리말에서는 '화(化)'라는 접미사가 단어 끝에 붙게 되면 어떤 물질의 성질이 원래의 성질과 달라졌다는 것을 의미한다. 장엄한 한 인간의 삶이 저물어가는 시기에 이른 것을 어찌 화학반응을 연상케 하는 한 글자로 버무릴 수 있는지 모르겠다. 사람은 어렸을 때나 젊었을 때나 늙었을 때나 같은 사람이다. 나이에 따라 모습이 변하기도 하고, 생각이나 추구하는

죄를 선고했다. 물론 그 일본 기자는 불구속상태에서 재판을 받았다. 〈법원, 박근혜 비판 전단지 제작·배포에 첫 유죄인정〉, 《평화뉴스》, 2015. 12. 22.

가치가 달라질 수는 있겠지만 사람 자체가 다른 사람으로 변하는 것은 아니다.

그리고 몸의 어떤 현상을 '노화'라고 할 것인가에 대한 의학계의 통일된 정의나 개념, 기준도 없고, 생애 주기에서 어느 시점을 노화가 시작되는 시점이라고 단정할 수 있을지에 대한 객관적인 근거나 합의된 기준도 없다.[2] 녹색 잎으로 다옥하던 나무가 여름 지나면서 가을이 되어 단풍이 든 모습을 보고 나뭇잎들의 노화현상이 시작되었다라고 이야기하는 식물학자는 없다. 사람이 삶을 마감하고 숨을 거둔 뒤에, 그 주검을 보고 생명의 사화(死化)라고 표현하는 무례한 사람도 없다. 이와 마찬가지로 사춘기에 접어든 청소년을 두고 청화(青化)되었다는 말을 쓰지도 않고, 성인이 되었다고 해서 성화(成化)되었다는 표현을 쓰지도 않는다.

그런데 의료계는 무슨 이유로, 무엇을 근거로 늙어가는 몸에 대해서만은 노화라는 말을 그렇게 거리낌 없이 당당하게 사용할 수 있었을까? 의료계는 노화를 "변화 불가능하고 필연적이며 잘 조절되지 않는 질병과 약물의 대결의 장"[3]에 들어서는 것이라고 주장한다. 자연스러운 생명현상인 늙음이 약을 쓰고 치료해야 할 질병이라는 대담한 선언을 한 것이다. 그런데 스스로도 "변화 불가능하고 필연적"인 현상이라고 전제하고서도 변화 불가능하고 필연적인 현상을 "약물과의 대결"을 통해 되돌려 보겠

---

2 대한임상노인의학회에서는 노화를 "대부분 건강하고 의사의 도움이 필요 없는 젊은 성인이 질병과 죽음의 위험요인이 점진적으로 증가하는 생리학적 악화를 겪는 나이든 성인으로 진행하는 것"이라고 정의하고 있다. 그런데 '생리학적 악화'가 무엇을 의미하는지도 불분명하고 '젊은 성인'이라든지 '나이든 성인'이라는 개념도 몹시 추상적이다. 대한임상노인의학회, 《최신노인의학》, 한국의학, 2011. 2쪽
3 대한임상노인의학회. 같은 책 2쪽

다는 이 무모함을 어떻게 설명해야 할까? 노화의 원인을 밝혀 '장수만세'의 신세계를 만들어보겠다는 의료계의 헛수고도 수십 년째 지속되고 있다.[4] 이런 연구가 어린아이가 왜 성인으로 변하는지 그 원인을 밝혀 성인이 되지 않도록 하겠다는 발상과 무엇이 다를까?

건강이란 몸의 균형이 유지되거나, 환경에 적응되어 몸과 마음이 쾌적한 상태에 있음을 말하는 것이지 몸의 젊고 늙음과는 전혀 무관한 개념이다. 젊음과 건강이 동의어가 아니듯이, 늙음과 질병 역시 동의어가 아니다. 의료계가 노화를 정복하겠다고 나선 지도 벌써 수십 년이 지난 것 같은데, 항노화약물이나 성형시술의 시장규모만 엄청나게 커졌지 생로병사라는 생명의 법칙은 하나도 달라진 것이 없다.

◆　　◆　　◆

노후(老後)라는 말은 어떤가? 지금 한국 사회에서 노후라는 말은 나이가 든 뒤 혹은 은퇴 이후의 삶을 뜻한다기보다는 나이가 들었거나, 특히 퇴직을 앞두고 있는 모든 사람들의 불안과 공포를 부추기는 말이다. 은퇴 이후 겪어야 할 삶의 불확실성은 은퇴한 당사자는 말할 것도 없고, 자녀들과 늙은 부모들에게도 심각한 영향을 끼치는 것이 현실이다. 고령화사

---

4 〈'150세 시대 온다?' '노화는 질병, 치료제 곧 시험생산〉 이라는 제목의 신문 기사(《동아일보》 2015. 07. 05. 인터넷판)는 "텔로미어(Telomere) 생성을 촉발하는 텔로머라아제(Telemerase)라는 효소만 개발되면 노화가 중단되고, 20세 청년처럼 젊게", 150세까지도 살 수 있다는 미국의 분자생물학자의 주장을 전하고 있다. 이 텔로머라아제와 관련된 이야기는 1999년 무렵에도 똑같은 내용이 언론에 보도되어 주목을 끈 바 있다. 그런데 기사의 발원지는 대개 생명공학기업에 고용된 의학자들이다.

회가 우리가 미리 대비하고 준비해야 할 내일의 문제가 아니라 이미 피할 수 없는 현재의 문제로 닥쳐왔지만 복지제도는 아직 허술하기 짝이 없는 것이 제일 큰 원인일 것이다. 그 틈새를 비집고 은퇴를 앞둔 사람들에게 공포와 불안감을 조성하며 보험시장에서부터 쏟아져 나온 말들이 '노후자금', '노후대비', '노후설계', '노후준비', '노후대책'과 같은 말들이었고, 그 영향으로 이제 노후와 관련된 모든 것들이 '신성장동력'으로 꼽힐 만큼 거대한 산업이 되어버렸다.

그런데 늙은 뒤, 나이든 뒤의 삶이란 무엇인가? 시간은 되돌아가거나 에돌아가지도 않고 오로지 직선으로 한순간의 쉼도 없이 흐를 뿐이다. 그런 시간에 얹혀 있는 삶에서 늙음 이후에는 죽음이 다가오는 것이지 새로운 삶이 열리는 것이 아니다.

그러므로 사람이 태어나서 살다가 늙어 죽음으로써 완성되는 삶은 끊어지지 않고 직선으로 이어지는 하나의 과정이지, 토막토막 분리할 수 있는 것이 아니다. 그런 점에서 노후(老後)의 삶이란 말은 있을 수가 없다. 다만 생애 주기에 따라 그 역할과 소명이 다르기 때문에 유년기, 청년기, 장년기, 노년기의 삶으로 구분할 수는 있겠다. 만약 노년기의 삶에서 지나 온 생애 주기와 다른 지향점이 있다면 그것은 곧 다가올 죽음에 대한 몸과 마음의 준비가 필요하다는 것 정도일 것이다. 그 준비가 과연 돈만으로 해결될 수 있을까?

지금 만년의 나이에 이르렀거나 마지막 여생을 보내고 있는 사람들의 삶이 편안하지 않은 이유가 단지 보험업계에서 떠들어대는 노후대비, 노후설계가 부실하여 노후자금이 부족한 탓만은 아니다. 늙은 다음 죽지 않고 의미 없는 삶을 무한정 이어가는 것보다 더 큰 고통이 또 있을까?

수백 조의 재산을 회사 금고에 넣어두고서도 죽은 것도, 사는 것도 아닌 삶을 사는 부자도 있고, 우리보다 먼저 고령화사회에 들어선 일본에서는 한 해에 3만 명이 넘는 사람들이 아무도 지켜보지 않는 가운데 혼자서 죽어가기도 한다. 그중에는 현금을 집에다 몇 상자씩이나 잔뜩 쌓아놓고 살다가 혼자 죽어가는 독거노인들도 있다. 이들의 죽음이 이처럼 쓸쓸하고 비참해 보이는 것이 단지 노후자금이 없어서일까? 전 세계에서 가장 빠른 속도로 고령화사회에서 고령사회로 또 초고령사회로 치닫고 있는 우리나라에는 고독사에 대한 변변한 통계조차 없다. 일인가구가 늘어가고 있고 '화려한 싱글'에 만족하고 사는 사람들도 있으며, '혼밥족', '혼술족'도 늘어나고 있는데, 이들이 다 노후자금이 없는 사람들도 아니다.

◆　◆　◆

그렇다면 노후(老朽)라는 말은 괜찮을까? 오래되고 낡아 제구실을 하지 못한다는 뜻의 노후는 기계나 건축물과 같은 인간의 손으로 만들어 낸 무생물에나 적용할 수 있는 말이지 생명체에게 쓸 수 있는 말은 아니다. 노후한 건물은 철거할 수 있지만 사람의 몸이 노후하였다고 해서 생명의 근거인 몸을 철거할 수는 없는 일이다.

노후나 노폐는 물질세계에서나 통용될 수 있는 말이지 사람이나 자연에 대해서는 쓸 수 있는 말이 아니다. 특히 자연은 결코 노후하는 일이 없다. 끝없이 재생하고 순환하는 것이 자연의 생리요 법칙이기 때문이다.

인간 역시 몸만으로 구성된다면 노후라는 표현을 쓸 수 있겠으나 인간의 삶은 몸만으로 구성되지 않는다. 인간이 가진 정신과 사고의 영속성이나 일관성은 수백, 수천 년이 지나도 변하지 않고 지속되는 경우도 있다. 동물원의 사자, 호랑이, 원숭이가 노후화했다는 말은 한 번도 들은 적이 없는데, 이 나라의 언론과 정부 당국자들은 시설·장비는 말할 것도 없고 인력까지도 노후화했다는 말을 거침없이 내뱉고 있다. 노후한 아파트는 부수고 다시 지으면 되겠지만 노후한 사람은 어떻게 하자는 건가?

정말 나이 들어 기력이 빠져 보이는 사람에게 노쇠(老衰)라는 말은 쓸 수 있겠다. 그러나 몸은 노쇠(老衰)했어도 불후(不朽)의 정신을 가진 사람도 많다. 불후의 명작이란 말이 그래서 나온 것일 게다. 불후의 정신은 몸의 늙음과는 아무런 관계가 없다. 사람에게 노화나 노후란 있을 수 없다. 노화/노후라는 말은 인간성에 대한 모독이다. 인간의 삶은 화학반응이 아니며, 인간의 몸은 기계가 아니기 때문이다.

퇴행·변성·변형

의학계에서는 나이가 들면서 생기는 만성질환들을 대개 퇴행성 질환이라고 부른다. 그런데 'Degeneration', 'Degenerative'라는 영어를 '퇴행' 또는 '퇴행성'이라고 번역하는 것이 옳은 번역인지가 의문이다. 많은 영한사전에는 'Degeneration'을 '변질', '변성', '타락'으로 번역해 올려놓고 있다. 대한의학협회에서 발간한 《의학용어사전》에는 동사 'Degenerate'를 '변성에 빠지다'로 번역해두었고, 'Degenerative' 역시 병리적 원인으로 변했다는 의미의 '변성의'라고 번역해두었다.

대한신경과학회에서 발간한 《신경학 용어》에는 'Degeneration'에 '변성'과 '퇴행'을 나란히 올려두고, 명확한 기준도 없이 '변성'과 '퇴행'을 뒤섞어 사용하고 있다.[5] 그리고 비슷한 병리 특성을 가진 질환에 대해서 어떤 경우에는 '진행성(Progressive)' 이라 하기도 하고, 어떤 때는 '퇴행성(Degenerative)'이라 하기도 한다.

외국의 신경학 교과서에는 나이가 들면서 생기는 몸의 변화에 대해 변성 또는 퇴행이라는 의미의 'Degenerative'라는 표현을 쓰는 것이 정당한가에 대해서 의문을 제기하기도 한다. 의학 외적인 영역에서는 퇴행이라는 뜻이 부도덕하거나 정도를 벗어난 일탈 행위를 의미하기도 하고, 의학적으로도 질환의 특성을 만족스럽게 설명할 수 있는 표현이 아니라는 이유에서다. 나이가 들어 노쇠해가는 과정을 정상 기준을 벗어나서 타락하거나 비정상적인 상태 또는 수준 낮은 상태로 변해 가는 것이라고 할

---

5 대한의학협회, 《의학용어집》, 대한의학협회, 1992. 346쪽 ; Degenerate (변질물, 변성에 빠지다, 변성의), Degeneration(변성 · 퇴화), Degenerative(변성의), Degenerative Disease(퇴행성질환), Degenerative conversion(변성전환). 대한신경과용어위원회, 《신경학용어》, 대한신경과학회, 2010. 39쪽 ; Degeneration(변성 · 퇴행), Axonal Degeneration(축삭변성), Frontotemporal lobar degeneration(이마관자엽변성), Spinocerebellar Degneration(척수소뇌변성), Degenerative Dementia(퇴행치매), Degenerative Disc Disease(퇴행추간판질환), Degenerative Atrophy(변성위축). '퇴행'이라는 뜻으로는 쓰이는 다른 의학용어로는 Degradation이 있다.

수는 없다. 그런데 퇴행이란 말은 그런 뜻을 함축하고 있는 표현이다.

또 한 가지, '퇴행적 질병' 또는 '퇴행적 인간'이라는 개념은 조세프 멩겔레, 오토마르 폰 페르쉬어와 같은 나치 치하의 의사들이 정신질환자들이나 장애자, 유전병을 앓고 있는 사람들에게 단종·안락사와 같은 조치를 하고, 급기야 인종청소로까지 이어지는 대학살극을 벌이게 된 이론적 배경이었다.[6] 그 과정에서 가장 많이 희생된 사람들은 두말할 필요도 없이 노약자들이었다.

◆　　◆　　◆

인간의 사고는 퇴행할 수 있고, 사회나 정치, 역사도 퇴행할 수 있다. 우리는 그런 현상들을 현실에서 얼마든지 경험할 수 있다. 21세기에 진입한 한국 사회의 정치 수준이, 그리고 표현과 언론자유, 인권 수준이 3~40년 전의 유신시대로 퇴행했다는 탄식들이 쏟아지기도 한다. 초중등학교의 역사교과서를 국정 체제로 전환한 것은 역사 퇴행의 결정판이라고도 할 수 있다.

하지만 어떤 상황에서도 흘러간 시간을 되돌릴 수 없는 것과 마찬가지

---

6 에드워드 쇼터, 《정신의학의 역사》, 최보문 옮김, 바다출판사, 2009. 163~172쪽 참조. 더 상세한 것은 Robert J Lifton, 《The Nazi Doctors》, Basic Books 2000. 26~27쪽. 'Degenerative Individuals', 즉 퇴행적 인간에는 정박아, 정신질환자, 조울증환자, 간질, 알콜중독자 외에도 선천성 기형이나 유전 질환을 가진 사람들이 포함된다. 나치 의사들은 이들을 '위험한 환자군(Dangerous patients)'과 '응급사례(Urgent cases)'로 분류하여 강제단종수술을 시행했다. 나중에는 '살인공장'을 개발하여 홀로코스트(인종청소)를 단행한다.

로 인간의 몸은 퇴행할 수가 없다. 성형과 이식은 몸의 겉모습을 바꾼 것이지 생성·성장·노쇠·소멸로 진행하는 생명체가 가진 몸의 근본 속성을 바꾸는 것은 아니다. 질병의 회복이란 것도 마찬가지다. 병을 앓았던 몸이 치료된다는 말은 병이 들기 이전의 몸 상태로 되돌아간다는 의미가 절대 아니다. 그것은 어떤 첨단의술이 개발되더라도 불가능한 일이다. 생명현상은 절대 비가역적이기 때문이다. 그래서 질병으로부터 '회복되었다'든지 병이 '치료되었다'라고 하는 것은 원래의 일상생활로 되돌아갈 수 있게 되었다는 뜻이거나, 달라진 몸이 기존의 질서와 환경에 다시 적응하게 된 것을 말한다. 몸의 원상회복(原狀回復)이란 있을 수 없다. 몸은 건강하든 건강하지 않든 간에 시시각각으로 변하고 달라지기 때문이다. 그리고 그 변화는 결코 되돌릴 수 없다.

어떤 면에서 인간의 몸의 원래 상(狀)이라는 것이 실지로는 실체가 없는, 인간이 만들어낸 환상일지도 모른다. 16세기 북유럽 르네상스를 대표한다는 평가를 받는 독일 화가 한스 발둥 그린(1484~1545)이 남긴 〈인생의 세 시기와 죽음〉이라는 그림이 있다. 수려하면서도 관능적인 맨몸을 드러낸 젊은 미녀, 그리고 백골로 변해가는 주검과 팔짱을 끼고 있는 늙은 몸의 여성이 나란히 배치되어 있는 그림이다. 그리고 그 아래에는 갓난아기가 누워 뒹굴고 있다. 그중 어느 것이 인간의 원래 상(狀)일까?

시간은 모든 것을 변하게 만든다. 시간을 따라 흘러가는 사람의 몸도 당연히 변하기 마련이다. 속성도 변하고 형태도 변한다. 그래서 사람의 몸은 변형·변성될 수는 있지만 퇴행은 불가능하다. 도대체 어디로 되돌아간다는 말인가?

노추(老醜)

사람이 나이가 들면서 경계하고 예방하고 피해야 할 것이 있다면 노후도 노화도 퇴행도 아닌 노추(老醜)다. 추태는 연령과 관계없이 누구나 저지를 수 있는 부끄러운 행동을 일컫는 것이지만 노추는 유독 늙은 사람만이 저지를 수 있는 꼴불견이다. 그리고 노추는 겉모습과는 전혀 상관없는 말이다.

어느 시대나 불결하고 냄새나고 지저분하고 남루한 것은 한결같은 가난의 모습이다. 그런 가난의 모습은 나이에 따른 차이가 없다. 만일 한국 사회 노인들의 평균적인 모습이 남루하고 불결하고 지저분하고 추하게 보인다면 그것은 나이가 들고 늙어서라기보다는 가난해서 그렇게 보이는 것이다. 늙고 야위어서 몸도 제대로 가누지 못한 채 휠체어에 의지하여 수사기관으로 납시는 대기업 회장님들의 겉모습에서 우리는 뻔뻔스러움을 읽을 수는 있어도 불결하다거나 지저분하다는 인상은 받지 않는다. 돈이 많기 때문이다. 돈의 힘은 이 지상에서 가장 젊고 아름다운 여인을 늙은이 곁에 세워 그 늙은이가 원래 가지고 있던 불결함과 비루함, 그리고 노쇠함까지 감출 수 있게 한다.

한국 사회의 평균적인 노인들이 대부분 가난에 허덕이는 것은 그들이 젊은 시절에 게을렀거나 무능했던 탓은 결코 아니다. 그것은 학생들에게는 실속도 없이 시간만 뺏고 학부모들의 쌈짓돈과 등골만 빼먹는 약탈적인 교육제도와 함께, 어떤 나라보다 자녀들의 독립이 힘든 사회구조의 탓이 제일 크다. 게다가 우리나라는 OECD 국가 중에 노인빈곤율이 제일 높으면서도 빈곤노인을 위한 정부의 재정지출은 OECD 국가 중에 제일 꼴찌다. 이처럼 형편없는 복지정책이 노인들의 겉모습은 말할 것도 없고 일상생활마저 비참하게 만들고 있다.

공자는 하루 세끼의 양식으로 부모를 부양하면서도 공경심이 없다면 금수와 다를 바가 없다고 했다. 먹이로 어미와 새끼를 부양하는 일은 개 돼지와 같은 금수도 할 수 있는 일이기 때문이다.(《논어》,〈위정〉) 그러나 지금 우리 사회는 공경은커녕 생명을 유지하기 위한 최소한의 부양조차 받지 못하는 노인들이 길거리에 넘쳐난다. 공자의 눈으로 보면 금수보다 못한 처지에 내몰려 있는 노인들이 부지기수라는 것이며, 따라서 우리 사 회는 지금 차마 눈뜨고 볼 수 없는 천하무도의 세계인 것이다. 그런데도 정부는 못 본 척 손을 놓고 있다. 만약 지금 이 시대 노인들이 추해 보인다 면 원인은 바로 이 때문이다.

❖　　❖　　❖

정작 사람들이 나이가 들어가면서 경계하고 또 경계해야 할 노추는 겉 모습과는 아무런 상관이 없는 말이다. 늙어서 추한 모습과 늙은이의 추한 모습은 전혀 다른 것이다. 노추는 나이 들어서도 그칠 바를 모르는 탐욕 과, 제어할 줄 모르는 교만함에서 생기는 것이다. 자신의 뜻과 맞지 않는 사람에게는 때와 장소를 가리지 않고 함부로 빨갱이 타령이나 일삼고, 나 이가 아무리 많아도 벼슬이나 공천만 주면 침 질질 흘리며 덥석 받아 물고, 또 뒷일은 생각지도 않고 젊은이마냥 객기를 부리며 게걸스럽게 먹고 퍼마시고 취해서 비틀거리는 꼴이 바로 노추다.

사람에게는 누구나 때맞추어 해야 할 일과 하지 말아야 할 일이 있고, 가야 할 곳과 가지 말아야 할 곳이 있다. 때에 따라 할 말과 해서는 안 되는 말이 있고, 때와 장소에 따라 몸짓과 표정까지 다스려야 하는 것이 사람의 도리이다. 기쁨과 노여움, 슬픔과 즐거움까지도 감출 때와 드러낼 때를 구분할 줄 알아야 한다.

그래서 사람은 때에 따라, 또 장소에 따라 반드시 끊고, 매듭짓고, 세월의 마디마다 인생의 고비마다 멈추고 그칠 줄 아는 절도(節度)가 있어야 한다. 그 절도란 힘과 재물을 가졌을 때는 절제(節制)를, 뜻을 품었을 때는 절개(節槪)를, 마음을 다스려야 할 때는 절조(節操)를, 만물을 대할 때는 필요한 만큼 아껴 사용하는 절용(節用)의 자세를 지니는 것이다. 천지의 운행을 사시(四時)로 조절하듯이 사람의 언행은 사물(四勿)[7]로 조절한다. 그런 절도에서 가장 중요한 것은 스스로 그칠 바를 아는 것이요, 물러설 때를 아는 것이다. 물질의 세계에는 뿌리와 가지가 있음을, 사람의 일에는 시작과 끝이 있음을 깨닫고 앞뒤를 가려 아는 것, 그것이 바로 사람이 사람으로서 가야 할 길, 즉 도(道)의 길로 들어서는 첫걸음이다.《대학》

노추란 가난해서 볼품없고 지저분한 노인의 겉모습을 말하는 것이 아니라 나이가 들어서도 그칠 바를 모르고, 불가에서 말하는 세 가지 교만심 - '나는 죽지 않는다는 활명교(活命驕), 나는 늙지 않는다는 장년교(壯年

7《논어》, 〈안연〉편, '예가 아니면 보지 말고, 예가 아니면 듣지 말며, 예가 아니면 말하지 말고, 예가 아니면 함부로 움직이지 않는다.'

驕), 나는 병들지 않는다는 무병교(無病驕)'-에 빠져 있는 노인들의 지나친 탐욕을 일컫는 말이다. 진실로 나이 들어가면서 치료하고 예방해야 할 것은 노후나 노화, 퇴행 따위가 아니라 바로 절제할 줄 모르는 교만심에서 비롯되는 노추다.

노인증후군

       누구든 나이가 들고 몸이 노쇠해지면 말과 행동의 변화가 생기기 마련이다. 움직임이 느려지거나 굼뜨게 되면서 순발력이 떨어지고, 말도 느려지거나 어눌해지기도 하고, 발음과 음성에도 변화가 생긴다. 젊은 시절에 폭포수처럼 말을 쏟아내던 사람도 시나브로 나이가 들면 비록 눈빛은 초롱초롱할지언정 말수를 줄여 말을 아끼게 되고, 사자후 같던 목소리도 차분하게 내려앉게 된다. 이를 두고 노화현상이라고 진단할 의사가 있을지 모르겠지만, 대부분의 사람들은 한 인간의 완숙한 모습이라며 고개를 숙인다.

  사람 역시 생명체인 이상 생로병사라고 하는 생명체의 유한성과 순환법칙을 벗어날 수가 없다. 따라서 누구든 몸과 마음이 노쇠해지는 시기 – 그 시기가 언제인지는 사람마다 차이가 있겠지만 – 가 오면 존재의 소멸,

즉 죽음으로 다가가는 몸과 마음의 변화가 생기기 마련이다. 그런 신체의 변화들이란 것은 전문의의 설명이 있어야만 이해할 수 있는 것들이 아니다.

살이 빠지면서 팔 다리에 힘이 없고, 그래서 움직임이 둔하고 민첩하지 못하여 낙상골절로 고생을 하기도 하고, 눈은 침침하고 귀는 점점 멀어 잘 들리지 않으니 같은 말을 되풀이하고, 대소변 조절 능력이 떨어지면서 실수가 반복되고, 또 이빨이 듬성듬성 빠지면서 식사량은 줄어들어 영양 상태가 고르지 못하고, 잠은 줄어드는데 꿈은 많아지고 그래서 섬망에 환청, 환각이 많아지고, 그로 말미암아 우울·불안과 같은 정동장애가 생기고, 게다가 사회활동이 줄어들고 대인관계가 좁아지면서 앉거나 서서 움직이는 시간보다 방에서 누워 지내는 시간이 많으니 사고의 폭도 좁아지고 기억력도 떨어지는 것⋯⋯.

이런 현상들은 생명체로서 인간이 노쇠해가는 과정에서 생기는 자연 현상이지 결코 병리적 현상이 아니다. 옛사람들은 이를 두고 '천석고황(泉石膏肓)' 또는 '연하고질(煙霞痼疾)'이라 하였다. 또 러시아의 비평가 바흐친은 "그로테스크한 몸의 삶"에서 일어나는 "기본적 사건"들이며, "육체적 드라마의 행위"들이라고 표현했다.[8] 그런데 의학계에서는 나이 들어

---

8 미하일 바흐친, 《프랑수아 라블레의 작품과 중세 및 르네상스 민중문화》, 이덕형 옮김, 아카넷, 2001. 493쪽. "성교, 임신, 출산, 성장, 노화, 질환, 죽음, 찢기기, 조각조각 나뉘기 같은 것들이 '육체적 드라마'의 중요한 사건들이다. 그리고 똥오줌은 병든 노인들에게 항상 따라붙는 이미지"다. 그런데 바흐친은 "오줌(똥과 마찬가지로)은 (사람을)비하하면서도 동시에 편안하게 하고, 공포를 웃음을 바꾸는 유쾌한 물질"이라고 주장한다. "똥이 몸과 땅 사이에 있는 무엇이라면, 오줌은 몸과 바다 사이에 있는 무엇"으로서 "물질과 세계, 우주의 자연력을 육화하며, 이들을 더 가깝고 친밀한 것, 즉 몸으로 이해되는 것을 만"드는 것이라고 했다.(519쪽)

서 생기는 이런 변화들을 '노인증후군'[9]이나 '노인병 증후군'[10]이라고 과감하게 진단한다. 그 증상들을 고칠 능력이나 있는지도 의문이지만……

원래 동아시아 문화권에서는 세련된 말을 하며 겉모습을 잘 꾸민 사람을 경계했다. 특히 공자는 말 잘하는 사람(佞者)을 무척 싫어했다.(《논어》, 〈공야장〉) "보고 배워서 아는 것이 있어도 입 밖으로 함부로 내뱉지 않는 것"을 미덕으로 알았다.(《논어》, 〈술이〉) 군자가 "말을 더듬기"까지 한 이유는 행실이 말에 미치지 못할까 저어한 탓이다.(《논어》, 〈안연〉) 그래서 늘 "행실은 빠르게, 말은 신중하게 삼가야 하는 것"이 군자의 도리였고 (《논어》, 〈학이〉) 그것이 곧 어짊에 가까운 언행이라 평가했다.

유가와 대립했던 도가에서는 유창한 말에 대한 혐오는 더욱 심해진다. "말이 없는 것이 자연스럽고"(《도덕경》, 23장), "말이 많으면 막히니 중용을 지키느니만 못하"고(5장), "만물을 골고루 생기게 하더라도 그 공을 장황하게 떠벌려서도 안" 된다.(2장) 또 "누군가에게 가르침을 행할 때에도 말 없는 가르침을 행한다" 하였다.(2장)

장자(莊子)는 "참된 도와 소박한 말은 우주 어디에서나 쉽게 받아들여지지만, 잔재주를 부려 이룬 작은 성취가 도(道)를 가리고, 화려한 말장난이 소박하면서도 진실된 말을 가린다"고 하였다.(《장자》, 〈제물론〉)

---

9 노인증후군이란 "노인에게 여러 원인이 관여하여 기능과 자극반응의 감퇴를 가져와 삶의 질을 손상시키는 잦은 병적 상태"이다. 유형준, 〈노인증후군과 노인건강관리〉, 대한의사협회지 2014. Sep 57(9) 749~755

10 노인병 증후군이란 "노화현상이 많이 진행된 노인들에게 질병이 생겼을 때 공통적으로 나타나는 증상", 또는 "한꺼번에 여러 가지 질병이 공존하면서 나타나는 증상, 질병 발생에 의한 기능감퇴 현상이 함께 복합적으로 나타나는 현상"을 의미한다. 윤종률, 〈노인건강관리와 노인병 증후군〉, 2012, 대한간호협회 치매전문인력교육용 자료.

⋆ ⋆ ⋆

사실 나이가 들면서 말수를 줄이고 말을 아껴야 하는 이유는 말이 넘칠 우려가 있기 때문이다. 말이 넘치면 그 말이 좋은 말이든 나쁜 말이든 반드시 거짓말이 섞이게 된다. 사람들을 만나서 나의 지난 시절, 젊은 시절의 이야기를 떠벌리기 시작하면 자신의 지난 시절을 반드시 미화하고 윤색하고 과대포장하기 마련이다. 그리고 지금 바로 이 자리에서 내가 인정받지 못할 때는 "왕년에는 나도…", "내가 XX 때 넌 뭐 했어?", "내가 해 봐서 아는데"라는 말들이 울분·격정과 함께 뒤섞여 튀어나오게 되는 법이다. 여기에 상실감과 소외감이 상승작용을 일으키면 "요즘 젊은 것들"에 대한 비판을 넘어 분노가 이글이글 타오른다. 그렇게 다른 사람의 비판에만 익숙해지면 자신은 무오류, 무결점의 성자라는 착각에 빠져 허덕인다. 여기에 '장유유서'와 같은 유교문화까지 끌어들이게 되면 그는 절대 권력자가 된다. 그 누구도 인정해주지 않는 무관의 권력이긴 하지만 나이라는 권력만 믿고 안하무인의 망발을 일삼기도 한다. 이 또한 노추다.

사람의 생각과 말은 그 사람이 살아온 삶의 모습과 태도에 자연스럽게 배이게 된다. 따라서 사람의 삶은 그 삶을 살아온 사람의 말과 생각이 증명한다. 자신의 삶을 설명하기 위한 말이 길어지고 장황해지는 것은 그의 말이나 생각이 자신의 삶과 일치하지 않기 때문일 것이다.

젊은 나이에 인품이 원만하고 인자하다는 평가를 받기는 어렵다. 젊을 때는 무엇보다 자기 주장을 관철시키기 위해서 말이 많아지고, 또 표현이 거칠기도 하고, 생각보다는 행동이 먼저 앞서기 때문에 갈등과 분쟁을 피하기 어렵다. 모든 다툼의 시발점은 말에서 출발한다. "말이란 바람이나 물결과도 같은 것"이어서 "안정성이 없고, 교묘한 언변과 편파적인 말"들은 언제나 사람들에게 분노를 불러일으킨다. 게다가 "상대를 심한 말로 다그치면 그 사람은 반드시 앙심을 품게 마련"이다.(《장자》,〈인간세〉) 이렇게 말로 말미암은 시비의 경지를 넘어서는 것은 말수가 줄어들고, 말이 소박하고 말이 유창하지 못한 만년의 나이에 이르러서야 비로소 다다를 수 있는 경지 아니겠는가?

기억도 흐리고 말도 느리고 이빨이 빠져서 발음까지 분명하지 못한 노인들에게 의사들이 치매검사를 하겠다며 언어 유창성 평가를 한다. 치매가 아닌가 하여 온 가족의 의심과 근심을 한 몸에 받아온 터라 잔뜩 주눅이 들어 있는 노인에게 자상하고도 친절한 표정의 의사가 안경 너머로 날카로운 눈빛을 던지며 공손한 말투로 주문을 한다.

"자, 어르신 따라 해보세요. 간장공장공장장…."

"어…으, 간장… 어… 으…옹…. 고오… 장… 어… 으….고… 옹…. 몰라. 못하겠어…."

지난 시절에는 어진 사람들이 말을 더듬는다(訥) 하였다.

고졸(古拙), 오래되고 보잘 것 없는 아름다움

고대 그리스 문화에는 일정한 기준을 가지고 아름다움을 평가해왔던 전통이 있다. 미의 절대적인 이데아가 있고, 그 이데아를 본뜬 '객관의 모방'을 아름다움이라고 생각했다. 그러므로 아름다움이라고 할 수 있는 객관적인 기준들과 규칙들이 생겨난다. 이런 객관적인 미에다 정신적인 아름다움까지 결합되어 조화를 이룬 상태라고 할 수 있는 '칼로카가티아(Kalokagatia)'는 고대 그리스 사회의 귀족들이 추구하는 중요한 삶의 가치가 된다.

그런데 고대 동아시아 문화권에서는 미의 절대적 기준이 없었고, 미를 대상으로 탐구하는 학문도 없었다. 한자의 미(美)라는 글자는 원래 '양이 크다', '큰 양이 맛이 있다'는 뜻에서 유래된 것으로 오늘날 우리가 생각하는 아름다움과는 아무 관계가 없다. 거대한 사물은 아름답다기보다는 숭고의 감정과 조화를 이룬다고 생각했던 서구사회의 미적 관점과도 큰 차이가 있다.

동아시아 문화권의 아름다움에 대해서는 《도덕경》 2장에 짤막한 설명이 나온다. 세상 사람들이 아름답다고 하는 것들은 세속의 고정관념에 의탁한 판단일 뿐 오히려 추한 것일 수도 있으며, 아름다움이란 항상 상대적인 것으로 절대적인 미라는 것은 있을 수 없다는 것이다.

❖　❖　❖

한편 동아시아 문화권의 미적 흥취에 있어 술을 빼놓고는 이야기할 수가 없다. 이백(李白)과 두보(杜甫)의 시에서 술을 빼고 나면 아무런 운치도 여운도 읽는 맛도 없을 것이다. 사실 취중의 몸과 마음은 공자가 경계했던 '색려내임(色厲內荏)'이나 '교언영색(巧言令色)'을 벗어던진 상태다. 원래 그 사람이 가지고 있던 내면의 허점과 졸렬함이 그대로 드러나게 만드는 것이 술의 힘이다. 격식과 작위(作爲)를 부정하고 무질서와 함께 풍류와 해학이 넘치는 해방과 자유의 미는 적당히 취한 상태에서 만끽할 수 있다. 그런 미적 감정은 형식이나 기준을 벗어나지 않고, 법칙을 준수하는 조형적이면서도 인공적인 아름다움과는 성격이 다르다. 또 동아시아 문화에서 술은 풍류의 수단이기도 하지만 은둔자에게는 없어서는 안 될 벗과도 같은 존재다. 은둔은 부당한 권력에 대한 저항의 수단이기도 하였기에 띠풀로 이은 집에 기거하면서 술을 벗 삼아 일생을 노닐듯이(逍遙遊) 살아간다는 것은 권력에 대한 저항의 의미도 강하게 담겨 있다.

그런 점에서 동아시아의 미는 화려하고 세련된 것을 추구한다기보다는 오래되어 보잘것없고 허점이나 결점, 실수가 가득한 고졸(古拙)의 아름다움이라 할 수 있다. 여기에 부도덕한 권력에 대한 풍자와 해학이 곁들여져 있으면 금상첨화다. 그래서 예술작품을 창작할 때의 원칙도 "졸렬하더라도 기교를 싫어했고, 차라리 추할지언정 예쁘게 꾸미는 것을 싫어했고, 지리멸렬하더라도 가벼이 움직이지는 않으며, 솔직하게 말할지언정 억지 안배는 하지 않는 것"을 예술 창작의 원칙으로 삼았다.[11] "문장은 졸

---

11 부산(傅山)의 사녕사무론(四寧四無論). 장파,《중국미학사》, 백승도 옮김, 푸른숲, 2011. 708쪽 참조

(拙)로 나아가고(進), 도(道)는 졸(拙)로 이루어(成)진다"는 것을 선비들의 수신과 수양의 지향점으로 삼기도 했다.(《채근담》)

그런 고졸미는 가슴 속에 입신출세의 욕망이 꿈틀거리고 미래에 대한 환상으로 가득 차 있는 홍안의 눈으로는 결코 볼 수도 없고 창작해낼 수도 없다. 나이가 들어서 모든 욕망과 집착이나 편견에서 벗어난 상태에서만 볼 수 있는 아름다움이며, 그런 경지에 도달한 사람만이 창작할 수 있는 아름다움이기도 하다. 고졸미의 극치라고 평가받는 추사(秋史)의 봉은사 현판은 삶을 마무리하기 3일 전에 쓴 작품이다. "도에 뜻을 두고 덕으로 몸의 거처를 정하며, 어짊에 의지하여 예(藝)에서 노니는 흥취"《논어》, 〈술이〉)는 나이가 들어서 "그칠(止) 바를 깨닫고 난 뒤, 몸과 마음이 머물 곳이 정(定)해지면"《대학》) 그때서야 비로소 즐길 수 있는 미적 취향이다. 그것이야말로 칸트가 《판단력비판》에서 이야기한 "무관심하면서도 무목적적인 만족"을 얻을 수 있는 미적 취향이라고 할 수 있을 것이다.

고유섭은 쉴러의 '유희충동'을 "강압적 의무 이행 같은 속박을 느끼지도 않고 무슨 별개의 목적 달성을 위한 비본연적인 방편 수단성을 느끼는 것도 아니요, 실로 종심소욕(從心所欲)하여 불유구(不踰矩)하는 자율적인 이연(怡然=즐거운)한 심정에서 움직이"는 심리라 해석하였다. 이것을 "동양적으로 말한다면 자연히 도덕에 따라 화순(和順)해지는 것으로, 유희란 결국 도덕적 행동이 화순되어 행(行)해"지는 것이라고 설명했다.[12] 이런

---

12 우현 고유섭 전집 8권, 《미학과 미술평론》, 열화당, 2013, 〈유어예(遊於藝)〉 128쪽 참조. 독일의 극작가, 시인이요 미학자인 쉴러(1759~1805)는 우리에게 베토벤 교향곡 9번, 4악장 〈환희의 송가〉 작사가로 잘 알려져 있다. 의사이기도 한 그는 "인간을 조화롭고 완전하게 만들어주는 것"을 유희충동이라 하였다. 그의 미학 이론에 따르면 인간 내면에는 인간의 개성과 관련된 '감성충동'이 있고, 그런 개

유희충동을 젊은 나이에 느낄 수는 없다. 공자의 말대로라면 마음 내키는 대로 행동을 해도 법도에 어긋나지 않으면서 자유로이 즐길 수 있는 경지는 나이 일흔이 넘어서야 비로소 얻을 수 있는 즐거움이요 노닒이기 때문이다.(《논어》, 〈위정〉).

　나이가 들어가면서 생기는 몸과 마음의 변화는 고졸의 아름다움을 갖추어가는 과정이라고 볼 수도 있다. 그래서 나이가 들어가는 것을 '전졸(轉拙)'이라 표현하기도 한다. 그런 고졸의 여유와 아름다움을 이 시대를 살아가는 우리는 성형시술의 대상으로 보고 있다. 동안에는 열광하면서 동심은 잔인하게 짓밟아버리고, 근육질 청년의 식스팩에는 환호하면서 정작 청년들은 모든 꿈을 포기하게 만들어놓는 나라의, 참 얄궂은 몸의 미학이다.

성을 변화 속에서도 동일한 상태를 유지하게 해주는 '형식충동'이 있다. 이 두 충동은 '유희충동'에 의해 통일된다. 이런 유희충동이 신정한 인간석 충동이며, 예술활농의 근거다. 이를 통해 인간은 완전한 인간으로 발전하게 한다. 쉴러는 아름다움을 창조하는 유희충동의 원리이자 근거는 '자유'라고 했다. (서양근대철학회 엮음,《서양근대미학》, 창비, 2012. 중에서 임건태, 〈쉴러의 미학〉 참조) 공자의 말대로라면 동아시아 문화권에서 유희충동의 자유란 나이 70에 이르러서야 비로소 얻게 되는 것이다.

문명사회와 어리석음

　　도스토예프스키의 장편소설《백치》[13]는 바르샤바에서 상트페테르부르크를 왕복하는 열차 3등실 객실 안에서 세 명의 젊은이들이 나누는 대화로 시작된다. 그들은 서로 일면식도 없이 기차 안에서 우연히 만난 관계이지만 소설이 끝날 때까지 얽히고설킨 관계로 이야기 전체를 이끌어가는 주인공들이다. 그런데 이야기의 시작이 기차 안이었다는 것으로 소설《백치》가 저술되던 시점이 러시아가 농노제와 신분제 계급질서로 지탱되던 중세 봉건사회에서 기차 속도 만큼이나 빠르게 근대 산업자본주의사회로 넘어가고 있던 때였음을 알 수 있다. 동아시아 쪽 역사관으로 보면 당시는 러시아가 근대화되고 있거나 근대문명사회로 진입하는 단계였던 셈인데, 그 시기를 도스토예프스키는 소설 속의 만물박사로 등장하는 레베제프의 입을 빌려 "죄악과 철도의 시기"라고 부르고 있다.

　　서구 사회에서 근대문명의 수혜자가 되기 위해서 개인이 선택할 수 있는 두 가지 방법이 있는데 "한 가지는 교양을 쌓는 것이요, 또 한 가지는 타락하는 방법"이다.[14] 그런데《백치》에 등장하는 인물들은 거의 대부분

---

13 김근식 옮김, 열린책들, 2007.

14 오스카 와일드의 장편소설,《도리언 그레이의 초상》(김진석 옮김, 펭귄클래식 코리아, 2010.) 336쪽에 나오는 표현이다. 중세 이후에 유럽 사회에서 부각되기 시작한 교양의 개념을 한마디로 정의하기는 어렵지만 새롭게 형성된 시민계급이 종교권력이나 귀족계급의 예속에서 풀려나 독립적인 주체가 되기 위한 자기계발이나 수양의 결과물이라고 할 수 있다. 그런 점에서 교양은 사교계에서 지켜야 할 에티켓과는 차원이 다르고 기존 질서에 대한 비판과 저항의 성격도 품고 있다.

교양 있는 삶과는 무관하게 영혼이 병든 채 기꺼이 타락의 길로 접어든 사람들이다. 질투심, 복수심, 허영심에다, 사치란 "육체가 정신에 미치는 불가항력적인 힘"이란 걸 알면서도 "사치가 가져다주는 것을 거절하지 못하는" 사람들이다. 그리고 다른 사람들의 고통과 불행에 대해서 냉담하다 못해 잔인하기까지 하다. 세상을 뒤흔들 만큼의 아름다움을 가진 여인이 자신의 복수심 때문에 이 세상 어느 것도 인정하지 않는 냉혹함을 보이고, 그런 여인의 사랑을 독차지하려는 남자들의 처신은 진실한 사랑보다는 은밀한 계약과 치밀한 계산과 교활한 계략을 바탕으로 하고 있다. 폐병이 자신의 운명을 "파리처럼 짓이겨"버렸다고 생각하는 젊은이는 "어둡고 적막한 자신의 운명"에 절망하여 세상을 또 신을 부정하며 스스로 삶을 포기한다.

그런 사람들로 득시글대는 "죄악와 철도의 시기"는 "유복함, 부유함, 드물어진 기근, 빠른 교통망"이 보장되어, "재산은 더 많지만 힘은 더 약해졌"고, "사람들을 묶는 사상은 없어졌"고, 그리하여 "모든 것이 나약해지고, 모든 것이 연약해지고, 모든 사람들이 연약해진" 시대라고 할 수도 있다. 또 한편으로는 "끊임없이 서로를 잡아먹지 않고"서는 유지될 수 없는, 그런 시대였다.

◆　◆　◆

이런 시대 분위기에 홀로 돋보이는 인물은 주인공 미쉬킨 공작이다. 열차 안에서 본 미쉬킨 공작은 시대에 뒤떨어지고, 철에 맞지도 않는 옷을 입었으며 한 눈에 봐도 병자임을 알 수 있는 지친 모습이었다. 그는 지독한 중증 간질 환자였고, 그 병을 치료하기 위해 4년 동안이나 빠르게 달라지고 있는 세상에서 한 발 떨어진 채 지극히 평화롭고 아름다운 사람들에게 둘러싸여 살다가 고국인 러시아로 이제 막 되돌아 온 사람이었다. 그런 까닭으로 미쉬킨 공작은 정규교육도 제대로 받지 못해서 모국어인 러시아말조차 서투르고, 러시아 물정도 모르는데다 공작 신분이면서도 상류사회의 문화와 예절에 대해서는 캄캄한 문외한이었다.

그는 반복되는 간질 발작증상으로 이미 넋을 놓고 사는 듯한 외모에다 처신은 시류에 맞지 않았고, 실지로는 엄청난 재산의 상속자였지만 재물에 큰 관심이 없는 터라 사람들에게 백치라는 소리를 듣고 살았으며, 그 또한 자신을 어리석은 유형의 인물이라고 인정했다. 그래서 공작은 "누구든 마음만 먹으면 속일 수 있지만 누가 속였든지 간에 또 용서해주는 사람"이었다.

간질은 "뒤흔들며 내동댕이쳐진 영혼에서 나오는 소름끼치는 비명소리"와 함께 시작하여 사람을 죽음보다 더한 절망과 우수로 몰아넣는 처참한 병이며, 자신이 "자연에 의해 모욕당하고 있음"을 느끼게 하는 병이다. 하지만 미쉬킨 공작은 천형과도 같은 중병을 앓으면서도 청순한 정신과 인간에 대한 무한한 사랑, 다른 사람의 고통에 다가서고 공감할 줄 아는 어린아이 같은 때 묻지 않은 심성을 가진 사람이었다. 간질과 같은 절망적인 병을 병으로 생각하지 않고, 간질 발작의 그 순간을 고통이라기보다 "최상의 조화와 아름다움을 체험하고 확인하는 결정적인 순간"으로 이해하고 긍정했다.

소설 속에서 미쉬킨 공작은 러시아가 산업사회로 진입하면서 물질만능 시대로 변해가는 시기에 함부로 시류에 휩쓸리지 않는, 고고하고 고독한 정신적인 아름다움을 지키고 있는 사람으로 그려져 있다. 그는 세상을 구원하는 것은 이념도 사상도 종교도 아닌 아름다움이라고 굳게 믿었다.

그러나 현실은 냉혹했다. 그는 자신이 사랑했던 아름다운 두 여인을 자신의 백치 같은 선택으로 모두 떠나보낸다. 그중 한 명인 나스타샤는 자신의 연적이었던 로고진에 의해 목숨마저 잃게 된다. 미쉬킨 공작은 절제되지 않는 인간의 욕망이 이끌어가는 "죄악과 철도의 시기"에는 어울리지 않는 사람이었고, 끝내 백치로 남아 있을 수밖에 없는 운명이었다.

타락한 세속에 물들지 않은 백치가 행복하게 살 수 있는 세상은 동심이 지배하는 어린아이들의 세계다. 그런 어린아이들의 마음은 "사람의 처음"이요, "마음의 처음"이며, "꺼림을 알지 못하는 자연스러운 마음"이라고 중국 명·청시대 사상가 이지(李贄, 1527~1602)가 명쾌하게 정의내린 바 있다. 그의 동심설(童心說)에 따르면 "육경, 논어, 맹자 따위는 도학자가 내세우는 구실이고 거짓된 무리의 소굴일 뿐이니, 그들은 결코 동심에서 나온 말을 할 수 없다"고 한다.

유럽 중심의 문명에 환멸을 느끼고, 그런 문명을 허겁지겁 좇아가는 러시아 근대 초입의 인간 군상들에게 경멸의 시선을 감추지 않았던 도스토예프스키는 그런 시류를 이끌고 있는 유럽문명에 대항하기 위해 미쉬킨 공작을 백치로 만들었다. 그리고 예판친 장군의 부인인 리자베타의 육성을 통해 유럽 문명을 평가한다.

그만큼 외국 것에 한눈을 팔았으면 충분하지. 이제 이성을 찾을 때도 됐는데 말야. 이 모든 것, 이 모든 외국 것, 당신네 유럽의 모든 것은 오직 환상에 불과해……. 외국에 나와 있는 우리 모두도 환상일 뿐이야.

◆ ◆ ◆

요즘 시대의 노인들이 세상의 거추장스런 혹덩어리와도 같은 격하의 대상이 될 수밖에 없는 제일 큰 이유는 시대의 변화를 따라잡지 못하고, 달라진 세상에 적응하기 어려운 '어리석음' 때문이다. 욕망이 폭주하는 시대에 어리석은 사람의 마음이 어떠한지에 대해서는 《도덕경》에 사실적으로 자세히 기록되어 있다.(20장)

세상 사람들은 모두 큰 잔치판을 즐기듯이 그저 즐겁기만 한데, 어리석은 나는 혼자서 고달프기만 하고, 돌아갈 곳도 마땅치를 않고, 세상 사람들은 모두 여유가 넘쳐흐르는 것 같은데 혼자만 바보처럼 떠돌이 신세 같고, 세상 사람들은 모두 꼼꼼히 살피고 따지고 드는데 혼자만 몽매하기 짝이 없고, 홀로 어리석고 또 비루한 처지라고 느끼는 것이 세련된 문명사회에 내던져진 어리석은 사람들의 일반적인 모습이리라.

그러나 시대 풍조와 어울리지 못하는 어리석음은 또 다른 특성이 있다. 세상 사람들로부터 백치라는 평가를 받기도 하는 '어리석음'이란 것은 "자기비하와 열등감, 소외를 불러일으키는 것"이다. 하지만 그런 어리석음이란 한편으로 "공식적인 세계의 법과 질서를 이해하지 못하고 이로부터 이탈하는데서 나타"나는 것이므로, "세계의 모든 규범과 억압, 근심과 진지함으로부터 벗어난 자유로운 축제의 지혜"라며 러시아의 문예비평가 미하일 바흐친은 어리석음에 대한 세간의 해석을 뒤집어놓는다.

어리석은 자의 마음은 생명의 어머니인 근본으로 돌아갔을 때 가장 편하고 아름답다. 노자는 어리석은 사람들의 딱한 사정을 드러냄으로써 역설적으로 문명사회와 그 사회를 지배하는 권력의 야만성과 폭력성, 그리고 세상의 타락상을 드러내고 있다. 그 야만성과 폭력성은 꽤나 견고한 것 같지만, 우리가 생명의 근본으로 돌아가려는 깊은 성찰이 있으면 순식간에 전복되고 마는, 허망한 것이기도 하다.

도스토예프스키가 살았던 시대가 "죄악과 철도의 시기"였다면, 디지털 문명이 이끌어가고 있는 21세기의 대한민국은 '속도와 IT의 시대'라고 할 수 있을 것이다. '속도와 IT 시대'의 수혜자가 되는 길은 머리에 든 지식이라든가 몸에 밴 교양, 자기계발이나 수양 같은 것들은 아무 소용이 없고 또 더 타락을 해야 할 이유도 없다. 산업사회와 외환위기를 거쳐 오는 동안 우리 사회 전체가 이미 타락할 대로 타락했기 때문이다.

오로지 정보통신기기를 빠르게 다룰 줄 아는 능력, 잠시 눈 돌릴 틈도 없이 쏟아져 나오는 신종 기기의 '얼리 어댑터'가 되려는 자세, 또 정보를 저장하고 입출력하는 속도와 정보를 검색하는 능력이 속도와 IT 시대의 승자를 가른다. 그런 관점에서 보면 지금 이 시대의 노인들은 그 누구도 치매의 의심에서 쉽게 벗어나기 어렵다. 근대의 길목에 들어선 러시아에서 미쉬킨 공작 같은 사람이 백치라는 평가를 받을 수밖에 없었듯이……

기억과 불안

나이가 들어갈수록 기억이 희미해지고 새로운 것들에 대한 학습효과가 떨어지는 것은 자연스런 현상일 뿐 기를 쓰고 달려들어 치료해야 할 질병은 아니다. 게다가 건망증이라는 것은 나이와는 상관없이 살면서 누구나 경험할 수 있는 것이기 때문에 건망증이 좀 심하다고 해서 일상생활은 물론 사회생활에 큰 문제가 될 일은 없다. 칼 구스타프 융[15]에 따르면 건망증은 "그 사람의 주의가 다른 곳으로 옮겨가버렸기 때문에 의식적 사고가 일시적으로 특정 에너지를 잃는데서 오는 지극히 정상적인 과정"이기 때문이다. 따라서 건망증은 일시적 현상으로, 건망증을 경험한 사람은 자신이 무엇을 잊어버렸다는 사실과 그로 말미암아 실수를 했다는 것까지도 분명하게 기억한다. 인지기능이 심각하게 손상된, 이른바 치매 환자들이 자신이 무엇을 잊어버렸다는 사실조차도 기억해내지 못할 뿐더러 그런 사실을 인식조차 하지 못하는 것과 뚜렷한 차이가 있다.

사람이 무엇을 기억하고자 하는 것도 잊고자 하는 것도 마음에서 비롯되는 것이다. 따라서 사람의 기억을 가능케 하는 것 중에서 가장 중요한 것은 사물에 대한 관심과 흥미나 열정이지 뇌의 기억 저장 능력이나 활성화된 뇌세포의 수가 큰 영향을 미치는 것은 아니다. 그리고 과연 기억 능력이 신체 장기 중에서 순전히 뇌만의 독점적인 기능인가에 대해서는 여

---

15 《인간과 상징》, 이윤기 옮김, 열린책들, 1997. 34쪽

전히 논란이 있다. 기억과 관련된 모든 한자어는 마음 심(心·忄)을 부수로 하고 있다. 뇌의 기능을 몰랐던 동아시아 신체관에서 비롯된 개념이라 하더라도 터무니없이 틀린 개념이라고 보기도 어렵다.

상대방과 내가 방금 나눈 대화가 전혀 내 관심 밖의 의례적인 대화였다면 그 사람과 헤어져 돌아서고 난 뒤에는 그와 나누었던 말 중에 단 몇 마디도 기억하기 어렵다. 60대 이상의 노년층이 한류를 몰고 다니는 아이돌 가수의 이름을 한 사람도 제대로 기억하지 못하는 것은 정서와 취향의 문제이지 기억력의 문제는 결코 아니다. 요즘의 초등학생들이 천자문의 첫 구절도 기억해내지 못하는 것은 관심은 물론 실용성의 문제이지 앞선 세대의 아이들보다 기억력이 못해서가 절대 아니다. 암기 위주의 주입식 교육이 그다지 효과가 없는 이유는 지식이란 것이 자동차에 휘발유 집어넣듯이 주입할 수 있는 성질의 물질이 아니기 때문이다. 뇌는 외부에서 주입하는 물질을 담아내는 빈 그릇이 아니며, 뇌를 아무리 파헤쳐 봐도 바깥에서 억지로 주입하는 물질이 비집고 들어갈 빈 공간도 없다.

해방 이후 한국의 초중등교육을 이끌어 온 암기 위주의 주입식 교육은 학생들을 당근과 채찍으로 길들여 조건반사처럼 물음에 대한 반응 속도를 높이는 것일 뿐이지 사유와 성찰의 능력을 키우는 교육의 본질과는 거리가 멀어도 한참 먼 것이었다. 지금도 달라진 것은 없다. 대부분의 학생들이 수능시험만 마치고 나면 초중고 12년간의 학창시절 동안 배우고 외웠던 그 모든 내용들이 가물가물 기억에서 멀어진다. 1년만 지나면 하얀 백지로 변한다. 그래서 독일의 철학자이자 미학자인 테오도르 아도르노

16 《미니마 모랄리아》, 김유동 옮김, 도서출판 길, 2012. 138쪽

는 "자의적인 기억과 흔적 없는 망각이 단짝"[16]이라고 했을 것이다. 관심과 흥미, 그리고 사랑 없이는 그 어떤 기억도 가능하지 않다.

◆   ◆   ◆

속도와 IT 시대는 아날로그 시대를 살았던 노인들이 관심과 흥미를 가질 엄두조차 내기 어려운 세상이다. 우선 속도를 따라갈 수가 없다. 그 속도만큼이나 빠르게 또 엄청난 양으로 쏟아지는 정보와 빛의 속도로 달라지는 세상의 변화를 수용할 수가 없다. 혁신이란 깃발 아래 잠시 숨 돌릴 겨를도 없이 새것들이 밀려들어오고, 낡고 오래된 것들은 한순간도 머물지 않고 썰물처럼 휩쓸려 떠내려 가는 세상에서 굼뜨고 느린 노인네들의 경험이나 지식은 한없이 무기력해질 수밖에 없다.

노인들은 척박했던 한 시대를 머리보다는 몸으로, '나'보다는 가문이나 마을과 같은 공동체, 그리고 조직 · 집단 · 사회 · 국가를 먼저 생각하도록 강요받으며, 지식보다는 경험을 존중하며 살아왔고, 철저하고 꼼꼼한 계약보다는 혈연 · 지연 · 학연에 따른 정분을 더 믿으며 살아왔고, 법보다는 온정에 더 기대어 살아온 사람들이다. 그들의 오래된 기억은 무질서하고, 체계적이지 못하고, 앞뒤가 맞지 않고, 시대에 뒤떨어졌을 뿐만 아니라 새로운 시대의 문법이나 화법에도 맞지 않는 기억이다. 그리고 그 기억은 뇌에 저장해 두었다가 출력해서 쓰는 그런 기계적 기억이 아니라 몸에 스며들어 있는 기억이다.

그런데 사회가 지식정보사회로 바뀌면서 앞선 시대의 사람들과는 기억의 습관조차 달라졌다. 과거에는 기억을 하기 위해서는 곱씹고 또 곱씹어 외우거나 아니면 괴죄죄한 수첩에다 기록을 남겼다. 지금은 모든 기억을 기계에 저장해 두었다가 필요하면 검색하여 인출해서 사용한다.

한 사회의 습관이 갑작스럽게 달라지면 오래된 습관에 따라 생활하는 사람들은 같은 시대를 살아가는 사람이라기보다는 언제나 거추장스럽고, 거치적거리고, 후미진 구석에 다소곳이 격리되어 있으면 더 좋을 그런 이질적인 존재가 되고 만다. 그런 처지에 내몰린 당사자들은 무척 불안할 것이다. 자신의 삶이, 자신의 처지가, 자신의 앞날이…….

이들을 괴롭히는 불안은 낯설면서도 엄청나게 방대한 세상에 의지할데 없이 혼자 내버려진 듯한 느낌에서 오는 것이다. 그래서 막연하기도 하고 원인을 특정하기도 어렵다. 그렇기 때문에 천지개벽이 일어나 세상이 뒤집히지 않는 한 누가 쉽게 달래주기도 어렵고 치유되기도 힘든 불안이다.

없다. 아무것도, 익숙했던 것이 아무것도 없다. 사람들도 모두 낯설다. 혈육조차 낯설고 쓰는 말이 다르니 마주 앉아 얼굴을 맞대는 것 자체가 거북하고 부담스러울 지경이다. 그래서 삶이 더 외로워지고, 그럴수록 점점 더 불안해진다. 고개를 드니 눈에 비친 하늘은 그저 무심히 푸르기만 하고, 고개를 숙이면 눈에는 눈물이 가득하여 디디고 서 있는 땅이 일렁거린다. 어지럽다. 얼마나 남았을지 모를 삶의 시간이 불안하게, 불편하게, 지루하게 흘러간다. 아득하다. 이 불안한 시간이 언제 끝날지…….

제3장

불안

낯선 세계

　　일본의 천 엔짜리 지폐에 초상화로 그려져 있는 나쓰메 소세키는 메이지 시대에 일본 근대화를 이끌었던 중심인물이고, 세상을 떠난 지 100년 가까운 세월이 지났음에도 여전히 일본 국민들의 존경과 사랑을 받는 국민작가이다. 그리고 한중일 동아시아 삼국을 통틀어 문학의 힘으로 서구 문명에 필적하는 동아시아의 근대를 기획한 작가로도 평가받고 있다. 그런데 그렇게 길지 않은 삶(1867~1916)을 사는 동안 나쓰메 소세키는 늘 불안과 우울 그리고 신경증에 시달려야 했고, 결국 그 후유증으로 발병한 위궤양 때문에 지천명의 문턱을 넘지 못하고 피를 토하며 죽게 된다.

　　나쓰메 소세키는 도쿄 신주쿠 지역의 몰락한 명문가의 후처 소생 5남 3녀 중 막내로 태어났다. 가세가 기울면서 두 번씩이나 양자로 입양을 가야 했고, 두 번째 입양을 갔던 가문마저 몰락하게 되자 다시 생가인 나쓰메 가문으로 되돌아와서 성장기를 보낸다. 결혼 생활도 썩 만족스럽지 못했던 것 같고, 불화를 겪던 아내는 자살까지 시도한 적이 있다.

도쿄대학 영문과를 졸업한 그는 영어교사로 재직하던 중에 국비 유학생 신분으로 2년간 유럽의 심장이라고 할 수 있는 런던에 머물게 된다. 언뜻 생각하기에는 근대화된 메이지 정부의 문부성이 선발한 최초의 국비 유학생이라는 자부심이 남달랐을 것 같다. 하지만 나쓰메 소세키가 런던에 머물면서 처음 부닥친 이질적 서구 문명으로부터 받은 충격은 자신의 정체성이나 자존감마저 잃어버릴 정도였던 모양이다. 동료 유학생들 사이에서 나쓰메 소세키가 미쳤다는 이야기가 나돌 정도였다고 하니 향수병에 걸린 사람들이 흔히 겪는 우울이나 불안감과는 차원이 다른, 거의 정신분열에 가까운 증세에 시달렸던 것 같다. 성장과정의 기구한 운명도 그의 정신세계에 많은 영향을 주었겠지만, 나쓰메 소세키가 낯설면서도 방대한 세상으로부터 받은 충격이 어느 정도였던가는 그가 남긴 작품[17]에서 실감나게 확인할 수 있다.

◆　◆　◆

번화한 런던 시내를 걷고 있던 나쓰메 소세키는 자신을 "분주하게 오고 가는 이들 가운데 느슨한 한 개체에 불과"한 존재로 생각할 만큼 위축되어 있었고, 그 꼴은 마치 "시골 토끼를 번화가 한복판에 팽개쳐버린 상태"

---

17 아래에 인용된 구절은 〈영일소품〉, 〈런던탑〉, 〈런던소식〉, 〈유령의 소리〉, 〈회상〉, 〈만한 이곳저곳〉에 나오는 표현이며 이 작품들은 나쓰메 소세키 소설집,《몽십야》(노재명 옮김, 하늘연못, 2004.)에 수록된 것이다.

와 같다고 할 정도로 자기 비하에 빠져 있었다. 언제나 "불안 속에서 군중들에게 떼밀려" 다녔고 "눈이 빙빙 돌 정도로 많은 인파 속에서" 어디에도 기댈 데 없는 고독한 존재였다.

런던에서 겪은 일상은 언제나 "거리에 나서면 사람들 물결에 휩쓸리지 않을까 걱정"이었고, "집에 들어와서는 기차가 내 집과 충돌하지 않을지 근심에 휩싸인 채"로 "늘 불안한 상태"의 연속이었다. 교통수단을 이용해 보고도 싶었지만 "어디로 데려갈지 모른다는 두려운 생각"에 유럽 최고의 도시를 누비는 첨단 교통수단도 그에게는 무용지물이었다. 그런 두려움은 사실 지금도 낯선 도시를 처음 찾은 사람이면 누구나 느끼게 되는 감정 아닌가? 말이 제대로 통하지도 않는 낯선 이국땅에서야 더 길게 설명할 필요도 없을 것이다.

한편 나쓰메 소세키는 유럽을 대표하는 런던에서 자신이 직접 체험한 서양 문명과 일본의 격차를 확인하고서는 일본인이라는 열등감에 진저리를 치게 된다. 그가 런던에서 느낀 열등감은 자신의 행동은 물론 사고에도 깊은 영향을 미치게 된다. 영국에 도착한 뒤로 "고양이 세수를 하는 일본인들과 달리 영국 사람들이 얼굴 단장에 많은 신경을 쓰기" 때문에 소세키 자신도 귀찮지만 어쩔 수 없이 얼굴 단장에 신경을 쓰게 된다. 하지만 아무리 그래봤자 훤칠한 키의 백색 피부에 둘러싸인 자신의 피부색은 "사람 같지 않은 색깔"이라는 생각이 들고, 작은 키 때문에 언제나 "자신을 초라하게" 느끼게 된다. 그런 가운데 자신의 모국을 돌아보면 런던과 비교되는 일본의 현실이 더욱 한심하다는 생각이 들어 치를 떤다.

"일본 신사는 지적인 측면이나 육체적인 측면에서도 매우 부족한 인간들"이고, "평범한 얼굴이면서도 자기 자신이 제일 잘난 사람인 듯 움직"이기도 하고, 또 "사치스럽고 심지어 허무한 인간"들이기도 하다. 게다가 "그들은 현재의 일본에 만족하고 있으며 일반 국민들을 타락의 길로 이끌고 있"는 근시안적 인간들이라고 평가한다.

그렇다면 소세키가 본 영국 사람들은 어떤 사람들일까? "어떤 일이 있어도 당황하는 모습을 보이지 않고(…) 외국인을 천대하는 경향도 없"는 사람들이다. 그에게 영국은 사람들뿐만 아니라 개조차도 품위와 기품이 넘치는 나라다. 런던의 어느 식당에서 개를 안고 있는 영국 사람과 마주친 나쓰메 소세키가 그 개에게 내린 평가를 보면 그가 영국에서 어떤 심정으로 살았을지 짐작이 된다. 그때 마주친 개의 얼굴은 "불독의 피를 받고 태어난 바람에 보통의 얼굴과는 인연이 멀"고, "원래 험악한 표정이었으나 행동은 기품이 있"었다고 기억을 한다. 그리고 "개를 안고 나가는 주인의 행위는 우아"했고, 개 역시 짖지도 않으면서 "자연스러운 힘에 스스로를 의탁한 어른스런 모습"이었다고 탄복을 하면서 얼굴 모습 하나로 개를 미워하는 일은 잔혹하다며 스스로를 반성한다.

◆　　◆　　◆

런던에서 귀국한 나쓰메 소세키가 자신을 괴롭히던 불안과 우울증을 홀홀 털고 일어나, 안정적인 교수직까지 내팽개치고 전업작가로 변신하게 된 것은 1905년 러일전쟁에서 일본이 승리한 이후였다. 러일전쟁의 승리는 나쓰메 소세키뿐만 아니라 일본 사회 전체가 일본이 더 이상 동아시아의 열등한 미개국이 아니라 서구사회와 견주어도 당당히 이길 수 있는 나라라는 자신감을 가지게 된 계기가 되었을 것이다. 그런 자신감이 한반도를 강점하는 을사늑약으로까지 이어졌을 것이고, 태평양전쟁을 일으키는 원동력이 되었을 것이다.

그런데 나쓰메 소세키는 런던보다 한참 뒤떨어진 일본의 문명 수준을 개탄하면서도 서구 문명을 맹목적으로 추종하거나 수용해야 한다는 태도를 보인 것은 아니다. 런던에서 돌아온 뒤에도 나쓰메 소세키는 여전히 서구 문명과 일본 전통문화의 경계에서 서성인다. 과학기술을 앞세운 서양문명을 불안하면서도 불편한 시선으로 바라보는 한편, 일본의 전통문화에 대해서는 변함없는 애정과 애착을 보인다. 그는 서양의 언어에는 없는 동아시아 문화 특유의 '풍류'라는 전통적 정서에 매료되어 있던 사람이었고, 서양의 언어인 영어로 문학을 한다는 사실에 끊임없이 괴로워했던 사람이었다. "유령 이야기는 메이지 유신 이후, 시대의 흐름에 역행하는 시대착오적인 인물들이 믿는 내용"이라고 하면서도 정작 자신의 "피 속에는 조상들이 가지고 있던 미신이 지금도 흐르고 있고", "문명사회의 모순이 파고들 때 나는 항상 유령의 존재를 믿었던 사람이었다"라고 회상하기도 한다.

동아시아의 근대화라는 것은 서구사회의 문명과 정서를 판박이로 모방하는 것이라 해도 틀린 말은 아니다. 메이지 시대의 일본 근대화라는 것도 사실은 왕을 앞세운 쿠데타 권력에 의해 일본의 전통과 정체성을 버리는 대신 동아시아 국가가 아닌 유럽 국가로 탈바꿈하는 과정이었다. 일왕 내외는 전통의 복장을 버리고 서양식 연미복 차림으로 대중 앞에 나타난다. 당연히 온 나라에 서구사회와 서양 사람들의 흉내를 내지 않고서는 못 견디는 시류와 풍조가 생겨날 수밖에 없었을 것이다. 그런 메이지 시대의 사회 풍조는 "억지요 바보짓"이지만, 그럴 수밖에 없는 것은 서양의 힘에 짓눌린 탓이니 "비굴한 짓"이라는 게 나쓰메 소세키의 생각이다. 그러나 비굴하다 하더라도 서양에 대항할 힘이 없기 때문에 서양문화를 추종해야 한다면 "더 이상 일본사람이 위대하다고는 하지" 말라고 고양이[18]의 입을 빌려 말한다.

위대하지 못한 사람들의 바보 같고, 비굴한 삶에는 늘 불안이라는 그림자가 따라다닐 것이다. 앞날을 예측할 수 있는 능력은 없고, 이미 과거는 흘러가버렸으니 되돌아갈 수도 없고, 그렇다면 그 사이에 끼어 있는 오늘 하루하루는 항상 불안정할 것이다. 불안정한 세계에 내던져져 있는 개인의 삶은 늘 불안한 삶일 수밖에 없다.

문명과 문화의 경계[19]

나쓰메 소세키는 서구 문명의 유입으로 일본 사회 고유의 정체

---

18 《나는 고양이로소이다》, 김난주 옮김, 열린책들, 2009. 241쪽

성과 문화가 상실되는 것을 안타까워했고, 과학기술을 앞세운 서구 문명에 점점 매료되어가는 일본 사회의 시류를 불안하게 쳐다보고 있었다. 하지만, 한편으로는 일본 사회가 근대화를 포기하고 다시 과거로 되돌아갈 수 없고, 또 되돌아가서도 안 된다는 사실은 인정하고 있었던 것 같다. 그런 생각은 아마도 그가 서구 문명을 직접 체험한 동아시아의 선구적 지식인 신분으로 조선과 만주를 둘러보면서 받았던 인상 때문에 확신이 되었을 것이다. 과학 기술을 앞세운 서구 문명이 가지고 있는 파괴력이나 비인간성에 대한 불안은 떨칠 수 없었지만, 한편으로 근대 문명과는 동떨어진 조선과 중국의 열악한 현실을 보고서는 서구 문명의 우월성과 근대화의 필요성을 인정할 수밖에 없었던 것이다. 이것이 나쓰메 소세키의 분열적인 정신세계가 형성된 배경이 되었던 것 같다.

런던에서 귀국한 뒤 전업작가로 변신한 소세키는 자신의 친구이기도 했던 만한철도 사장의 주선으로 한반도 부산에서부터 기차를 타고 조선과 만주 이곳저곳을 여행하는 기회를 얻는다. 그런데 그가 그 여행길에서 만난 조선인과 중국인들을 향한 혐오감은 인종차별의 수준을 넘어선 것이었다. 서구의 힘에 짓눌려 서구 문명을 추종하고 있는, 위대하지 못한

---

19 프로이트는 "문화와 문명을 구분하는 것을 경멸한다." (《환상의 미래》, 《문명 속의 불안》, 김석희 옮김, 열린책들, 1997. 174쪽)고 했지만, 독일의 유태계 사회학자인 노르베르트 엘리아스는 문화와 문명을 개념상으로 분명하게 구분하고 있다. (《문명화과정 1》, 박미애 옮김, 한길사, 1999). 유럽에서 영국과 프랑스와 달리 독일에서 문명은 "이류급에 속하는 것으로 인간의 외면과 피상적인 면만을 의미하는 것인 반면, 문화는 자기 자신을 해석하며 자신의 업적과 자신의 존재에 대한 자부심을 표현하는 일차적인 단어이다."(106쪽) 그래서 엘리아스는 문명 개념을 "여러 민족들 간의 차이점을 퇴색시키고 모든 인간들에게 공통적인 것, 공통적으로 여겨지는 것을 강조"하는 것으로, 식민지 국가들의 "항구적인 팽창경향"을 표현하는 것이라고 설명한다. (108쪽)

한 일본 지식인이 사뭇 거만하면서도 위대한 점령군의 시선으로 근대의 문을 늦게 열어젖힌 조선과 만주를 내려다 본 것이다.

영국에서는 개조차 기품이 있다고 격찬을 하던 사람이 만주에서 맞닥뜨린 중국의 돼지를 보고서는 보통 돼지가 아닌 "괴물을 만난 듯한 기분"이 들었고, 중국인은 "어떤 사람이건 모두 지저분하고 가까이 가면 정말로 보기 혐오스러울 정도"이고, "교활하고, 잔인하며", 중국인들이 다가오기라도 하면 "중국인들의 독특한 냄새가 풍겨 길 쪽으로 한두 발자국 물러서야" 했다. 식당에 가더라도 "접시나 젓가락 모두 매우 지저분"하여 "나를 위해 밥을 가져오지 않을까 걱정"이 되었고, "중국인은 정말 지저분한 국민이어서 그들이 남기고 간 냄새는 아무리 깨끗한 일본인**20**이 청소를 하였다 해도 그 냄새가 없어지지 않을 정도"이며, 인력거는 일본인들이 발명한 이동 수단인데 그 인력거를 "조선인이 몰면 안전을 장담할 수 없어" 그냥 "조선인의 머리를 때려주고 싶을 정도"라고 했다.

그가 한반도와 만주를 여행한 것은 영국 런던에 머물 때와 불과 10년도 차이가 나지 않는다. 런던을, 유럽문명을 선망과 불안, 공포의 대상으로 바라보던 사람이 같은 문화권이라 할 수 있는 한반도와 만주로 건너와서는 먼저 개화되었다는 우월감에서 다른 민족을 경멸하고, 멸시한다.

---

20 "깨끗한 일본인"이라는 개념은 메이지 시대에 국가의 힘에 의해 강요된 위생관념이다. 일본 근대천황제의 특징은 새로운 서양식 전통의 창조에 목표를 두고 있었다. 그래서 "외국인의 시선을 기준으로 한 추태, 불결, 오염, 악취, 음탕함, 비정상 등을 반질서적 행동"으로 간주하고 엄하게 처벌했다. 메이지 정부가 "새로운 서구적 미적 기준에 의한 신체, 공간적 질서 및 수치의 문화"를 국민들에게 주입시킨 것이다. 따라서 나쓰메 소세키가 이야기한 "깨끗한 일본인"이라는 말은 원래 일본의 전통문화나 정서가 아니라 메이지 정부에서 급조된 서구식 미적 기준을 근거로 한 말이라고 보아야 할 것이다. (나루시와 아키라, 《일본적 사회질서의 기원》, 박경수 옮김, 소화, 2004. 참조)

　　　　◆　　　◆　　　◆

　　나쓰메 소세키가 일본 사회에서 한 세기가 넘는 세월이 흐르는 동안 꾸준히 사랑받고 애독되는 국민작가라는 사실로 판단해볼 때, 일제강점기 때부터 지금까지 일본인들이 가지고 있는 혐한, 혐중 감정의 씨를 뿌린 사람 중에는 나쓰메 소세키도 포함되어야 할 것 같다. 그런 일본인들의 혐한·혐중 감정이 결국 관동대지진 때는 일본 시민들의 무자비한 조선인 학살로, 중일전쟁 때는 일본군의 남경대학살과 같은, 전례를 찾기 힘든 타민족 상대의 잔혹한 범죄를 저지르는 배경이 되었을지도 모른다.

　　메이지 유신으로 서구 문명을 받아들여 근대화되었다는 일본은 근대적 시민사회로 나아간 것이 아니라 오히려 봉건시대의 왕조국가로 퇴행한다. 일본의 근대화는 일본 국민의 힘으로 쟁취한 것이 아니라, 상징조작으로 국민 앞에 나선 왕실이 앞장서고 그 왕실이 누구보다 먼저 전통과 관습을 파괴함으로써 이룩한 체제 변화였다. 그런 체제 변화는 결국 이웃 나라에 대한 침략으로 이어지고 말았고, 침략의 명분은 일본 고유문화에 대한 우월감이나 확신이 아니라 조선과 중국보다 먼저 서양 선진문화를 흡수하였다는 우월감이었다. 아시아를 벗어나 유럽의 한 나라가 되었다는 망상 같은 것이었다. 그런 망상에 가까운 우월감이 조선과 중국에 대한 군사·문화적 침략을 정당화하는 명분, 즉 미개국을 계몽·개화시킨다는 명분을 만들어내기에 이른다.

　　서구 문명이 유입되면서 일본의 전통문화가 잊혀지고, 고유한 정서가 황폐해지는 것을 애통해 하던 나쓰메 소세키가 정작 서구 문명과 앞선 과학기술의 힘으로 이웃나라 조선과 중국을 침탈하고 함부로 유린한 일본 정부에 대해 어떤 태도를 가지고 있었는지는 알 수가 없다. 그리고 인종 차별을 하지 않는다면서 영국인과 영국사회를 격찬하던 그가 일본군과 일본인들이 저지른 혹독하고도 잔인한 인종차별에 대해 어떤 생각을 하고 있었던가도 알 수 없다.

그가 남긴 글에는 조선인과 중국인들은 미개한 만큼 차별받아 마땅한 사람들로 기술되어 있다. 그가 일본에서는 지금까지 또 앞으로도 계속 국민작가로 사랑받을지는 몰라도 우리 민족의 처지에서 보면 일본 군국주의자들의 침략 명분에 날개를 달아주는 문화선봉대의 우두머리에 불과한 인물이다. 그의 작품이나 사상은 국지적이요, 국수적일 뿐, 인류 사회 전체를 끌어안는 보편적인 양심이나 사상은 담겨져 있지 않다. 그래서 그의 문학적 성과와 입지는 일본열도와 한반도 사이의 경계를 넘지 못한 채 서성이고 방황하고 있는 것 같다. 나쓰메 소세키의 사후 세계도 생전의 삶만큼이나 불안해 보인다.

과학기술과 불안

나쓰메 소세키의 길지 않은 삶을 줄곧 괴롭혔던 불안 증세의 뿌리가 어디에 있었던가 하는 것은 1913년, 그가 위궤양이 심해져 입퇴원을 거듭하게 되면서 몸이 점점 쇠잔해지던 무렵이었던 46살 때 완성한 《행인》[21]이라는 장편소설에서 어렴풋이 짐작할 수 있다. 행인을 발표하고 나서 3년 뒤 소세키는 각혈을 하면서 숨을 거둔다.

《행인》은 주인공인 나, 부모, 형 내외, 아우 그리고 여자 형제들이 함께 살아가는 대가족의 이야기를 나의 일인칭 관점에서 서술하고 있는 소설이다. 내가 주인공인 듯하지만 실지로는 형 이치로의 독특한 정신세계를 나의 관점에서 관찰하여 서술하는 형식인데 그 형 이치로가 바로 작가인 나쓰메 소세키 자신이 아닌가 하는 추측을 해 본다.

주인공의 형인 이치로는 대단한 학자이자 견식가요, 사색가이며 시인다운 순수한 기질을 가지고 있지만 주변 사람들과 잘 어울리지 못하고 자신만의 세계에 빠져 살고 있다. 심지어 아내하고도 거의 남남과 다를 바 없이, 오히려 남보다 못하다 할 정도로 차갑고 서먹한 관계로 살아간다.

그리고 "사건의 한 단면들은 놀라울 정도로 선명하게 기억"하는 반면, 특정 장소나 사람의 이름, 날짜를 "까맣게 잊어버리는 버릇"이 있지만 정작 자신은 무엇이 문제냐는 듯이 태연하기 짝이 없는 독특한 성격으로 집안의 장남이지만 집안 전체의 우환덩어리이기도 하다. 세상에 대한 천재적인 통찰력은 가지고 있지만 공간과 시간에 대한 지남력이 턱없이 모자라는 사람이다. 지금 대한민국의 어느 병원에 들러 신경과 의사를 만났다면 당연히 조기치매나 경도인지장애라는 진단을 받을 수 있는 수준이라고

---

21 유숙자 옮김, 문학과 지성사, 2011.

보면 될 것 같다.

　그의 부부관계는 흔히 파경이라고 이야기하는 수준을 넘어선 상태였다. 남편은 아내와 친동생 사이의 관계를 의심하고 있는데, 아내는 그런 남편의 의처증에 대해 싸늘하다 못해 무관심하기까지 하다. 남편에게 손찌검을 당하기도 하지만 거기에 아무런 저항도 없고 감정조차 드러내지 않아 폭력을 쓰는 남편보다 더 잔혹하게 느껴질 정도이다. 그리고 의처증을 가진 남편은 아랑곳하지 않으면서 시동생은 언제나 살갑게 대해 준다. 그런 형과 형수의 관계가 온 집안 분위기를 무겁게 만들어놓는다.

　급기야 형은 동생을 불러 아내, 즉 형수의 정조를 시험해볼 것을 요구한다. 일박이일 일정의 여행을 가서 형수와 동침을 시도해보라는 것이다. 그 부탁을 거절하면 더 이상 부탁은 하지 않겠지만 평생 둘 사이의 관계를 의심하겠다는 협박 아닌 협박까지 한다. 형의 엽기적이면서도 간곡한 부탁을 형수는 아무런 거리낌 없이 흔쾌히 수락하지만, 동생인 나, 지로는 갈등에 갈등을 거듭한다. 결국 동생 지로가 잠자리가 필요 없는 당일치기 여행을 가기로 결정함으로써 적절한 선에서 타협을 하게 된다. 동생이 그런 결정을 하게 된 제일 큰 이유는 형 이치로가 집안의 우환이 되다시피 한 상황에서 형이 도대체 무슨 생각을 하는지를 알아볼 필요가 있다는 가족들의 권유 때문이었다. 물론 형수의 이야기를 직접 들어볼 필요도 있었을 것이고.

　그런데 여행 중에 공교롭게도 태풍으로 교통이 끊기는 바람에 시동생과 형수는 낯선 여행지에서 하룻밤을 같이 보내게 된다. 그렇다고 해서 반전이 일어난 것도 아니다. 시동생이 형수의 정조를 탐하는 일도 없었고, 예정과 달리 길어진 여행에서 돌아온 동생과 아내를 형은 의심조차 하지 않았다. 그리고 동생이 형수와 밤을 같이 보내면서도 형에 대해서 뭔가를 알아낸 것도 없었다.

마침내 동생 지로는 형의 직장 동료이자 학자인 H에게 형의 문제를 부탁한다. H씨는 형과 함께 10일간의 제법 긴 여행을 떠나 함께 생활하면서 형이 숨기고 있던 속내를 하나씩 캐내기 시작한다. 그렇게 해서 알아낸 형 이치로의 불안과 고민을 H씨가 동생에게 긴 편지에 담아 보내는 것으로 소설이 마무리된다. 그 편지에 담긴 이치로의 육성에서 그가 가지고 있던 불안의 뿌리를 확인할 수 있다. 자신의 불안과 두려움을 전혀 이해하지 못하는 메이지 시대의 사람들과 가족들, 심지어 아내까지도 그는 몹시 천박하고 경망스러운 인간들로 생각하고 있었을지도 모른다. 그런 이치로의 정신세계가 바로 나쓰메 소세키의 정신세계가 아니었을까 조심스럽게 추정해볼 수 있다. 그는 생전에 그의 셋째 형수를 대단히 흠모했다고 한다.

인간의 불안은 과학의 발전에서 비롯되네. 앞서가기만 하고 멈출 줄 모르는 과학은 일찍이 우리에게 멈추도록 허락한 적이 없네. 도보에서 인력거, 인력거에서 마차, 마차에서 기차, 기차에서 자동차, 그다음엔 비행선, 그다음에 비행기, 아무리 가 봐도 쉽게 내버려두지 않아. 어디까지 끌려갈지 알 수 없는 일이지. 참으로 두렵다네.

이어서 이치로는 H씨에게 고백하기를 이런 세상에서 자기 자신 앞에 놓인 길은 "죽느냐, 미치광이가 되느냐, 아니면 종교를 얻느냐의 세 가지 길 밖에 없다"라고 한다. 그런데 나쓰메 소세키의 신앙은 불교나 당시 일본 사회의 외래 신흥종교라 할 수 있는 기독교가 아니라, 일본의 토속신앙이었던 것 같다.[22] 그러나 근대화된 메이지 시대에, 정부의 혜택으로 누구보다도 먼저 서구 문명의 수혜자가 된 사람으로서 야만과 미개의 상징이라고 할 수 있는 토속신앙을 함부로 드러낼 수는 없었을 것이다. 결국 죽지 않으면 미치는 수밖에는……. 영국에서 미치광이가 되어가던 소세키를 구원했던 것은 문학이었던 것 같다. 하지만 문학도 그의 삶을 그리 길게 이어주지는 못했다.

나쓰메 소세키가 H씨에게 고백한 불안과 두려움은 그가 죽은 뒤에 결국 현실이 되고 말았다. 1945년 히로시마와 나가사키에서, 그리고 그가 죽은 뒤로 한 세기가 채워질 무렵인 2011년 후쿠시마에서. 에도시대를 장례지내고 '탈아입구(脫亞入區)', '팔굉일우(八宏一宇)'를 부르짖을 때부터 소세키가 두려워했던 일본 사회의 파국, 절멸의 불안이 그가 죽은 뒤 현실이 되고 만 것이다. H씨는 이치로가 자고 있을 때 동생 지로에게 편지를 쓴 모양이다. 그래서 H씨는 편지의 마지막을 이렇게 마무리한다.

형님이 이 잠에서 영원히 깨어나지 않으면 왠지 무척 행복할 거라는 느낌이 드는군요. 동시에 만약 이 잠에서 영원히 깨어나지 않으면 왠지

---

22 "나는 죽은 신보다 살아있는 인간이 더 좋은 사람이야. 인력거꾼이든 수레 인부든, 도둑이든 내가 고맙게 여기는 찰나의 얼굴이 신 아닌가. 산이든 강이든 바다든 내가 숭고하다고 느끼는 순간의 자연 그게 곧 신이 아닌가? 그밖의 어떤 신도 인정하지 않는다네." (332~333쪽) 《몽십야》 중 〈제 칠일 밤의 꿈〉에서도 나쓰메 소세키가 가진 신앙의 성격-일본 토속신앙-을 확인할 수 있다.

한층 더 슬플 거라는 느낌 또한 듭니다.

그렇다. 나쓰메 소세키가 50세를 못 넘기고 영원히 깨어나지 못하는 상태에 있는 것이 어떤 면에서 무척 행복할 수도 있다. 그가 예상하고 불안해하며 두려워했던 재앙이 자신이 그토록 사랑하고 애착을 가졌던 모국의 한 귀퉁이, 히로시마와 나가사키에 들이닥치는 것을 보지 않아도 되었으므로. 동시에 그가 영원히 깨어나지 못함으로 해서 일본 사람들은 한층 더 큰 슬픔과 불안을 안고 살아가게 되었다.

만일 히로시마, 나가사키에 버섯구름이 피어올랐을 때 그가 잠에서 깨어나 이 길이 아니라고 좀 더 큰 목소리로 외쳤다면 일본 사회가 후쿠시마의 파국과 절망만큼은 막아낼 수 있지 않았을까? 헌법을 뜯어고쳐가면서까지 전쟁국가로 다시 변신하는 것까지도…….

폭증하는 불안증

나쓰메 소세키가 과학의 발전에서 불안과 두려움을 느낀 것은 그가 성장과정에서 겪었던 정신적 외상과 소심하면서도 보수적인 성격 탓일까? 우리도 지금 멈출 줄 모르고 지치지도 않고 그저 앞만 보고 달려가는 과학과 기술에 일말의 불안감을 느끼며 살고 있지 않은가? 21세기 정보통신기술의 끝은 어디이며, 그 기술은 도대체 우리를 어디로 끌고 가려는 걸까?

집이나 사무실에 고정된 전화기가 아닌, 이동 중에 통신이 가능한 이동통신 수단으로 제일 먼저 우리 눈앞에 등장한 것은 1980년대 중반 무렵의 카폰이었다. 그 시절은 아직 자가용이 대중교통수단이라고 할 수 없었던 시절이었으니 카폰을 쓴다는 것은 부와 권력의 상징이기도 했다. 그러던 것이 불과 한 세대 만에 삐삐에서 벽돌폰, 슬라이드폰, 폴더폰, 스마트폰을 거쳐 이제 곧 스마트한 시계가 만들어내는 또 다른 마법의 세계가 펼쳐질 모양이다.

스마트폰은 이제 단순한 통신수단을 넘어 주머니 속의 지갑마저 불필요하게 만들고 있다. 사회 여러 분야에서 무인자동화 시스템이 대세가 되고, 그나마 사람의 손과 머리가 꼭 필요했던 자리도 인공지능을 장착한 로봇이 그 역할을 대신하고 있다. 그러나 정보통신기술의 진보와 발전을 전하는 소식에서는 불안의 그림자조차 찾아볼 수 없다. 빠르고 화려하고 환상적이고 편리하다는 이야기뿐이다.

그런데 실지로는 불안하다. 온 나라가 불안으로 몸살을 앓고 있다. 과학문명과 정보통신기술은 지금 이 세상을 정말 불편없는 'e 편한 세상'으로 만들어놓았지만, 정작 'e 편한 세상'을 살아가는 사람들의 불안과 불신, 불편과 불만은 점점 늘어가고 있다.

우리나라에서 2013년 한 해에만 불안을 주 증상으로 병의원에서 치료를 받은 사람이 50만 명이 넘는다. 웬만한 중소 도시 규모의 인구 전체가 집단으로 불안에 떨고 있다는 이야기다. 2년의 세월이 더 지난 2015년 지금, 상황은 호전되었을까? 나빠졌으면 나빠졌지 호전되었을 리는 없다. 정치·경제·사회·문화 각 분야의 모든 지표들이 내리막길로 치달으며 삶의 불안을 더욱 부추기고 있다. 게다가 인류의 존립 자체를 위협하는 불안 요소들도 점점 늘어나고 있는 형편이다. 때와 장소를 가리지 않는 테러의 위협에서부터 기상이변과 자연재해, 한번씩 창궐하는 통제 불능의 신종 전염병이나 잊을 만하면 터져 나오는 대형사고는 내가 오늘 하루 살아있음을 확인하고 잠자리에 들 수 있는 것만으로도 행운으로 여기게끔 만들 정도이다.

하지만 겉으로 드러난 세상의 모습은 불안은커녕 늘 분주하고 즐겁고 화려하다. 핵발전소 사고 때문에 코앞의 이웃나라가 쑥대밭이 되는 것을 보고서도 동해안에 원전 클러스터를 조성하겠다는 정치인과 그 정치인이 속한 정당에 몰표를 몰아주는 국민들이다. 빚에 짓눌린 사람들의 죽음의 행렬이 이어지고 있지만 가계부채는 하늘을 뚫을 기세로 쌓이고 있다. 자살이 꼬리를 물고 이어지고 있어도 나와는 상관이 없는 일이다. 하지만 겉모습은 어떨지는 몰라도 지금 우리 사회에서 진정 속내가 편한 사람이 얼마나 될까.

◆　◆　◆

불안하다. 지금 온 나라가 불안하다. 한국 사회의 불안증은 세대의 구분 없이 골고루 확산되고 있는 한편, 나이가 많을수록 환자의 수가 폭증한다는 것이 특징이다. 불안증 환자의 수는 50대 이후부터 가파르게 증가하기 시작하여, 70대가 되면 그 수는 60대보다 세 배나 많아진다. 게다가 그 증가폭도 다른 세대와 비교조차 할 수 없을 정도로 크다. 한국 사회의 노인들이 거친 풍파를 헤쳐 나와 이제는 '종심소욕'하더라도 법도를 어기지 않을 수 있는, 소요와 은일의 자유를 누릴 수 있는 나이가 되었음에도 오히려 삶에 대한 불안이 더 깊어지는 이유가 도대체 무엇일까?

정부와 전문가들이 말하는 원인과 해결책은 시험 문제에 정답을 내놓듯 늘 한결같다. 국민건강보험공단이 내놓은 보도자료(2014. 07. 21.)에 따르면 "시민들의 일반적인 정서는 이제는 은퇴 이후 자신의 여생을 스스로 책임져야 하는 쪽으로 바뀌고 있으나 그에 대한 준비가 부족하다"는 것, 그리고 "세상이 각박해지고 경쟁이 심화되면서 자신들의 젊은 시절과는 달리 자녀들로부터 부양을 기대할 수 없게 되었다"는 것. 이런 이유들이 우리나라의 노년층 특히 70대 이상의 노년층이 앓고 있는 불안증의 원인이라는 것이다.

원인이 그렇다면 노년층을 위한 복지제도의 강화가 답일까 아니면 효과를 기대하기 어려운 한 줌의 알약들이 해결책일까? 전문가들이 제시하는 해결책을 들어보면 이렇게 쉬운 문제를 왜 호들갑스럽게 사회문제로까지 비약시킬까 싶을 정도로 간단명료하다. "불안 장애를 오래 방치할 경우 뇌기능과 심혈관 기능에 나쁜 영향을 줄 수 있기 때문에 가급적 빨리 정신건강의학과 전문의를 찾아 자문을 구하고 치료전략을 상의하는 것이 필요"하고, 불안 증세는 "항우울제와 항불안제 등의 약물에 비교적 잘 반응하여 단기간에 효과를 볼 수 있"으므로 정신질환 치료에 대한 선

입견을 버리고 빨리 치료를 시작하라는 것이고, 그런 이야기들을 주변에서 적극 추천하라는 것 정도이다.

그런데 우리나라는 북한이나 아프리카처럼 약품이 부족한 나라도 아니고 오히려 항우울제나 항불안제와 같은 정신신경계 약물의 오남용이 문제가 될 정도이고, 정신질환을 치료하는 의료기관이나 의료인도 결코 부족하지 않은 나라다. 게다가 불안증을 비롯해서 건강정보가 부족한 나라도 아니다. 너무 많아 사달이 날 지경이라 정부와 의사협회에서 규제를 하겠다고 나설 정도가 아닌가? 그런데도 해마다 불안증 환자가 늘어나고 있는 이유는 무엇일까? 그것은 분자생물학이나 고전적인 정신병리학 기전으로는 설명이 불가능한 상황이라는 이야기다. 현대사회의 불안은 더 이상 개인의 신체나 정서, 또는 유전자 결함으로 진단하고 다스릴 수 있는 증상이 아니기 때문이다.

◆　　◆　　◆

지금 우리 사회의 노년층이 맞닥뜨리고 있는 이 세계는 자신들이 전혀 경험해보지 않았던 낯선 세계이며 낯선 문화이다. 나쓰메 소세키가 당혹감과 낭패감, 그리고 심한 열등감에 시달리면서 미치광이가 될 뻔했던 런던 생활과 다를 바 없는 세상에 내던져져 있는 상태이다. 무엇보다 심한 지적 열등감에 시달리고 있을 것이다. 그런데 IT 시대의 지적 열등감이란 앎의 수준이 모자라는 것이 아니라 기계의 조작 방법을 모른다는 것일 뿐인데, 컴퓨터 단말기 앞에 선 노인들은 하나같이 석상처럼 굳은 표정들이다.

한국 현대사에서 산업사회의 막내 세대라고 할 수 있는 70대 이상의 노인들은 일제강점, 한국전쟁에 이어 30년간의 독재정권을 거치는 동안 유소년기와 청장년기를 보낸 세대들이다. 이들은 자신들을 위한 권리 주장이 익숙하지 않고 권리를 주장하는 사람을 오히려 낯설게 생각하며, 이들에게는 아직도 권리주장이 강한 사람을 빨갱이로 의심하는 정서가 남아 있다. 근대화·산업화의 중심·중추세력이었으면서도 '나'에 대한 정체성을 가져본 적이 없고 살아오면서 한 번도 '나'를 내세운 적이 없다. 인간관계에서부터, 혈연·지연·학연으로부터 독립된 내가 있을 수 없고, 자연으로부터나 사물로부터도 독립된 내가 없다. 사물과 주변과의 관계에서 나의 위치가 결정된다. 어려서는 부모에게 효도하기 위해, 출세를 해서 가문의 명예를 높이기 위해, 젊어서는 국가안보를 위하여 내 몸을 희생했고, 나이 들어서는 조국근대화·산업보국·수출입국의 전사로 청춘을 보내버린 사람들이다. 장유유서나 부부유별, 충효사상과 같은 유교문화가 아직도 뼛속까지 새겨져 있는 세대들이다. 자유가 무엇인지도 모르고 살아온 사람들이다. 특히 여자들의 경우는 밥하고 빨래하고 자녀들을 키우고 출가시키는 것 외에는 아예 역할 자체가 없는 존재들이었다.

'내'가 없는 시대를 살아온 노인들과 자아가 분명해지고 있는 요즘 세대 사이의 간격은 나쓰메 소세키가 경험했던 도쿄와 런던 사이의 간격만큼이나 넓고 아득할 것이다. 온 세상이 낯설고 모든 것이 미시감으로 가득 차 있을 것이다. 그런 세상에서 소외된 데 따른 분노가 투사되어 적개심으로 나타나는 경우도 있고, 그런 적개심이 범죄로 이어지면서 사회문제가 되기도 한다.

아랫세대와는 살아온 습관이 달라졌으니 공유할 기억이 없다. 공유할 기억이 없으니 대화가 겉돈다. 서로 완전히 이질적인 존재가 된 것이다. 명절은 가족들이 서로 이질적인 존재가 되어 같은 시대를 서로 다른 방식으로 살아가고 있음을 확인하는 자리다. 어른의 자리에서 인자한 표정으로 던져주는 덕담은 아랫세대가 알아들을 수 없는 말, 이해할 수 없는 말, 실천할 수도 없는 말, 듣기 싫은 말, 답을 할 수 없는 말들뿐이다. "말랐네. 밥 많이 먹어라", "시집(장가) 가야지", "취직해야지", "애 빨리 낳아야지…", "애 하나로는 안 된다. 둘은 되어야지", "아들은 꼭 있어야 되는데…", "인제 들앉아가지고 애비하고 애들 신경 쓰야지…" 대답하기 싫은 만큼 세대 간의 간격도 그만큼 멀어지게 된다.

게다가 말이라고는 토속 사투리밖에 모르는 사람들이어서 아랫세대가 쓰는 말들은 알아들을 수도 없고, 은어인지, 약어인지, 외래어인지, 외국어인지, 토속어인지, 비속어인지, 암호인지, 표준말인지, 사투리인지조차 구분이 되질 않는다. 그렇다고 해서 분기탱천 고함지르며 나설 처지도 못 된다. 따지고 보면 한글을 제쳐두고 한자를 숭배하다가 일제강점기 때는 일어로 말하고 읽었고, 해방 이후에는 영어만이 살길인 것처럼 만들어놓은 것도 그 세대들 아닌가?

사람이 불안을 일으키는 제일 큰 요인 중의 하나는 세상으로부터, 또 사람들로부터 외따로 떨어져 나왔다는 느낌이 들 때이다. 어느 순간 내 몸이 머물고 있는 이 자리가 한없이 어색해지고, 사방에 펼쳐진 모든 것이 낯설고 생소하기만 하고, 그렇지만 어느 한편에도 기댈 수 있는 곳이 없을 때 사람들은 누구나 불안에 떨 수밖에 없다. 사방팔방이 절벽으로 둘러싸인 곳에 갇혀 있는 것 같고, 아무리 소리를 질러도 메아리조차 들리지 않을 때. 이 불안을 도대체 어찌 감당할 것인가? 누구든 나쓰메 소세키처럼 죽든지, 미치든지, 종교를 얻든지 중의 하나를 선택하지 않을까?

불안으로 잠 못 이루는 밤

아무런 저항 없이 딸이 이끄는 대로 다소곳이 따라온 한 노인이 입원을 했다. 무표정한 얼굴에 등은 꾸부정하게 구부러졌고 걸음걸이는 유난히 느린 편이다. 손이 조금씩 떨리고 있었고 묻는 말에는 몇 마디 단답형으로 답을 할 뿐이다. 그저 딸이 시키는 대로 고개만 끄덕거릴 뿐 자신의 의사를 적극 표현하지는 않으면서도 환경은 몹시 낯선 듯 계속 주변을 살피고 있었다. 의료진의 주문에 대해서 아무런 저항이 없었고, 병원이 정해놓은 절차와 질서에 비교적 순응하는 편이어서 입원하는 과정에는 아무런 문제가 없었다.

73세. 그 나이에 이른 평균 한국인들의 삶이 그러하듯 그는 시골에서 태어나 어렵게 고등학교를 마친 뒤에는 비교적 안정된 직장생활을 하다가 쉰을 조금 넘긴 나이에 회사에서 퇴직을 했다. 어떤 회사인지는 알 수 없으나 업무가 전산화되면서 전산작업에 둔했던 탓에 자연스럽게 퇴직자의 대열에 끼게 된 것. 그 이후 택시나 트럭 같은 운수업을 하다가, 사고를 냈는지 어떤 일이 있었는지는 분명하지는 않지만 일을 그만 두게 되면서 집안에서만 생활하게 된다. 그 무렵에 부인이 세상을 먼저 떠났고 혼자 있는 시간이 많아지면서 몸도 마음도 내리막길. 무엇보다도 불안 증세가 심해지면서 한밤중에도 집을 뛰쳐나가는 일이 반복되어 혼자 생활하기에는 너무 위험한 상태라 가족들이 입원을 결정하게 된 것이다.

시공간에 대한 감각은 현저하게 떨어져 있었지만 일상적인 대화는 얼마든지 가능했고, 처음 며칠은 병실 생활에도 큰 문제가 없었다. 다만 해가 저물고 모두가 잠들 시간만 되면 침상에 우두커니 앉아 있거나 아니면 병실 밖으로 나와 복도를 서성이거나 배회하는 일들이 있었고, 그 정도와 빈도수가 조금씩 잦아졌다.

시간이 지나면서 온순하던 성격은 공격 성향으로 바뀌더니 난폭해지고, 수발과 처치를 하는 의료진과 간병사에게 거친 폭력을 휘두를 때도 있었다. 눈빛은 점점 사나워졌고 의료진의 통제에 저항하는 강도도 갈수록 강해졌다. 낮 시간에도 병실을 배회하거나 밖으로 나가는 문을 찾는 일이 매일 일과처럼 굳어져버렸다. 통제를 하려는 의료진에게는 폭력을 휘두르고, 어디를 가려는지 어디를 찾고 있는지에 대한 물음에는 답이 한결 같았다. 집! 물론 지금 당장 집을 가야 하는 이유에 대한 답은 날마다, 때마다 바뀌긴 하지만…….

그렇게 밤마다 집을 찾아가기 위해 잠을 설치고, 또 낮에는 잠이 부족하여 휘청거리는 몸으로 복도를 서성이며 나가는 길을 찾는다. 복도에서 마주친 의사를 보고 웃는다. 누구인지 알고 있다는 표정이다. 손을 내미니 반갑게 악수를 한다. 악수를 하면서 어디 가시려는지를 물었다. 이맛살을 찌푸리면서 표정이 굳어지더니 어눌한 발음으로 또박또박 말을 내뱉는다. "나는 폐인이라요…. 집도 절도 없어요. 갈 곳이 없어요… 어디로 가야 되는지도 몰라요…."

어제는 ○○동이 집이고 거기로 가겠다고 하지 않으셨냐고 되물으니, "○○동?" 하고서는 한참을 골똘히 생각하더니 "거긴… 아들 집인데…." 하신다. 거기로 가고 싶으냐고 물으니 거기는 못 가고, 자기가 살던 집으로 가야 된다는데, 살던 집이 어디냐고 다시 물으니 기억해 내지를 못한다. 원래 살던 집을 떠나 아들네 집에서 살았던 세월이 한참 되는 모양이나 그 아들네 집으로는 다시 돌아가고 싶지 않았던 모양이다.

◆　◆　◆

노인은 시공간에 대한 지남력이 없는 것이 아니라 자신이 머물고 있는 '지금' '여기' 이 자리가 자기 집이 아님은 물론, 내가 머물고 싶은 곳도 아님을 분명하게 알고 있었다. 낯선 환경에서 낯선 사람들에게 둘러싸인 채 해가 지고, 병실을 밝히던 불마저 꺼지고 그리하여 한 사람 두 사람 잠이 드는 밤이 되면 더 불안해졌을 것이다. 과거의 기억이 어렴풋할 뿐이니 현재와 연결은 되지 않고 현재와 연결이 되지 않으니 미래에 내 갈 길은 상상조차 불가능하다. 그래서 끊임없이 과거의 흔적을 찾아 헤맨다. 밤이면 밤마다, 낮이면 낮대로……. 지켜보면서 이래저래 시달리던 간호사들이 의사에게 보고를 한다.

"Disorientation이 너무 심하고예, 환청도 있는 것 같고 침대에서 내려와서 옆 사람 깨우고예. 두시 넘어서는 소리도 막 질러쌓고…." 간호사의 이야기를 건성으로도 다 듣기 전에 내 입에서는 약 처방을 주문하는 소리가 흘러나온다. "졸피뎀 HS 어쩌구 저쩌구…."

노인의 불안을 해소할 수 있는 유일하고도 가장 효과적인 방법은 자신이 가장 편하게 느끼고, 가장 편한 사람이 곁에 있어주는 그런 곳으로 돌아가는 것이다. 몸놀림이 어둔한 '파킨슨씨병'에 약간 묻어있는 인지장애는 주변 환경만 개선되면 얼마든지 집에서 일상생활이 가능한 수준이다. 대책을 의논하기 위해 아들에게 전화를 건다.

"집에요?? 안 됩니더. 돌볼 사람도 없고…. 집에서 감당이 안 되가 거다 맡기논긴데, 집에 델꼬 가라카마 말이 됩니까? 묶든지 재우든지 알아서 하이소. 암말도 안하께요. 우쨌든동 집에는 지금 안 됩니더."

단호하다. 타협의 여지가 없다. 불안해하는 아버지를 모셔야 하는 아들의 삶 역시 불안할 것이다. 실직한 상태가 아니더라도 언제 실직할지 모른다는 불안감에 늘 찌들어 사는 것이 요즘 직장인들의 일상 아닌가?

그런데 집으로 모시고 갈 수 없는 제일 큰 이유는 따로 있다. 생활문화는 물론 취향도 다른 두어 세대가 함께 어울려 살기 힘든 아파트라는 환경도 그렇지만, 한국 사회에서 집안에 환자가 있을 경우 간병과 수발의 책임은 여자들에게 집중된다. 만약 환자가 시아버지요, 그 시아버지가 거동이 불가능하여 개인위생조차 혼자 처리할 수 없는 상태라면 며느리가 감당하기 어렵다. 그런 수발을 강요하는 것은 가정파탄으로 가는 지름길이다. 친정아버지를 대하는 딸의 경우라면 사정이 조금 나은 편일 게다. 그래서 요즘 "아들 둘 낳으면 목메달"이라는 말이 떠도는 것이다.

서성이며 배회하며 불안으로 밤을 꼬박 새우던 노인은 어제처럼 오늘도 내일도 약에 의지하여 얕은 잠을 자고 눈 뜨면 또 길을 찾아 나설 것이다. 앞으로도 계속 그럴 것이다. 여기 이 자리가 내가 머물 곳이 아님을 분명히 알고 있기 때문이다. 그러나 갈 곳이 없다. 낯선 이곳을 영원히 벗어나지 못할 것이라는 불안감에 몸은 하늘하늘 촛불 타들어가듯 그렇게 쇠잔과 소멸의 길로 접어들 것이다. 그 시간에 노인의 아들은 밑도 끝도 없는 아버지의 병원비만 아니라면 중학생 아들놈의 과외 한두 과목은 더 시킬 수 있을 거라는 계산에 속을 부글부글 끓이면서, 이러지도 저러지도 못하는 자신의 처지를 한탄하며 잠 못 드는 밤을 하얗게 밝히고 있을지도 모른다.

'e 편한 세상'과 불안

정보통신사회는 개인이 고독하게 살 수도 없고 고립될 수도 없는 세상이다. 온 세계가 네트워크로 연결되어 있어 이 세상의 모든 정보가 시공간의 제약 없이 전해지는 세상이다. 죽어가는 순간은 물론 죽음

직전의 감정까지도 온 세상 사람들에게 전달할 수 있고, 총으로 상대방을 죽이는 살인자가 자신의 행동을 생중계까지 할 수 있는 세상이다.

그리고 길거리와 아파트 입구, 엘리베이터, 공공시설이나 놀이시설, 각종 건물 출입구, 골목골목마다 CCTV가 설치되어 있으니 좀도둑이 내 재산에 손댈 우려도 없어졌고, 흉악범죄로 내 생명이 위협받을 불안감도 줄어들었다. 네비게이션과 자동차용 블랙박스가 승용차의 필수품이 되면서 길을 잘못 들어설 걱정에서부터 자동차를 분실하거나 사고가 일어났을 때 억울한 일을 당할 불안감도 없어졌다. 그런데도 사람들은 불안하다. 못 견딜 정도로 불안하다.

승객이 제법 붐비는 퇴근 시간에 대로를 질주하고 있는 시내버스 안에서, 갑자기 한 여인의 격분에 찬 날카로운 음성이 버스 안의 피곤한 정적을 깨트린다. 스마트폰으로 나누는 대화지만 상대방의 말이 들리지 않으니 일방적으로 내지르는 듯한 모습이다.

"너 지금 어디야? 아까 왜 전화 안 받았어? 뭐라고?? 아직 집에 안 가고 거기 있어? 빨리 집에 가! 뭐? 숙제 다 했다고? 그럼 빨리 집에 가서 숙제한 거 사진 찍어 보내. 빨리!! 그리고 밥통에 밥 있으니까, 냉장고에…. 꺼내서 먹고 학원 가. 빨리!"

통화의 상대는 중고등학생쯤 되는 자녀인 듯한데 엄마는 자녀가 대꾸할 틈이나 숨 쉴 짬마저 주질 않고 침 튀겨 가며 와르르 한꺼번에 자기 할 말만 버스가 들썩일 정도의 큰 소리로 쏟아내고서는 전화를 끊는다. 엄마가 기다리고 있으니 빨리 집에 오라는 것도 아니고, 아무도 기다리지 않는 빈집으로 빨리 가라고 다그치는 것도 어처구니없지만, 퇴근길에 승객들로 붐비는 버스 안에 꼭 자기 혼자만이 타고 있다는 듯이 지극히 사적인 대화를 한껏 목청을 돋우어 떠들어댄다. 방약무인(傍若無人)이란 이런 경우를 두고 만든 말인 듯싶다.

◆　◆　◆

요즘 사람들은 스마트폰만 들면 시공간에 대한 감각이 없어진다. 해야 될 일과 해서는 안 되는 일도 구분하지 못하는 경우도 많다. 그 여인의 아들은 귀가가 좀 늦어진 것 때문에 만인이 듣는 곳에서 공개 처벌을 받은 셈이다. 여인은 전화를 끊은 뒤에도 불만과 불안이 가득한 표정을 짓고 있더니 또 다시 스마트폰을 꺼내들고 손가락질을 하기 시작한다. 누구에게 무슨 문자를 보냈는지는 알 수 없으나 스마트폰을 핸드백에 다시 집어넣고 난 뒤 앞만 주시하고 있는 여인의 얼굴은 여전히 불안과 불만이 가득 찬 표정이다.

'e 편한 세상'에서 이렇게 스마트한 정보통신기구로 집 밖에 멀리 떨어져 나와서도 이처럼 편하게 자녀교육을 하고 있으면서 무슨 불만과 불안이 그렇게 얼굴에 차고 흘러넘치는 것일까? 낯선 사람들로 붐비는 공개된 장소(버스)에서 자신의 어린 혈육에게 잔인하다 싶을 정도로 독설을 퍼부어대는 공격성은 어떻게 해서 길러진 것일까?

'의려지망(倚閭之望)!' 대문 기둥에 기대서서 멀리 길 떠난 자식을 기다리는 어머니의 모습을 그려놓은 한자 성어다. 그런 부모의 걱정과 불안을 덜어주기 위해서 불과 얼마 전까지만 해도 자녀들은 집을 나설 때, 아침에 떠나서 점심나절에 되돌아오는 짧은 여정일지라도 반드시 부모에게 '출필곡 반필면(出必告 反必面)' 해야 했고, 해가 저문 뒤에까지 벗들과 어울려 노는 것을 금기시했다. 갖가지 정보통신기구가 일상생활의 필수품이 되면서 어머니가 식음을 전폐하다시피 하며 대문 옆에서 자식들을 목이 빠지게 기다려야 할 일도 없어졌고, 자녀들 역시 '출필고 반필면' 해야 될 번거로움도 없어졌다. 굳이 전화 받기를 기다려가면서까지 음성으로 나의 위치와 근황을 알려야 할 이유도 없다. 손가락질 몇 번 하면 문자가 되어 날아간다. 무소식이 희소식이란 말로 위안을 삼던 시절의 부모들과는 다르다.

그런데도 불안하다. 전화가 안 오면 불안하고, 전화를 안 받으면 더 불안하고, 문자를 보냈는데 답이 없으면 불안하고, 문자가 오면 또 해석을 잘못하여 불안을 자초하기도 한다. 문자를 주고받다가 갑자기 답이 없으면 또 불안해진다. 전화기가 아예 꺼져 있으면 불안을 넘어 공황상태로 빠져든다. 버스 안의 그 엄마는 자녀가 숙제를 했다는 증거를 사진으로 찍어 보내주기까지는 초조와 긴장과 불안에 시달렸을 것이고, 사진이 도착했다는 스마트폰의 알람이 울릴 때까지 버스 안에서도 발을 동동 구르고 있었을 것이다.

스트레스는 몸과 마음에 부담을 주는 과로 때문에 생기는 것만은 아니다. 과로는 충분히 휴식할 시간만 주어지면 얼마든지 회복이 된다. 스트레스는 예측 불가능하고, 자신의 힘으로는 통제 불가능한 상황에 지속적으로 노출되었을 때 몸과 마음에 소리없이 쌓여 가는 것이다. 스트레스가 누적되면 불안의 그늘도 점점 짙어진다. 몸도 허물어진다. 21세기의 정보통신기술은 온 세상 사람들을 예측 불가능한 세상으로 끌고 가고 있고, 자신의 의지로는 통제 불가능한 상황으로 내몰아가고 있다. 그 끝이 어디일까?

제4장

우울,
자살에 이르는 병

침울돈좌 _{沈鬱頓挫}

동아시아의 시성이라 추앙받는 두보(杜甫)가 만년의 나이에 이르러 남긴 시 가운데 하나인 〈높이 올라(登高)〉를 되풀이해서 읽다 보면 삶의 막바지에 이른 사람들이 가진 심정의 한 단면을 느낄 수 있다. 물론 두보에게는 전란 때문에 식구들과 헤어진 채 풍찬노숙을 하면서 지내야 했던 힘겨운 시절이 있었고, 또 입신출세를 노리던 젊은 날의 꿈을 끝내 이루지 못한 채 늙어버린 회한이 있었다. 두보만의 이런 특별한 인생 역정을 고려한다 하더라도 말년에 이른 사람들의 심정은 누구라도 두보의 심사와 크게 어긋나지는 않을 것 같다.

> 바람 거세고 하늘은 높은데 원숭이 슬피 울고(風急天高猿嘯哀)
> 맑은 물가 새하얀 모래사장에는 새들이 난다(渚淸沙白鳥飛回)
> 끝도 없이 우수수 낙엽은 지고(無邊落木蕭蕭下)
> 장강의 세찬 물결은 끝없이 흘러온다(不盡長江滾滾來)

온 천지에 슬픔 가득한 가을날 늘 떠도는 신세가 되어(萬里悲秋常作客)

백 년 인생에 병 많은 몸으로 홀로 누대에 오른다(百年多病獨登臺)

온갖 고생살이 한이 되어 귀밑머리는 서리가 내린 듯하고(艱難苦恨繁霜鬢)

노쇠한 몸은 탁주잔마저 다시 내려놓는다(潦倒新停濁酒杯)

전쟁통에 동서남북을 떠돌며 온갖 간난신고를 헤쳐 나와 가까스로 살아남았지만 이미 몸은 늙고 병들어버린 신세. 떠돌다 지친 몸을 잠시 의탁했던 시골 마을(기주)에서 어느 가을날 높다란 언덕에 홀로 오른 두보가 하늘을 바라본다.

하늘은 한없이 높고 그 아래 강물은 한순간의 쉼 없이 그저 말없이 흘러만 간다. 넓디넓은 천지 사방에서 길을 잃고 의지할 곳 없는 원숭이가 처량하게 우는 모습에 두보 자신의 처지가 투영된다. 생장 다음에 소멸이 오는 계절의 법칙은 변함이 없고, 쉼 없이 흘러가는 강물에 떠내려가는 낙엽처럼 자신의 삶도 이제 죽음을 향해 거침없이 내닫고 있다. 길어봤자 백 년도 못 채울 인생이지만 그마저도 병으로 허무하게 다 소진해버렸고, 이제 허옇게 탈색된 머리와 함께 병든 몸은 그렇게 좋아하던 술조차 마다해야 할 지경이 되어버렸다.

그리 길지 않은 문장이긴 하지만 어느 구절에서도 내일에 대한 기대나 희망을 찾아볼 수가 없다. 후회와 미련, 애달픔, 서글픔, 쓸쓸함, 외로움, 몸과 마음 구석구석에 골이 파이듯이 깊게 새겨진 상처들, 그렇지만 어찌해볼 수도 없는 무력감과 체념, 상실감만 온 문장에 가득하다.

두보는 죽는 날까지 정착된 삶을 살지 못하고 유랑과 방랑을 거듭했다.

그렇게 떠돌이로 살다 늙고 병들어버린 몸을 기다리고 있는 것은 죽음뿐. 그런 처지가 되면 누구든 정든 고향에서 삶을 마무리하고 싶을 것이다.

◆　　◆　　◆

말년의 두보가 고향으로 향하는 강가에서 남긴 시, 〈강가의 회포(上水有懷)〉는 늙고 병들어 지친 몸으로 생활전선에 뛰어들 수밖에 없는 노인네들의 애달프고 가슴 저미는 사정들을 절절하게 표현해내고 있다.

태평성대에는 능력이 없어 출세를 못 했고 전란을 겪으면서 몸이 병들어버렸으며, 젊을 때는 멋모르고 덤벙대다가 실수만 잔뜩 내질렀으니 어찌 속절없이 백발이 늘지 않을까? 전란을 피해 식솔들을 거느리고 사방팔방 떠돌아다니다가 호구지책으로 어쩔 수 없이 생계전선에 뛰어들었지만 낯선 젊은이들만 마주칠 뿐 옛 친구는 만날 일이 없다. 아마도 옛 친구들은 이미 세상을 떠났거나 세상의 전면에 나설 수 없을 만큼 몸과 마음이 쇠락한 탓이리라. 체면도 없이 생계를 위해 굽실거리며 살다 보니 다정한 옛 친구들이 간절히 그립지만 그들은 어디에도 보이질 않고, 혈기왕성한 젊은이들은 백발성성한 두보의 처신을 노추라 멸시하고 꺼려한다.

가난 때문에 젊은 시절의 뜻은 무참히 꺾어야 했고, 살기 위해 젊은이들의 손가락질까지 감수해야 했던 시절도 가고, 우여곡절 끝에 낯선 타향을 떠나 고향으로 돌아가는 길. 강에는 외로운 배 하나 떠 있고 그 위로 봄바람에 꽃잎 어지러이 쏟아지는데, 두보는 봄바람에 초록빛 버들가지 일렁이는 버드나무에 기대어 거친 숨을 고르고 있다. 저 강을 무사히 건널 수 있을까를 저어하면서…….

이것이 어찌 젊은 시절의 꿈을 펼치지 못하고 고생만 하다 늙어버린 두보만의 마음이겠는가? 이것이 어찌 두보가 살던 시절만의 풍경이요 그 시절 노인들만의 정서이겠는가? 때와 장소와 상관없이, 신분귀천과도 상관없이 모든 늙어가는 사람들의 다 같은 심정일 것이다. 단지 가멸찬 자와 가난한 자의 차이가 있다면, 가난한 노인들은 살기 위해서는 젊은 사람들의 조롱과 멸시를 견뎌가면서 어쩔 수 없이 일을 해야 한다는 것일 터이다.

생애(生涯)! 생애란 한자말을 풀어놓으면 물가나 벼랑 끝의 삶이란 말이 된다. 삶이란 늘 벼랑 끝에 서 있거나 물가에 서 있는 것처럼 위태로운 것이라고 해서 생긴 말일 것이다. 한발 잘못 헛디디면 끝을 알 수 없는 어둠, 깊이를 알 수 없는 물속이요 낭떠러지다. 시간의 힘에 떠밀려 어쩔 수 없이 벼랑 끝이나 물가에 서 있게 된 사람이라면 누구나 마지막 용기를 내어 한발 더 내딛기 전에 뒤를 한번 돌아보지 않겠는가? 그러나 뒤에 남겨진 것들은 후회, 원망, 회한, 미련, 안타까움, 아쉬움, 쓸쓸함, 서글픔과 곧 존재의 소멸이 몰고 올 두려움 같은 것들뿐이다.

이런 정서를 자신의 문학세계에 담은 두보는 스스로 '침울돈좌(沈鬱頓挫)'의 심정[23]이라고 했다. 그리하여 침울돈좌는 두보의 시 세계를 함축하는 말이 되었다. 두보가 '침울돈좌'라고 했던 정서는 서구 문화에서 이야

---

23 두보가 당 황제 현종에게 바치는 편지글에 나오는 말이다. "신의 저술이 비록 시경, 서경, 예기, 악경, 역경, 춘추의 육경을 고취하거나 여러 사람들보다 앞설 수는 없지만 침울돈좌(沈鬱頓挫)하여 수시로 민첩하게 지어낸 문장은 양웅이나 매고 같은 이들을 따라잡을 수 있을 것입니다." 한성무, 《두보평전》, 김의정 옮김, 호미, 2011. 71쪽

기하는 멜랑콜리 정서와 서로 통하기도 하고, 한민족에게는 한(恨)의 정서와 견주어볼 수 있다.

멜랑콜리와 예술

북풍은 흰구름 불어가고 (北風吹白雲)

만 리 나그네길 강을 건너는데(萬里渡汾水)

떨어지는 나뭇잎을 보는 심사(心緒逢搖落)

차마 못 들겠네 가을 소리(秋聲不可聞)

소정(蘇頲)[24], 〈분상경추(汾上驚秋)〉

옷깃을 파고드는 찬바람, 길거리에 수북이 쌓였다가 나뒹구는 낙엽, 빨리 짙어지는 어둠, 옷깃 속에 몸과 얼굴을 가리고 발걸음을 재촉하는 사람들⋯⋯. 따뜻함이 그리워지고 그리하여 사람의 온기가 더욱 그리워지는 계절, 가을이다. 그러나 북풍에 찬서리 맞으면서 홀로 떠도는 나그네가 가야 할 길은 아직 아득히 먼데 남은 시간은 그리 넉넉지를 않으니 낙엽 뒹구는 소리가 어찌 야속하지 않겠는가? 소정(蘇頲)의 5언 절구 〈분상

---

24 소정(蘇頲): 670~727, 자는 연석, 시호는 문헌. 약관의 나이에 진사급제하여 당 현종 때는 재상의 지위에 오른다. 임창순,《당시정해》, 소나무, 2005. 28쪽, 496쪽 참조

경추〉에는 이런 가을의 정서가 고스란히 담겨있다. 보들레르 역시 다르지 않다. 그는 가을이 되면 "장작개비 떨어지는 소리 하나하나"가 "교수대 세우는 소리보다" 더 "음산"하게 들린다고 했다.[25]

〈분상경추〉와 보들레르의 〈가을의 노래〉에서 느낄 수 있는 시인들의 정서는 비슷하다. 이런 정서를 현대 정신의학계에서는 너무나 쉽게 우울증이라고 진단을 내리는 한편, 의사를 찾아가면 간단하면서도 명쾌한 처방까지 내려줄 것이다. 하지만 이 두 편의 시에서 나타나는 것은 정신의학계에서 이야기하는 우울증과는 전혀 성격이 다른 '멜랑콜리'한 정서요, '침울돈좌'이기도 하고, '한(恨)'이 담겨 있는 정서이다.

멜랑콜리는 서양 고대의학의 근간을 이루었던 4체액설에서 유래한 것으로 검은 담즙이 과잉 분비되었을 때 나타나는 성격 또는 정서를 뜻하는 말이다. 계절로는 가을에 해당되며, 연령대로는 청년기를 지나서 늙음의 문턱에 들어선 장년기 때 나타나는 정서이다. 이 담즙질 정서인 멜랑콜리는 히포크라테스 때부터 이어져 온 서구의 대표적인 체질의학적인 개념이요, 몸과 마음의 언어이다.

그런데 검은 담즙이란 것이 사실은 해부학적 소견과는 전혀 관계가 없고, 고대인들이 가진 상상력의 산물이었다. 여기에 현대 정신의학계가 우울증의 원인을 뇌의 시냅스 이론과 분자생물학적 기전으로 설명함으로써 한 개인에게 우울한 정서를 만들어내는 사회문화적 배경과 삶의 분위기는 배제되고 말았다. 멜랑콜리는 개개인이 부닥치는 세계의 주관적 분

---

25 보들레르《악의 꽃》중에서 〈가을의 노래〉, 윤영애 옮김, 문학과 지성사, 2012.

위기와 사회문화적 배경이 같이 어우러져 빚어내는 정서로, 현대의학에서 이야기하는 우울증과는 성격이 다르다.

그런 멜랑콜리를 직설적으로 표현한 시인이 보들레르다. 보들레르에게 우울, 즉 멜랑콜리는 "낮고 무거운 하늘이 뚜껑처럼/오랜 권태에 시달려 신음하는 정신을 내리누르고/지평선 사방을 감싸며/밤보다도 더 음침한 검은 빛을 퍼붓는" 것이고, "북도, 음악도 없는 길고 긴 영구차들이/내 넋 속에서 서서히 줄지어 가고/희망은 패하여 눈물짓고, 포악한 고뇌가/숙인 내 머리통에 검은 기를 꽂은" 상태다.

시작과 끝을 짐작조차 할 수 없는 광활한 우주에 혼자 내던져져 있는 것 같은 외로움, 사랑하는 대상에 대한 상실감, 무관심하게 우두커니 서 있는 사람들을 마주하고 있는 나는 깎아지른 절벽 앞에 서 있는 것 같고, 세월이 속절없이 지나가버린 뒤에 찾아오는 허무함, 막연한 앞날에 대한 두려움과 불안, 삶을 재촉하는 시간을 의식할 수밖에 없는 나이에 스물스물 다가오는 죽음의 그림자, 그리고 가난하고 늙은 몸에만 집요하게 달라붙는 병들, 하지만 주체할 길 없는 시간과 함께 찾아오는 지루함과 무료함…… 이런 것들이 과연 항불안제 몇 알과, 삶의 역사와 문화를 고려하지 않은 의학적 개념에만 달통하여 전문의라는 자격을 얻은 사람과 대화 몇 마디를 나눈다고 해서 해결될 문제인가?

◆　◆　◆

그런데 멜랑콜리한 정서가 꼭 치료하고 제거해야 할 불편한 증상만은 아니다. 미국의 문화평론가 수전 손택은 멜랑콜리라는 정서에서 활기와 격정이란 매력을 빼고 나면 의기소침이 된다고 했다. "그다지 낭만적이지 않은 의기소침"[26]이 요즘 의사들이 이야기하는 우울증인 셈이다.

사실 멜랑콜리라는 정서에 숨어있는 낭만적인 활기와 격정, 그리고 고독한 몽상의 세계에서 남이 쉽게 보지 못하는 것을 찾아내는 날카로운 시선은 예술과 철학의 창조성을 뒷받침하는 토대였기도 하다. 키에르케고르의 실존철학은 그의 멜랑콜리한 정서가 이루어낸 성과물이라고도 할 수 있다. 그는 멜랑콜리한 정서 즉 우울을 자신의 "가장 충실한 애인"이라고 하였고, "많은 사교 클럽의 친구들 외에 가장 절친한 친구"이기도 하고, 자신의 "내밀한 마음의 공간에 지진을 예감"[27]하게 하는 정서였다.

슈베르트는 파릇파릇 돋아나는 봄의 새싹과도 같은 소녀를 어둡고 칙칙한 죽음과 연결시킨 현악 사중주곡 〈죽음과 소녀〉를 작곡했고, 언제나 고독하고 쓸쓸한 인상을 풍기는 나그네에다 스산하기도 하고 한없이 움츠러드는 겨울 풍경을 덧씌운 연가곡집 〈겨울 나그네〉를 만들어내기도 했다. 그는 서른한 살의 나이로 요절할 만큼 병이 깊었고, 음악을 하면서도 제대로 된 피아노 한 대 없을 정도로 가난했고, 늘 잠자리에 들 때마다 이튿날 죽음이 찾아오기를 바라면서 쓸쓸하고 외롭고 힘들게 살다 갔다. 그런 멜랑콜리한 삶이 그의 음악세계의 배경이 되었을 것이다.

〈멜랑콜리〉, 〈불안〉, 〈절규〉와 같이 세기말의 불안을 화폭에 담아낸 뭉크의 그림들이 태어나게 된 것도, "태어난 순간부터 공포와 슬픔과 죽음

26 《은유로서의 질병》, 이재원 옮김, 도서출판 이후, 2002. 79쪽
27 《이것이냐 저것이냐》, 임춘갑 옮김, 도서출판 치우, 2012. 32쪽

의 천사"들과 함께한 화가의 성장 배경과 병약했던 어린 시절의 기억들, 그리고 아버지에게 물려받은 "광기의 씨앗"이 예술혼으로 표출된 것이라는 게 그의 전기를 쓴 수 프리도의 주장[28]이다.

　도스토예프스키의 경우는 더 독특하다. 지독한 간질 증세에 시달렸던 그는 간질 발작 전후로 극심한 우울증을 겪는다. 그런데 그 우울증은 현대의 정신의학계에서 이야기하는 우울증과는 전혀 성격이 달랐고, 증세를 다스리기 위해 단 한 알의 약도 필요 없었다. 도스토예프스키 자신이 비정상적인 증상이나 병이라고 생각조차 하지 않았기 때문이다.

　그는《백치》의 주인공, 미쉬킨 공작의 생각을 빌려 간질병 환자로서 그 병을 대하는 자신의 생각을 드러낸다. 간질 발작 직전에 찾아오는 우수와 고독, 막연한 슬픔, 고통스런 긴장, 영혼을 괴롭히는 암흑 같은 증상들은 발작과 함께 "최상의 삶"의 형태로 고양되기 직전의 전조들이다. 그런 "섬광의 순간"들은 한편으로는 "정상적인 육체를 거부하는 병에 지나지 않"아서 최상의 삶과는 거리가 먼 "저열한 것"이지만 "그것이 병이란 사실이 어쨌단 말인가"라고 반문하며 "역설적인 결론"을 내린다.

　이미 건강한 상태에서 상기되고 검토되는 일순간의 감각이 최상의 조화와 아름다움으로 확인된다면, 그 결과 자체가 여태껏 들어 보지도 못하고 추측해보지도 못한 충만과 중용과 화해의 감정과, 고귀한 삶의 합성과 혼합된 법열을 가져다준다면, 긴장이 비정상적이든 아니든 무슨

---

28 《에드바르 뭉크》, 윤세진 옮김, 을유문화사, 2008. 29쪽

상관인가?

도스토예프스키의 평전29을 쓴 슈테판 츠바이크는 "도스토예프스키야 말로 멜랑콜리한 정서 이면에 숨어있는 활기와 격정을 최고로 고양시켜 삶과 창작의 의지를 촉발시키고, 우수와 의기소침, 그리고 일상의 권태에서 벗어나 자신만의 독특한 문학세계를 구축한 사람"이라고 평가한다. "악마의 저주"라고도 하는 간질병을 앓으면서도 "뜨거운 피와 입가의 싸늘한 떨림을 가지고 삶과 죽음 사이의 예기치 못한 실존적 상황을 증명"한 유일한 작가라고…….

한민족의 한(恨)

서구사회의 멜랑콜리에 비견될 만한 한민족 고유의 정서는 한(恨)이다. 이 한을 영어나 다른 외국어로는 번역하기가 힘들고, 한이 뿌리가 되어 생긴 홧병도 외국어로는 번역하기 힘든 우리만의 정서요 우리 민족만이 앓는 아픔이다.

---

29 《도스토옙스키를 쓰다》, 원당희 옮김, 세창미디어, 2013.

한민족의 한의 정서를 연구해 온 한 의학자는 한에 대해 정의하기를 "한이란 역사적으로 나라를 잃고 고난을 수없이 겪었으며 정치적으로 억눌리고 경제적으로 가난한 상태로 억울한 처지에서 살아온 계층의 사람들의 마음 심층에 쌓이고 응어리진 감정이며, 또한 수백 년간 내려온 한국인의 감정적 문제의 초점이 되고 있는 것. 이는 약자의 욕망 억제, 패배의식, 좌절, 적개심, 허무감, 체념 등의 감정적 복합체, 또는 설움 덩어리로서 개인을 넘어 집안과 민족적으로 전승되는 것"30이라고 했다.

이 정의에 충실히 따르면 한은 한민족의 고유한 역사와 문화 토양31에서 자라난 독특한 정서이면서 한국 사회 특유의 집단정서인 것은 분명하다. 그런 한을 품게 만드는 원인도 사람의 삶만큼이나 다양할 것이다. 한 중에서 가장 흔한 것은 이별의 한일 터이고, 가난해서 못 배워서, 그리하여 자식들을 제대로 먹이지도 못하고 가르치지도 못하여 가난을 대물림하게 했던 것이 한으로 남게 되고, 입신출세를 못하고 초야에 묻혀 살다 빈손으로 돌아가는 것도 한이 맺히는 일이다. 그런 누항(陋巷)의 삶에는 아무런 후회도 미련도 없지만 단지 사는 동안 가난하여 술을 한껏 못 마시고 죽게 되는 것도 한으로 생각하고, 그 절절한 심정을 시(將進酒)로 남긴 정두경(1597~1637, 호는 東溟)같은 호탕한 선조들도 있다.

일제강점기와 한국전쟁 그리고 혹독한 독재정권이 할퀴고 지나간 한국의 현대사를 펼치면 한을 품은 사람들이 대량생산된다. 강제징용·징집

---

30 민성길, 〈홧(火)병과 한(恨)〉, 대한의학협회지 제 34권 11호, 1991.
31 서양이 '표현문화권'이라면 한국은 자신의 감정을 잘 드러내지 않는 '억압문화권'이라는 문화적 배경에서 나온 정서라는 평가가 있다. 이런 한의 정서는 진단적으로 '우울증', '신체화장애', '불안장애'의 혼합이다. 박지환·민성길·이만홍, 〈홧병에 대한 진단적 연구〉, 신경정신의학 제 36권 제 3호, 1997.

의 희생자들, 위안부로 끌려간 어린 소녀들, 원폭 피해자, 광복 이후에는 좌우대립과 그에 이은 동족 사이의 전쟁으로 억울하게 희생된 원혼들, 군부독재정권 치하에서는 무고하게 간첩으로 낙인찍혀 비참한 옥살이를 한 사람이 어디 한둘인가? 심지어 '사법살인'이라 부르는 폭거로 목숨까지 잃어야 했던 사람들도 있다. 이들의 가슴 속에 맺힌 게 바로 '한'이다. 한 맺힌 사연들은 지금도 끊이지 않고 계속되고 있다. 지하철 참사 희생자들의 한, 용산참사 희생자들과 그 가족들의 한, 세월호 참사의 희생자들과 그 가족들의 한……. 그 한들은 하나 같이 슬픔을 안고 있지만 조지훈은 그 슬픔이 "퇴폐의 슬픔이 아니라, 꿈과 결부된 희구(希求)의 슬픔"[32]이라고 했다.

◆　　◆　　◆

풀리지 않고 쌓인 한은 화(火)가 되고, 그 화는 다시 몸의 이상을 불러온다. 한이 쌓이고 쌓여서 생긴 한국인 특유의 증상을 우리는 오랜 세월 홧병이라 불러왔고, 국제적 진단 기준에 따라 질병을 명명하고 분류하는 정신의학계에서도 '홧병(Hwabyung)'을 문화와 관련된 정신의학적 증후군(Culture bound psychiatric syndrome)으로 인정하고 있다.

화가 쌓이고 쌓여서 한이 되는 이유는 화를 불러오는 대상이 분명하지 않은데다, 대상이 특정된다고 하더라도 쉽게 접근하기 힘든, 힘을 가진

---

32 《한국문화사서설》, 나남출판, 1996, 27쪽

상대이기 때문이다. 그런 점에서 한이란 권력이나 금력의 부당한 횡포나 전횡 탓에 억울한 피해를 당했음에도 거기에 대해 보상을 받기는커녕 저항도 할 수 없고, 정당한 항의조차 할 수 없는 무기력함과 체념이 어우러진 정서이기도 하다. 달래 주지 않는 슬픔, 위로받지 못한 억울함, 나의 잘못이 아님에도 불구하고 사과도 받지 못하는 부조리, 그런 슬픔과 억울함, 원망이 섞이고 맺히면서 응어리진 것이 한이 되는 것이다.

그렇게 맺힌 한은 약물로 다스리는 것이 아니라 풀고(解寃), 달래고(伸寃), 늘어놓는(넋두리) 과정을 거치면서 극복이 되는 것이다. 우수와 의기소침에서 벗어나 활력과 격정을 되찾음으로써 한은 다스려지는 것이고 마음의 결박이 풀리는 것이다. 그런 한풀이 과정은 우리 민족의 굿 문화로 전승되어 왔다. 한을 달래고 홧병을 다스리는 한국인 특유의 놀이와 문화는 한을 가진 사람끼리의 끈끈한 연대의 정서로 발전했다. 멜랑콜리 정서가 서구의 예술과 철학을 떠받치는 정서이듯이 한은 한민족 특히 민중들의 예술과 문화를 떠받치는 힘이다.

지금 이 땅에는 한을 달래는 놀이와 문화가 모두 사라졌다. 흔적은 남아 있을지 몰라도 광장에서는 모습을 감추었고 모든 놀이와 문화는 손바닥 안의 스마트폰으로 숨어들었다. 굿도 사라졌다. 굿이 사라지면서 굿이 주된 치유의 대상으로 삼았던 한도 자취를 감췄다. 한이 사라지고 나니 홧병도 물러났다. 한이 사라지고 홧병이 물러난 자리에 "활기와 격정이란 매력"이 없고, "그다지 낭만적이지 않은 의기소침"한 우울증이 자리를 잡았다. 온 나라에 우울증이 괴질처럼 무서운 기세로 번지고 있다.

우울, 자살에 이르는 병

현재 의학계에서는 질병 관련 용어로 멜랑콜리라는 말은 더 이상 쓰지 않는다. 한국 의학계에서도 '홧병'이라는 말을 쓰는 경우는 거의 없다. 대신 멜랑콜리한 특징을 지닌 정서이든 한국인 특유의 한이든 유의미한 구분을 두지 않고 획일적으로 '우울증'이라는 진단명을 쓴다. 영어로는 'Depression'으로 쓰는데, 영어로 'Depress'라고 하면 '무언가에 짓눌리다'라는 뜻이 된다. 'Depression'으로 명명되는 우울증은 내면의 심리상태가 우수와 함께 활기와 격정이라는 양면성을 가지고 있는 멜랑콜리와는 달리 무엇인가에 일방적으로 강하게 짓눌려 있는 심리상태라는 의미일 것이다.

정신의학계가 히포크라테스 시절부터 써오던 멜랑콜리를 포기하고 'Depression'을 공식 용어로 채택한 데는 인간의 감정이나 정서까지도 뇌세포에서 분비되는 신경전달물질의 화학적 불균형으로 설명하려 드는 뇌과학의 영향으로 4체액설이 쓸모없는 이론으로 폐기된 것도 큰 이유이겠지만, 경쟁에서 이기는 것이 생존 수단이 되어버린 사회 분위기와 함께 우울증 뒤편에서 움직이는 어마어마한 규모의 항우울제 시장의 힘이 더 컸을지도 모른다.[33]

---

33 "자산 규모가 수십억 달러에 이르는 이 복합기업(제약기업)들은 보편적인 질환 범주를 홍보할 만한 동기를 갖고 있다. 그 질환들을 치료할 수 있다는 약들을 팔아 막대한 돈을 벌 수 있기 때문이다" (에단 와터스, 《미국처럼 미쳐가는 세계-그들은 맥도날드만이 아니라 우울증도 팔았다》, 김한영 옮김, 아카이브, 2011. 9쪽) "모든 경쟁은 불평등한 결과를 낳는 기능을 수행하기 때문"에 스칸디나비아 국

용어야 어쨌든 주변에 무언가에 짓눌려 있는 우울증 환자들이 급증하고 있다. 우리 사회가 지금 멜랑콜리한 분위기가 묻어 있는 낭만이 흘러 넘치는 것도 아니고, 멜랑콜리한 성격을 가진 인물들이 도시의 분위기를 고즈넉하고도 침울하거나 스산한 분위기로 물들이는 것도 아니다. 세상은 살벌하고 광폭하고 생사를 건 경쟁만 있고, 곳곳에서 살기가 번득이는 전쟁터나 다름없다. '빠름 빠름 빠름'이 신처럼 숭배되는 세상에서 무기력하면서 권태와 게으름, 그리고 우수에 찌든 채 혼자만의 몽상에 빠져 있는 사람들이 발붙일 곳은 없다. 모두 다 숨이 턱턱 막히도록 달리고 뛰어다니는 세상이다.

그렇다면 지금 우리 사회에 만연하고 있는 우울증은 멜랑콜리 정서와는 전혀 다른 정서이고, 한이나 홧병과도 성격이 다른 증상이다. 한이나 홧병은 넋두리를 받아주는 상대만 있으면, 한풀이를 할 수 있는 시간이나 공간만 있으면 그럭저럭 견뎌낼 수 있다. 그런 한은 시로, 노래로, 예술로 승화될 수도 있다. 그리고 한이 맺히기 위해서는 시간이 필요하다. 한은 쌓이고 맺혀야만 생기는 응어리이기 때문에 어느날 갑자기 말짱하던 하늘에 천둥 벼락처럼 찾아오는 병이 아니다.

우울증은 별안간 찾아오고 증세는 느닷없이 드러난다. 그렇다기보다는 그렇게 보인다. 속으로 안으로 짓눌려 오던 것이 어느 한계에 도달함으로써 한 인간의 정신세계가 순식간에 와르르 무너져 내리거나 한 인간의 에

가들처럼 평등한 사회에서는 우울증이 낮게 나타나고 전반적인 행복수준이 높은 반면, 미국이나 영국처럼 매우 불평등한 사회에서는 우울증이 대단히 흔하게 나타난다. (윌리엄 데이비스, 《행복산업》, 황성원 옮김, 동녘, 2015. 162~163쪽)

너지가 불타듯이 소진되면서 나타나는 것이므로 겉보기에는 느닷없이 찾아오는 증세처럼 보인다. 그런데 모른다. 우울증에 시달리는 사람 자신도, 우울증에 시달리는 사람을 곁에서 지켜보는 사람도 그 사람이 오랜 시간 동안 무엇에 그렇게 짓눌리고 살았는지는 알지 못한다. 속은 문드러지고 있으면서도 겉모습은 쾌활하기 그지없고 활력이 넘쳐흐르기 때문이다. 그래야만 살아남을 수 있기 때문에 연기를 해 왔던 건지도 모른다. 그런 사람이 어느날 갑자기 죽음의 문을 두드리게 만드는 것이 우울증이다.

◆　◆　◆

우울증이 확산되는 것은 단지 한국 사회만의 문제는 아니다. 2012년 5월 기준으로 전 세계에서 3억5천만 명이 우울증을 앓고 있고, 100만 명이 우울증 때문에 스스로 죽음을 선택한다. 세계보건기구(WHO)에서는 21세기의 인류를 위협할 9가지 질병 중의 하나로 우울증을 꼽고 있다.

우울증은 보건에 관한 고정관념을 뒤집는다. 한 집단이나 국민 전체의 건강수준을 위협하는 전염병이나 고혈압, 당뇨같은 만성질환들은 대개 저개발, 저소득 국가가 유병율이 높다. 그런데 우울증은 그 반대다. 소득이 높은 국가일수록 유병율이 더 높아진다. 세계보건기구는 2030년 무렵이 되면 고소득국가에서 가장 유병율이 높은 질병이 우울증이 될 것이란 전망을 내놓고 있다. 이 사실이 바로 현대사회를 지배하고 있는 서양문명이 겉으로는 사람의 삶을 한없이 편리하고 화려하게 만들어 놓았는지 모르지만 속으로는 사람의 영혼과 정신세계를 무자비하게 짓누르고 있다는 증거일 것이다.

나쓰메 소세키는 서양문명을 일컬어 "적극적이고 진취적일지는 모르겠으나 평생 만족을 모르는 사람들이 만들어낸 문명"이라고 했다. 그런 문명사회의 삶은 평생을 살아도 만족이란 게 없고 그칠 바가 없으니 마음 한구석에 늘 우울과 불안이 사라질 날이 없을 것이다. 그런 사람들이, 그런 문명이 세워놓은 탑(런던탑)을 다른 시각으로 보면 "사람의 피와 육체, 그리고 죄가 말이나 기차에 옮겨 붙은 것"으로 보일 수도 있다. 우울증은 쉽게 자살로 이어진다. 자신의 목숨을 끊지 않으면 다른 이들의 목숨을 노리기도 한다. 그리고 볕도 제대로 들지 않는 방에 콕 처박혀 지내면서 고립을 자초하다가 결국에는 낮밤과 동서남북은 물론 가족이나 혈육도 제대로 알아보지 못하는 지독한 인지장애(가성치매)로 이어지기도 한다.

규제철폐와 아노미

한국 사회에서 자살 대열에 합류하는 사람들의 성향에는 세대와 지위고하·빈부귀천의 구별이 없다. 초등학생에서부터 초고령의 노인에 이르기까지 모든 계층의 실로 다양한 사람들이 스스로 목숨을 버린다.

한강의 기적이라며 온 세계를 놀라게 했던 나라가 한순간에 국민들이 살 가치를 느끼지 못하고, 살아갈 희망이 없는 나라가 되어버린 것이다.

자살 문제에 대한 고전이라고 할 수 있는《자살론》[34]에서 에밀 뒤르켐은 자살의 형태를 존재 근거를 삶에서 찾지 못하는 이기적 자살과 삶의 목표가 자신이 아니라 자기의 외부에 있음으로 해서 목숨을 기꺼이 버리는 이타적 자살, 그리고 아노미형 자살, 세 가지로 분류한다.

아노미형 자살은 급격한 사회환경의 변화로 무질서, 무규제, 무규범의 혼돈 상태에서 삶을 제어하는 고삐가 풀려버림으로써 일어나는 자살이다. 아노미는 규제와 규율이 없어진 사회에서 개인의 "무한을 향한 병적 욕망"이 만들어낸 것으로, 이중적 성격이 있다. "스스로 자신에게 확실한 것을 줄 수 없는 만큼, 자신에 대해 확실한 권리를 가지지 못"하는 상태에서 "미래의 불확실성에 자신에 대한 불확실성이 더해져 인간은 끊임없이 변화"를 추구하게 된다. 그 결과는 좌절, 불안, 불만 등이며, 불가피하게 자살 가능성을 증가시키게 된다.

이런 사회에서 종교는 거대한 산업체일 뿐 욕망에 쫓기면서 허둥대는 삶을 붙들어 줄 수 있는 믿음이나 권위가 없고, 정부는 권력을 시장에 넘겨주고서는 시장을 농단하는 자들의 시중이나 수발을 드는 처지로 전락한다. 뒤르켐이 살았던 19세기 말의 유럽 사정이라고 흘려버리기에는 지금 우리나라 현실에 적용해도 전혀 무리가 없는 분석이다.

경제성장에 대한 과도한 집착은 우리 사회의 모든 법률과 규제를 무력

---

34 황보종우 옮김, 청아출판사, 2008.

화시키고 있다. 사회 각 분야가 균형과 조화를 이루기 위한 규제조차 대통령이 앞장서서 "암 덩어리"라고 선언할 정도이다. 규제 강화를 요구하거나 성장보다는 분배를 강조하는 목소리는 정부와 언론이 합작하여 좌파나 종북주의로 벌겋게 덧칠해버린다. 경제를 살린다는 명분만 내세우면 엄청난 특권이 주어지기도 하고, 파렴치한 범죄행위를 저질러도 경제만 내세우면 사법부는 관용을 베풀고 정부는 사면장을 남발한다. 무엇이 법이고 무엇이 정의인지를 알 수 없는 아노미 상태가 지속되면서 계층의 구분 없이 너나 모두 "대박! 한 방"을 꿈꾸며 산다. 그 길의 끝에는 결국 손에 쥔 것은 없고 그저 환멸과 배신감, 허탈감만 남게 된다. 이때 내 삶을 규제하던 고삐마저 풀어지게 되면서 내 스스로 내 몸을 거추장스럽게 여기게 된다. 그 몸을 버림으로써 자유를 찾으려 하는 것. 그것이 지금 한국에서 벌어지고 있는 아노미형 자살의 특징이다. 뒤르켐은 아노미형 자살을 억제하는 힘은 규제완화나 철폐가 아니라 건전하고도 건강한 규제의 강화임을 강조한다.

인간은 건전한 규제를 받는 사회에서 우연한 타격을 더 잘 견딘다. 불편과 제약에 익숙하기 때문에 약간의 불편을 견디는 것이 어렵지 않은 것이다. 일체의 제약 자체를 혐오하는 상태에서는 보다 답답한 제약을 참을 수 없게 된다.

◆　◆　◆

그런데 지금 한국 사회에서 일어나고 있는 자살 행렬의 특징을 살펴보면, 뒤르켐이 자살 분석을 하던 때와 시공간의 차이를 고려한다 하더라도 몇 가지 다른 점이 두드러진다. 뒤르켐의 분석에 따르면 대도시에서 자살율이 높고 연령대로는 30세 전후가 가장 자살율이 높았으며 노년으로 갈수록 자살율이 떨어졌다.

그런데 우리나라에서는 나이가 들수록 자살율이 점점 더 높아지고, 도시보다는 농촌 지역의 자살율이 훨씬 높다. 그리고 초등학생조차 자살 충동을 느끼고 있을 정도이고, 중고생 나이가 되면 자살 충동을 느끼는 청소년의 수가 2명에 한 명 꼴로 늘어난다. 시험 성적에 대한 압박 탓이다.

그리고 또 한 가지는 20대 이상의 성인들의 자살은 단순 자살이라고 보기 어려운 동반자살이 많다는 것이다. 인터넷을 통해 만난 낯선 사람끼리 여관방에서 동반자살을 하는가 하면 사이버 공간에서 자살 도우미가 맹활약을 하기도 한다. 또 아버지가, 어머니가 어린 자식들과 함께 동반자살을 하는 경우도 이제는 크게 낯설지 않다. 성인 부부들이야 서로가 자살에 동의했다 하더라도, 삶이 무엇인지 죽음이 무엇인지도 모르는 어린 자녀들까지도 자살의 대열의 동참시키는 이 참극을 어떤 이론으로 설명할 것인가? 그 아이들의 죽음은 자살인가 타살인가? 타살이 분명한데도 자살에 대해서 속수무책이듯이 어린 생명을 죽음으로 몰아가는 가족 동반자살에 대해서도 아무런 대책이 없다.

관심이나 관리의 사각지대에서 일어나는 복수형 자살도 있다. 학교폭력에 시달리던 어린 학생이, 상사의 성추행에 시달리던 젊은 여직원이, 선임병의 폭력에 더 이상 견디지 못한 후임병이, 본사의 갑질과 횡포에 쓰러지고 마는 대리점 업주들이 마지막으로 선택하는 것이 자살이다. 그들은 자살 직전 분명하게 가해자를 지목하고 피해 사실을 남겨놓는다. 뒤늦게 사회는 가해자를 처벌하려는 시늉을 한다. 그러나 언제나 처벌은 관대하다. 죽은 자는 말이 없고, 산 사람은 살아야 하므로.

◆　　◆　　◆

뒤르켐은 나이가 들수록 자살율이 떨어지는 이유를 나이가 들면 사회에서 은퇴하기 때문이라고 했다. 은퇴했다는 것은 자신이 속했던 사회에서 떨어져 나왔다는 것이고, 은퇴자들은 그런 상태에서도 자족적인 삶이 가능한 사람들이기도 하고, 또 한편으로는 "자신을 초월하는 존재를 통해 자기를 완성할 필요를 덜 느끼며, 살아가는 데 필요한 존재의 결핍도 덜 느끼기 때문"이라는 것이다. 그런데 지금 우리는 거꾸로다. 한국 사회에서는 나이가 들수록 자살율이 높아진다. 그 이유는 대부분 은퇴 이후의 궁핍과 외로움, 세대 사이 소통 단절에 따른 존재감 상실, 달라진 세상에서 느끼는 무력감 같은 것들이 겹쳐지면서 삶의 의미를 잃어버린 까닭이다. 무엇보다 은퇴자들의 자족적인 삶을 불가능하게 만드는 허술한 복지 정책이 제일 큰 원인일 것이다.

그리고 뒤르켐에 따르면 "자살의 가장 큰 억지력을 가진 것은 가족"인데 노인의 지위가 가장 안정적이면서도 돋보이는 것이 바로 가족 안에서다. 가족의 섬김과 보살핌이 있고, 지독한 경쟁에서 풀려나 한발 물러선 자리에서 세상을 바라보는 여유를 가질 수 있고, 자신의 지나온 삶을 되돌아볼 수 있는 성찰의 시간을 가질 수만 있다면, 그리고 곧 삶을 마감할 시간이 시나브로 다가오고 있음을 자각할 수 있다면 구태여 스스로 목숨을 버릴 일은 없을 것이다.

그런데 한국 사회의 사정은 다르다. 우리에게도 척박하고 가난했던 시절은 있었다. 그런 한 시대를 넘어올 수 있었던 것은 가족이라는 개념과는 다른 '가정(家庭)'이라는 울타리가 있었기 때문이다. 21세기 대한민국에는 가족은 있어도 가정은 없다. 가정은 혈연으로 구성된 식구들이 공통의 전통과 공통의 감정을 공유하며, 공통의 방식으로 함께 삶을 꾸려가는 공간이다. 그 공간에는 꼭 혈연으로 이어진 가족만 같이 살아가는 것은 아니었다. 한 다리 건너 먼 친척이 같이 거주하는 경우도 많았고, 이런저런 사정으로 인연이 닿는 가정에 같이 얹혀살아야 하는 객식구들이 꼭 한두 명씩은 끼어 있었다. 그것이 가족과는 다른, 지난 시절의 가정의 개념이다.

원래 그런 가정이란 공간에서 노인은 집안의 어른으로 가장 빛이 나는 법이고, 아이들은 철저하게 보호를 받으며 자란다. 가정이란 울타리가 이웃과의 연대를 가능하게 하는 디딤돌 역할을 함으로써 마을 또는 동네가 만들어졌던 것이다. 가정이란 울타리에서 마을로 외연이 확장된 공간에서 노인과 아이들의 존재는 온 마을의 보석과 보배와 같은 존재로 존중받고 보호받게 된다. 한국 사회가 척박했던 한 시대를 견뎌낼 수 있었던 힘은 바로 한국 사회 특유의 가정이 가진 힘이었다고 해도 무방하다.

지금은 그런 가정이 해체되고 법적, 경제적 이해관계로 엮여 있는 가족만 남았다. 마을은 붕괴되고 그 자리에는 콘크리트로 쌓아올린 아파트 단지가 들어섰다. 이 시대의 아파트 단지라는 것은 집이라기보다는 그곳에 사는 사람들의 경제력이나 재산의 규모를 암시하는 표상 같은 구조물일 뿐이다. 단지 밖의 사람들과는 말할 것도 없고 주민들 사이에서도, 심지어 가족 사이에서도 서로 공유하고, 공감하며, 감정을 나눌 그 어떤 문화도, 전통도, 이야기도 없다.

게다가 한국의 노인들은 은퇴 이후 자족할 수 있는 경제력이 없고 자족할 수 있는 능력도 없다. 그러므로 함부로 은퇴할 수가 없고 은퇴하더라도 이전에 해 왔던 일과는 다른 일이라도 닥치는 대로 해야 한다. 여전히 사회 속에 묶여서 젊은층과 경쟁을 해야 하고, 생계를 위해서 멸시와 조롱을 감당해야 한다. 게다가 배우자와 사별한 경우에는 문제가 더 심각하다. 홀몸노인들의 빈곤도 심각한 문제이지만 그들의 고립과 고독을 해결할 수 있는 방법이 없다는 것이 더 큰 문제다. 모든 생명체의 끝은 죽음이지만 그들의 끝만은 '고독사'라고 부른다.

폭력과 차별사회

민주공화국이라면, 또 개인의 직업과 나이와 경제력과는 상관없이 모든 사람들의 인권이 보장되는 근대 시민사회라면 도저히 일어날 수 없는 일들이 우리나라에는 매일같이 일어나고 있다. 인간이 고안해서 만들어낼 수 있는 모든 종류의 차별이 골고루 일상적으로 끊임없이 반복되어 일어나고 있는 것이다.

인종차별에 지역차별, 연령차별, 학력차별, 학벌차별, 남녀차별, 외모와 신체 특성에 따른 차별, 소득격차에 따른 차별, 정규직과 비정규직의 차별, 수도권과 지방의 차별, 승용차의 배기량에 따른 차별……. 차별의 전시장처럼 온갖 종류의 차별이 아무런 규제와 제재도 없이 버젓이 일어나고 있다. 하지만 학교에서도 사회에서도 차별이 나쁘다는 수준을 넘어 심각한 범죄행위라는 것을 가르친 적도 없고, 가르치려고 하지도 않는다. 교사들이 오히려 성적을 잣대로 어린 학생들을 차별하고, 학부모의 재력을 기준으로 차별을 일삼기도 한다. 대학생들은 대학의 서열을 정해놓고 구구단 외듯이 줄줄 외면서 서로가 서로를 차별하고 삿대질하고 헐뜯으며 살고 있다. 이런 사회에서 노약자, 유색인종, 이주민, 외국인, 지적장애인, 비만, 성소수자들은 발붙이고 살아가기 어렵다. OECD 국가 중에서 내외국인 사이의 임금격차가 가장 큰 나라가 또 우리나라다. 그나마도 사업주들이 떼먹기도 하고, 일을 한 대가를 달라고 요구하는 이주노동자들에게 무자비한 폭력을 쓰기도 한다.

그런데 이 나라의 인종차별은 독특하다. 차별은 유색인종에게만 국한되어 있고, 피부색이 검을수록 차별의 강도는 점점 더 강해진다. 그러나 백색 피부에게는 한없이 관대하다. 그 백색은 숭배의 대상이 되기도 한다. 이 나라에서 백인이 한국인의 배타적 민족주의 정서로 말미암아 불이익을 받았다는 이야기를 들은 적은 없다. 오히려 한국인을 대상으로 백인이 범죄를 저질러도 처벌은커녕 유유히 비행기를 타고 자기 나라로 돌아갈 수 있는 곳이기도 하다.

◆　　◆　　◆

이명박 정부 시절 여당인 한나라당이 정부 예산안을 숫자의 힘으로 날치기 통과시키고 난 뒤 당시 원내대표는 "이것이 정의"라고 만천하에 외쳤다(《한겨레》, 2010. 12. 10. 5면). 맞다. 이 나라에서 힘은 정의다. 그 힘이 정당하게 얻은 힘이든 부당하게 행사하는 힘이든 상관없다. 힘은 곧 정의다. 그것을 이 나라의 대법원은 판례로 뒷받침했다. 이미 헌법 재판소에서 위헌으로 심판받은 유신헌법을 바탕으로 국가가, 또 통치권자가 휘두른 불법과 폭력과 폭압정치에 대해 대법원은 '고도의 통치행위'라는 이름으로 면죄부를 주고 말았다. 현직 대통령이 유신시대 통치자의 딸임을 의식한 고육지책이라기보다는 소신에 따른 판결일 것이다. 힘이 곧 정의임을 믿고 살아온 대법관들의 일관된 소신일 것이다.

절대권력이 지배하던 시절에는 한 사람을 제외하고는 모두가 을이었다. 힘을 한 사람이 독점하고 있었으므로. 그래서 사람들이 뻔뻔스럽지 않았다. 교만하지도 않았다. 다 같이 굴욕을 참고 신물을 삼키면서 서로를 격려하고 다독거려가며 살아갈 줄 알았다. 한국 사회가 민주화되었다는 것은 권력이 국민의 손에 돌아간 것이 아니라 한 사람이 독점하던 권력을 분산 재배치하여 각 분야에서 골고루 나누어 가진 것으로 보면 될 것 같다.

그래서 깃털 같은 권력을 쥐어도 뻔뻔스럽고 교만하기 그지없는 얼굴들이 지천에 가득하다. 힘을 가진 자들은 아무 이유도 없이 마구잡이 폭력을 휘두르기도 하지만 처벌은 없다. 이 나라에서 힘 있는 자들의 폭력은 범죄가 아니라 정당한 힘의 행사이기 때문이다. 그래서 이 나라에서 폭력은 일상의 풍경이다. 청소년들은 신체 폭력에, 성인들은 경제적 폭력에, 여성들은 성폭력에, 노인들은 조롱과 멸시라는 폭력에 시달린다.

사람을 우울하게 만들고 절망하게 만드는 것은 폭력 그 자체만이 아니다. 정말 사람을 무기력하게 만들고 삶의 의욕마저 꺾어버리는 것은, 이게 아닌 줄 알면서도 이러면 안 되는 일인 줄 알면서도, 정작 자신은 아무것도 할 수 없고, 아! 소리 한번 내지를 수 없고, 저항할 수도 없고, 뒷골목 담벼락에 낙서조차 할 용기도 기력도 없을 때이다. 그런 나 자신을 곁에서 아무도 도와주지 않을 때는 우울증을 넘어 자살 충동이 일어난다. 그런 줄 알면서도 사람들은 깃털보다 더 가벼운 권력을 쥔 사람들의 횡포와 폭력 앞에 다소곳이 무릎을 꿇는다. 경제적 공포 때문이다. 그 사이에 또 사람들은 죽어나간다. 정녕 깃털 같은 권력일지라도 권력을 가진 인간의 포악함에 대해서는 도스토예프스키가 시베리아 유형지의 지하 감옥에서 직접 체험한 바 있다. 그 당시의 체험을 그는 피를 토하듯 써내려갔다.

…멸시할 수 있는 권력을 경험해본 사람은 그 자체에 도취하게 된다. 포악함은 습관이 된다. 이것은 차차 발전하여 마침내는 병이 된다. 나는 아무리 훌륭한 인간이라 해도 이러한 타성 때문에 짐승처럼 우매해지고 광포해질 수 있다고 생각한다. 모름지기 피와 권세는 인간을 눈멀게

하는 법이다. 거만과 방종이 심해지고 급기야는 받아들이기 어려운 비정상적인 현상도 달콤하게 받아들이게 되는 것이다. 폭군 앞에서 인권과 시민권은 박탈되고, 인간으로서 가치 회복과 소생의 가능성은 거의 사라지고 만다. 뿐만 아니라 이러한 전횡의 가능성은 사회 전체에 영향을 끼치게 된다. 권력이란 마약과도 같은 것이기 때문이다.

이런 현상에 대해 무관심한 사회는 이미 그 기초가 위협받고 있는 것이나 마찬가지다. 한마디로 말해서, 타인을 때릴 수 있는 권력을 가질 수 있다는 것은 사회적 비리의 하나이며 사회에 내재하는 모든 문명적인 싹과 모든 시도들을 제거하는 가장 강력한 수단이며, 사회붕괴의 필연적이며 돌이킬 수 없는 완전한 근거인 것이다.[35]

---

35 《지하로부터의 수기》, 이덕형·계동준 옮김, 열린책들, 2007. 296쪽

제5장

수용·격리되는
삶

어머니의 장례식에서
울지 않는 사람들

"오늘 엄마가 죽었다."

프랑스 소설가 알베르 카뮈가 쓴 소설,《이방인》[36]의 첫 문장이다. 소설은 주인공 뫼르소가 어머니가 입원해 있던 요양원으로부터 어머니의 사망 소식을 전하는 전보를 받는 것으로 시작한다. 주인공 뫼르소는 임종을 지킨 것도 아니고, 전보를 통해 어머니의 사망 소식을 알았으니 돌아가신 날이 언제인지도 정확하게 알지 못한다. 이틀 전인지 사흘 전인지 그저 짐작만 할 수 있을 뿐이다. 어쨌든 뫼르소는 어머니가 돌아가셨고 장례를 치러야 할 터이니 그저 무덤덤하게 직장 상사에게 휴가를 신청한다. 그런 뫼르소를 아무런 위로나 조의의 말도 없이 떨떠름하게 쳐다보는 직장상

---

[36] 김예령 옮김, 열린책들, 2014.

사에게 뫼르소는 "제 탓이 아닙니다"라고 이야기한다. 지금 우리 사회에서 부모상으로 휴가를 신청해야만 하는 직장인들의 처지가 뫼르소의 궁색함과 크게 다르지 않을 것이다.

뫼르소는 3년 전부터 연로한 어머니를 양로원에다 모셔두었고, 돌아가시기 직전 마지막 1년 동안은 아예 발길을 끊고 지냈다. 그도 어머니를 양로원에 보내던 처음에는 자주 찾아가기도 했다. 하지만 시간이 지나면서 발길이 뜸해진 것은, 혈육이 불쑥 나타남으로써 양로원 생활에 적응해 살아가는 어머니의 습관을 해칠 우려도 있었지만, 무엇보다도 직장 일에서 벗어나 하루를 온전히 자신만의 시간으로 쓸 수 있는 일요일을 늙은 어머니의 면회에 소모하고 싶지 않다는 이유에서였다.

그런데 어머니가 마지막 삶을 마감한 양로원에 도착한 뫼르소의 행동은 보통 사람들의 통념을 벗어난다. 이미 입관된 상태이긴 하지만 어머니의 마지막 모습을 보여주겠다는 요양원 직원의 호의를 거절한 채 어머니의 주검을 확인하지 않는다. 게다가 어머니의 나이조차 정확하게 기억하지 못한다. 조문을 하고 상주를 위로하기 위해 찾아온 엄마의 친구들을, 뫼르소는 그들이 자신을 심판하기 위해 그 자리에 왔다는 느낌이 들어 오히려 귀찮게 여긴다. 끝내 "범죄자의 마음으로 어머니를 땅에 묻고", 장례 절차가 끝난 뒤에는 "혈육을 잃은 허전함과 상실감보다는 마침내 잠자리에 들어 편안하게 잠을 잘 수 있다는 생각" 때문에 기쁨에 겨워하기도 한다.

장례가 끝난 이튿날 뫼르소는 해수욕장에서 수영을 하다 우연히 같은 직장의 타이피스트를 만난다. 그는 상중(喪中)임을 드러내는 검은색 넥타이를 매고 있었지만 그녀와 같이 영화를 보고 거침없이 잠자리까지 같이 한다. 그리고 어느 일요일 아침, 동료들과 해변가를 산책하다가 우연히 마주친 아랍인들과 패싸움을 벌이게 된다. 뫼르소 일행과의 싸움에 밀려 달아났던 아랍인들 중 한 사람이 다시 나타나자 뫼르소는 가지고 있던 권총을 쏜다.

그런데 정작 살인을 한 이유는 뜬금없다. "살인의 의도는 없었지만 그저 순전히 태양 때문에, 머리가 쩡쩡 울리는 듯하여, 하늘에서 쏟아지는 그 눈멀 듯한 뙤약볕을 맞으며 가만히 참고 서 있다는 것이 고통스러워서", 아무 이유도 없이 어떤 원한도 없이 총을 쏜 것이다. 그리고 땀과 태양을 떨쳐버리기 위해 이미 총을 맞고 쓰러진 아랍인에게 장전된 네 발의 총알을 다 쏘아버린다.

◆　　◆　　◆

소설의 2부는 살인혐의로 체포된 뫼르소의 재판 이야기로 전개된다. 그런데 재판에서 뫼르소의 살인죄는 전혀 쟁점이 되질 않는다. 이 사건은 처음에는 경찰이 아예 "관심을 가지지 않았던" 사건이었다. 소설 속의 아랍인은 당연히 유색인종일 것이고, 알제리 사람일 가능성이 크다. 카뮈가 이방인을 쓰던 그 무렵 알제리는 프랑스의 식민지였다. 프랑스 주류사회의 백인이 피식민지 알제리의 유색인을 하나 죽였다고 해서 큰 사건이 되는 것은 아니었을 것이다. 일제강점기에 일본 사람이 일본에 건너온 가난한 조선인 노동자 하나를 죽였다고 해서 무슨 큰 문제가 되었겠는가? 카뮈가 피식민지 유색인에 대한 프랑스 사회의 일반적 정서를 폭로하려는 의도였는지, 아니면 카뮈 자신이 유색인에 대한 그런 편견과 우월의식을 가지고 있었는지는 확실하지 않다. 단지 카뮈는 뫼르소가 수용된 감옥의 수인들이 대부분 아랍인이었음을 언급해놓음으로써 당시 프랑스 사법기관의 불공정성을 넌지시 암시하고는 있는 듯하다.

판사는 뫼르소에게 사형을 선고하고 결국 사형집행까지 되지만 죄목은 어이없게도 살인죄가 아니었다. 죄목은 "엄마의 나이조차 제대로 모르고, 엄마의 장례식날 냉담한 태도"를 보이고, 단 한 번도 울지 않고 너무 침착했다는 것, 장례가 끝나자마자 "엄마의 무덤 앞에 묵상 한번 하지 않은 채 가버릴 정도"로 "무정한 영혼"을 가진 사람이라는 이유에서였다.

그런데 "모든 게 옳은 동시에 모든 게 옳지 않은 소송"을 진행하는 판사의 억지 논리에 뫼르소가 강하게 항변하지 않고 사형이라는 극형을 순순히 수긍한 것은 재판정이 "너무 더웠고", "그 방에 있던 커다란 파리들이 내 얼굴 위에 자꾸 날아와 앉았기 때문"이고 "판사가 무서웠기" 때문이다. 그보다 더 큰 이유는 "삶이 그다지 살만한 가치가 없다는 것은 누구나 다 아는 사실"이기도 하고, 뫼르소 역시 "서른에 죽으나 일흔에 죽으나 별 중요한 차이가 없다"는 것을 모르지 않았기 때문에 살려는 술책을 거부하고 "당당하게 자기자신으로 남은 것"이다. 그런 뫼르소도 정작 엄마의 장례식장에서 울지 않았다는 이유로 목숨까지 내놓아야 하는 현실이 억울했던가? 속으로 자기 자신에게 또 세상에게 반문한다.

모든 정상적인 사람은 누구나 정도의 차이는 있을지언정 자신이 사랑하는 사람의 죽음을 바라기도 하지 않는가.

카뮈는 《이방인》의 서문에 "우리 사회에서 자기 어머니의 장례식에 울지 않는 모든 사람은 사형선고를 받을 위험이 있다"라고 써놓았다. 그것이 1940년대 프랑스 사회의 분위기였을지도 모른다. 그런데 지금 우리 사회는 어떤가?

대한민국의 장례식장에서 곡이 사라진 지는 오래되었다. 곡이 없으니 눈물이 흐를 일도 없다. 그리고 뫼르소의 어머니가 입원해 있던 곳과 같은, 노인을 위한 요양병원과 요양시설은 신종산업이라고 할 만큼 시장의 규모가 커졌다. 늙어서 병들면 사회와 가정으로부터 격리되어 병원이나 시설에 수용되는 것이 당연한 일처럼 받아들여지고 있다. 뫼르소처럼 온전히 자신만의 시간을 즐길 수 있는 일요일을 늙은 부모를 위해 소진하고 싶지 않은 자녀들도 그만큼 늘어날 것이다. 직장인들은 요양원에 모셔두었던 어머니의 장례가 끝나자마자 일터로 돌아가야 한다. "엄마의 무덤 앞에 묵상 한번" 할 시간도 없을 정도로 경제 살리는 일이 바쁘기 때문이다.

게다가 세월호 참사로 자신의 분신과도 다를 바 없는 자식들을 수장시켜야 했던 유족과 부모들을 위로하기는커녕 조롱하고 능멸한 자들도 있었다. 그들의 신분도 다양했다. 국회의원, 대학교수, 방송국 보도국장, 일베충……. 남의 불행 앞에 최소한의 공감이나 연민도 없는 인간들이다.

엄마의 장례식장에서 눈물을 흘리지 않았다는 이유로 뫼르소의 목을 날려버린 1940년대의 프랑스 판사가 지금 이 땅에 와서 재판을 한다면 어떤 일들이 벌어질까?

애비는 책임만 있고

　　죽음을 절박한 현실의 문제로 받아들여야 하는 만년에 이른 사람이면 누구나 간절하게 원하는 죽음의 모습이 있다. 내가 원할 때 밤눈 내리듯 소리 없이 쌓여서 내 숨결을 잠재우고, 눈뜨고 나면 이미 나를 딴 세상으로 옮겨다 주는 죽음. 자는 사이에 깨지 않고 저 언덕 너머 굽이굽이 돌아가는 잔잔한 물결에 그냥 떠내려가는 듯한 그런 죽음이다.

　　그런 편안한 죽음이란 사실 '죽음'이라기보다는 거칠고 각박했던 삶을 오롯이 살아낸 결과이다. 그런 삶을 축복하기 위해 소리 없이 찾아오는 죽음을 맞이하는 것이다. 숨소리, 고동소리마저 멈추고 살아있는 육신만이 느낄 수 있는 고통마저 내려놓고 묵상하듯이 눈을 꾹 감고 있는 모습이 핏기 없이 파리한 얼굴과 절묘한 조화를 이루면 진정 삶이 마무리됨을 선언하게 되는 것이다.

　　그 선언은 이승에 남아 있는 사람들의 통곡을 호출한다. 이때 비로소 망자 주변에 있던 모든 사람은-혈육이 아니더라도- 인간이 죽음을 의식하는 한편 죽음을 예로써 대접하는 유일한 생명체임을 절감하게 된다. 사실 그런 죽음은 그저 오는 것이 아니라 죽음을 준비하는 수양을 통해 맞이할 수 있는 것이고, 그렇게 준비된 사람들은 자신의 소회를 미리 남겨놓기도 한다. 옛사람들은 죽음에 이를 나이가 되면 만가(輓歌)를 남김으로써 죽음을 준비하는 마음을 다잡았던 모양이다. 현대사회에 와서 대부분의 사람들이 죽음을 쉽게 받아들이지 않고 준비도 하지 않는 이유는 아마도 의학기술의 발달로 죽음을 무한정 유보할 수 있을 것이라는 환상을 갖고 있기 때문일 것이다.

그런데 죽음을 간절히 바라는, 죽음이 내 몸을 찾아주지 않는 것이 야속한 사람들도 있다. 왜 사는지, 무엇을 위해 사는지 목표도 없고 의미도 없는 삶은 계속 이어지고 있고, 자신의 의지와는 무관하게 살아야만 하는, 죽지 못해 사는 삶……. 그런 삶도 있다. 그것도 천명인지는 알 수 없지만.

"애비는 책임만 있지 권리라 카는 거는 없는 기라. 책임이나 의무 다했으면 그냥 가마 되는 기라. 진작 가야 되는데 못 가고 이씨이 이카고 있는 기지…. 진짜로 책임 다했는지는 나도 잘 모리는 기고. 그기 머 쩡(증명서)이 있나 머가 있노. 허허… 모르지…. 내가 책임을 다 못했씨 다 하고 가라꼬 이리 붙들어놓고 있는 긴지도 모리제…. 건데 머 하고 싶어도 할 수가 있어야제. 몸이 이 꼬라진데…."

구십을 넘기고도 3년을 더 산 노인이지만 몸은 여전히 육중하고 내뱉는 한마디 한마디에 삶의 경륜이 그대로 묻어 있다. 젊은 시절에는 천하장사라는 소리를 듣기도 했다 하고, 쌀 두어 가마니 정도는 거뜬히 들고 나를 정도로 힘과 정열이 넘쳤다는 사람의 척추뼈가 무너져 내렸다. 아마도 몸에서 내리누르는 하중보다는 세월의 무게가 더 무거웠는지도 모르겠다.

척추뼈가 무너진 노인은 걸을 수가 없었고, 걸을 수가 없으니 위생 처리가 불가능했다. 백년해로할 것 같던 배우자는 노인이 입원하기 몇 달 전 구십 생일상을 받은 뒤 먼저 강을 건너 가버렸단다. 곁에 있어 줄 사람은 없고 게다가 육중한 몸을 스스로 움직일 수가 없게 되었으니 가족들이 수발을 들어줄 형편이 못 되면 일상은 전적으로 남의 손에 의탁할 수밖에 없다.

◆　◆　◆

노인이 입원한 뒤로 그의 큰 아들은 2~3일 간격으로 병원을 드나들면서 꼭 담당의를 만나 면담을 하고서야 병원을 떠났다. 언뜻 보기에는 효심이 지극한 아들 같았다. 아들은 아무리 적게 보아도 60은 훌쩍 넘긴 나이로 보였고, 진료실을 떠나기 전에 그가 늘 혼잣말처럼, 아니면 내가 들으라는 듯이 툭툭 던지고 가는 말은 언제나 똑같았다. "나도 당뇨에 혈압에…. 아…. 이거 내가 먼저 죽겠는데. 큰일이네, 이거 참.", "내가 지금 아들이….", "내 손녀가 지금…." 자신도 연로한 나이임을 인정해달라는 투의 말들과 함께 부친이 빨리 돌아가셨으면 하는 속내를 비치는 것이다. 아무리 그렇게 하소연을 해봤자 이 상황에서 의사가 소매 걷어붙이고 나서서 할 일이 뭐 있으랴?

그러나 자신이 먼저 죽을지도 모른다는 아들의 우려를 정말 현실로 만들려는지 노인의 상태는 못 걷는 것을 빼고는 아무 문제가 없었다. 비록 누워서 지내야 하는 흠이 있긴 하지만 그 상태라면 백 년의 삶도 거뜬히 채울 수 있을 것 같았다. 그런 노인이 입원한 지 두어 달이 지난 어느 날 아침, 갑자기 일그러질 대로 일그러진 표정으로 괴성을 지르기 시작했다. 덫에 걸린 짐승의 울음소리가 저토록 처참할까? 육중한 몸에서 울려나오는, 피가 끓는 듯한 울음소리는 온 병실을 공포에 몰아넣다시피 했다. 갑작스런 상태 변화를 납득하지 못해 그저 물끄러미 쳐다만 보고 있는 의사에게 옆에 따라온 간호사가 넌지시 알려준다. 어제 밤늦게 아들이 찾아왔는데, 간호사한테도 막 욕을 하더니 병실에 들어가서는 자기 아버지와 언성을 높이며 한참을 싸웠다는 것이다. 무슨 일로 싸웠는지는 알 수 없고, 한참 뒤 아들이 욕을 내뱉으며 병실 문을 거칠게 닫고 나간 뒤로 밤새 한잠도 안 자고 저렇게 소리를 지르고 있다는 것이다.

못할 게 없는 것처럼 보이는 것이 현대의학이긴 하지만 이런 경우 의사가 할 수 있는 일은 없다. 게다가 가족관계에서 비롯된 갈등이라면 아무리 유능한 의사라도 할 수 있는 일도 개입할 여지도 없다. 단지 진정제를 써서 노인의 분노를 조금 잠재우는 것 외엔. 그래봤자 그 약발이 얼마나 갈까? 노인은 다음날도, 그 다음날도 곡기를 끊고 물조차 입에 대지 않으면서 알아듣기 힘든 말과 괴성을 밤낮없이 질러댔다. 조용한 시간은 지쳐 쓰러져 잠들 때뿐이었다. 깨고 나면 또 소리를 지르고, 그 소리는 점점 커져서 같은 병실을 쓰는 노인들의 원망도 같이 심해진다. 속수무책으로 난감해 하는 의사가 보기 딱했는지 옆 침상에 누워 있던 노인이 한마디 거든다.

"아랜가… 밤에… 아들이 와서…. (한참 뜸을 들인 뒤) 아부지… 인제 죽으소 고마. 그카고 갔어…. 그길로 저래. 술이… 마이 됐더구만…."

한쪽 팔다리가 말을 듣지 않을 뿐 보고 듣고 생각하고 말하는 것이 온전하여 생생한 현장의 목격자로서 역할을 할 수 있었던 노인이 누가 시키지도 않은 증언을 마치고는 지팡이를 짚고 다리를 끌며 조심조심 병실을 빠져나간다. "누가 가기 싫어 안 가나…." 혼잣말을 조용히 내뱉으면서. 눈빛은 한없이 슬퍼 보이고 뒤에서 본 어깨는 그날따라 유난히 더 찌부러진 것 같았다. 그 자신도 죽지 못해 사는 목숨 아닌가? 이 지옥 같은 병실을 빠져나가는 길은 죽음 외에는 없음을 스스로 잘 알고 있기도 하고…….

늙은 아들은 아마 자신이 했던 말을 기억하지 못할 것이다. 이미 기억이 흐려지고 자기 하고 싶은 말만 하고 듣고 싶은 말만 듣는 나이가 됐기도 하거니와, 술김에 내뱉은 말을 다 기억하고 사는 사람이 어디 있겠는가? 망각의 효용이란 바로 이런 것이다. 그리고 술김에 내뱉은 과격한 말과 행동은 심신미약 상태에서 저지른 일이라며 너그럽게 용인해주는 것이 오래된 우리 사회의 예법이요 사법부의 관행 아닌가?

식음을 끊고 괴성만 질러대던 노인은 그로부터 열흘을 채 못 넘기고 먼저 간 부인을 찾아 저 강을 건너갔다. 애비로서 책임과 의무를 다하고 갔는지는 내가 확인할 수가 없었다. 그것은 '찡'이 없는 것이니까.

아무 일, 아무 문제, 아무 이상 없지만

아침부터 간병사가 밀어주는 휠체어에 의지하여 병실 복도를 하릴없이 빙빙 돌던 노인네가 담당의사를 보자 반갑게 손을 흔든다. "닥터 김…. 반…가…와…요….” 속도는 느리지만 분명하고 발음도 선명한, 매일 되풀이되는 인사다. 노인병원에 입원하는 환자들은 담당의사와 매일 마주치지만 자신의 담당의사를 알아보고 먼저 인사하는 경우는 잘 없고, 알아본다 하더라도 무표정한 사람들이 대부분이다. 이름까지 기억하는 경우는 극히 드물다. 매일 마주치면서 이름 불러주고 기억해두라 다짐을 받아두어도 이튿날이 되면 생전 처음 보는 사람인 양 멀뚱하게 쳐다보는 게 다반사인데, 이 노인의 경우는 상황이 좀 다르다.

손을 번쩍 들어 아는 체를 하고, 손아귀에 힘이 들어가는 악수를 하면서 팔을 한참 흔들어 놓고서야 의사의 손을 풀어준다. 그리고 담당의사를 “닥터 김”이라고 호칭하는 것부터가 예사롭지 않다. 자신이 선배 의사라는 뜻이다. 사실 선배라 부르는 것조차도 무례하다 싶을 정도로 까마득하여 함부로 얼굴 쳐다보기도 어려운, 지역의 구십이 넘은 원로 의사였다. 늘 반복되는 같은 유형의 아침 인사가 끝나자마자 그는 담당의사에게 자신의 몸 상태에 대한 이야기를 아주 느린 속도로, 그렇지만 아주 분명하게 쏟아낸다.

“아무 일 없어… .아무 문제없어. 괜찮아요. 좋아요, 좋아…. 아무 탈 없어. 고마워요 닥터 김…. 잘 잤고…. 내가 어제…. 꿈이었나? 꿈이 아니었는데…. 아무 문제없어. 괜찮아요, 이상 없어요….”

거기까지다. 매일! 그리고는 금세 양 눈의 눈시울이 붉어지고, 곧 이어 눈물이 줄줄 흐르고 콧물까지 흐르면서 말문이 막히고 만다. 어떤 때는 육중한 몸의 구십 노인이 소리를 내어 흐느낄 때도 있다. 그럴 때마다 담당의사가, 간호사가, 간병사가 다독이면 울음을 그친 뒤 결연한 표정으로

"괜찮아요"를 다시 반복한다.

고령이긴 하지만 사실 노인의 몸은 자신의 주장대로 아무 일 없고, 괜찮은 상태가 맞다. 뒤늦게 찾아온 파킨슨씨병으로 몸의 움직임이 자유롭지 못하게 되면서 말의 느려지고 누군가의 수발이 필요한 상태가 된 것일 뿐, 판단력이나 사고력, 기억력은 일상생활을 하는데 아무런 문제가 없었다. 그런데도 갇혀 지낸 지가 2년이 넘어간다. 어느 정도의 경제력이 뒷받침된 탓인지 일인실에서 24시간 수발해주는 개인 간병사까지 고용하는 호사를 누리고 있긴 하지만 갇혀 지내는 것은 매일반이다. 의료진의 허락이나 가족의 동의가 없으면 병원 문밖으로는 한 발짝도 나갈 수 없는 처지인 것은 돌봐주는 이가 없어 사회복지센터에서 데려온 독거노인들과 하나 다를 바 없다.

매일 눈물을 글썽이며 아무 일 없다고, 아무 문제가 없다고 담당의사의 손을 붙들고 하소연하는 까닭은 여기서 나가고 싶다는 것이고, 집으로 가고 싶다는 뜻을 온 몸으로 온 정성을 다해 주치의에게 호소하는 것이다.

◆　　◆　　◆

그런데 노인요양병원에서 환자의 입퇴원에 관해서는 의사의 판단보다는 가족들의 의지가 결정적인 역할을 한다. 일찌감치 부인과 사별을 한 처지에, 구십이 넘어 몸이 자유롭지 못한 아버지를 책임지고 수발하겠다고 선뜻 나서는 사람이 자녀들 중에 없었던 모양이다. 게다가 자녀들의 발걸음은 뜸하다 못해 적막하기까지 하다. 자녀들이라고는 하지만 그 자녀들 역시 오륙십은 다들 훌쩍 넘어 인생의 외줄을 타고 있을 나이일 것이다. 한번 미끄러지면 다시 올라서기 어려운 외줄. 그런 사람들에게 효를 요구하기에는 지금 세상은 너무 치열하고 살벌하다.

그러나 우리가 한 가지는 기억해두어야 한다. 감옥에 갇혀 있는 무기수 또는 종신형을 선고받은 죄수들도 삶은 살아간다. 그들은 자유를 박탈당한 상태로 작은 공간에 갇혀있지만 그래도 살아가는 시간만큼은 자신의 것이다. 사형이 집행되어 살아갈 수 있는 시간을 빼앗기지 않는 이상은 아무리 죄수라 하더라도 시간만큼은 자신의 소유다. 그래서 그들은 기다릴 것이다. 0.1%라 할지라도 어떤 가능성에 대한 기대와 희망을 가지고 기다릴 것이다. 그 가능성이란 혹 감형이 되거나 사면이 되어 자유의 몸이 될지도 모른다는 희망이다. 희망이야말로 사람이 삶을 살게 하는 가장 큰 힘 아닌가?

노인요양병원에 갇힌 노인들도 병원 안에서 삶은 살아간다. 경제력에 따라서 호사를 누릴 수도 있다. 하지만 그들에게는 기다릴 수 있는 것이 없다. 병원에 입원한 환자들은 누구나 몸이 회복되면 퇴원하여 일상으로 돌아갈 것이라는 기대를 가지고 투병을 하며 살아가지만, 노인병원의 노인들이 앓는 병은 회복될 것이라 기대할 수 있는 것이 없다. 병세는 오로지 한길 내리막길이다. 치료라고 해봤자 내리막을 내려가는 속도를 조금 늦추어주는 정도가 전부다. 그것이 정말 환자를 위한 치료인지 오히려 고통의 기간을 늘리는 것인지도 판단하기 어렵다.

그들도 안다. 곧 죽음이 닥친다는 것을. 그래서 눈물을 글썽이기도 하고, 아우성을 치기도 하고 몸부림을 치기도 하는 것이다. 내 삶을 마무리

할 자리가 여기가 아니라면서. 죽는다면, 자기가 곧 죽는다는 것을 의식하고 있는 사람이라면 누구나 자신이 살아온 삶의 의미를 확인할 수 있는 환경과 그런 사람들에게 둘러싸여 죽음을 맞이하고 싶을 것이다. 그러나 이 시대는 그것을 늙어서 죽어가는 사람들의 부질없고 사치스런 꿈에 불과한 것으로 만들어버렸다. 이런 현상이 과연 시대를 잘못 만난 이 시대 노인들만의 비극인가?

우리는 지금 대부분의 사람들이 수용된 토지 위에 건설된 대단지 아파트에 수용되어 관리비를 내면서 살고 있다. 그리고 앞으로 늙고 병들게 되면 아파트를 떠나 요양병원이나 요양원으로 격리·수용되어 쓸쓸하게 삶을 마감하게 될 것이다. 호모 카스트렌시스[37]의 시대가 활짝 열리고 있는 것이다.

---

37 이반 일리치가 산업사회의 주거문화를 비판하면서 사용한 용어이다. "대부분의 사회에서 어디에 수용되는 것은 불행의 표식입니다. (중략) 산업사회는 시민 한 사람 한 사람을 입주자로 만들고자 하는 유일한 사회입니다."(《과거의 거울에 비추어》, 권루시안 옮김, 느린걸음, 2013. 79~80쪽) 현재 한국 사회에서는 늙고 병들면 본인의 의사와 상관없이 요양병원에 수용되는 것이 당연한 것처럼 받아들여지고 있다. 아무리 좋은 시설이라도 수용된 이상은 내 삶을 나의 자유의지에 따라 살아가는 것이 아니라 서비스를 제공하는 수용기관에 의해 관리되는 삶을 살게 되며, 공동생활과 공동규칙을 강요받을 수밖에 없다.

같은 세상을 서로
다르게 살아온 가족들

곧 구십을 바라보는 할머니가 느닷없이 결연한 표정으로 보따리를 싼다. 아무리 병상생활이긴 하지만 반년 넘도록 살았던 살림이라 혼자서 들기도 버거운 보따리가 두 뭉치다. 점심나절이 훌쩍 지난 시간인데도 밥은 거들떠보지도 않았는지 식판 위에 밥상은 밥뚜껑도 열리지 않은 채 손도 대지 않은 상태 그대로다. 보따리를 들어줄 사람도 없고, 차가 없으면 머리에 이고라도 나갈 심산인지 보따리를 있는 힘껏 꽁꽁 동여매고, 너풀거리는 병원의 환의를 벗어던지고 한국 할머니들의 전형적인 패션이라 할 수 있는 몸뻬 바지에 털 스웨터 상의로 벌써 옷을 갈아입은 상태였다. 일을 다 마쳤는지 손을 탁탁 턴 할머니가 돌아앉았더니 병실 출입구 쪽을 바라보고서는 삿대질까지 해대며 냅다 소리를 지른다.

"좀 들누버 있었디 이제 낫구마는. 얼마든지 걸어댕길 수 있는데 여 더 있으란다. 안주 들 나았다꼬···. 찌랄도, 지(아들)가 의사라 머라! 개코도 모리는 기, 그러쿰 할 일이 없나? 아침 신새벽부터 열일 팽개치고 쫓아와서 한다는 소리하고는···. 고 배라물년(며느리)이 꼬실랐을끼다. 아이구, 백야시같은 년. 꼭두새벽부터 뜨신 밥해 믹이가 키아났디 등신도 등신도 저런 등신이 어딨노···. 저거 아바이가 봤시마···."

아파트 생활이 낯선 노인네가 갇혀 지내는 생활이 답답했던지 나들이를 나섰다가 엉덩방아를 찧으면서 척추뼈가 조금 내려앉고 골반뼈에 금이 가서 병원을 찾게 되었다. 처음 찾아간 병원에서는 집에서 누워 지내면서 활동을 줄이면 호전될 것이라면서 진통제 며칠 분의 처방과 함께 집으로 돌려보냈던 모양이다. 그랬던 할머니를 모시고 며느리가 나의 진료실을 찾아왔다. 노인병원에 입원을 시키기 위해서.

며느리가 노인네를 병원에 모시고 온 이유는 척추나 골반뼈로 말미암은 통증의 문제보다는 치매를 의심해서였다. 그런데 상담과 진찰 결과 딱히 치매라고 의심할 만한 증상이 두드러진 것도 아니었다. 시간과 공간에 대한 지남력이나 단기 기억들도 반응 속도가 좀 느리달 뿐이지 일상생활은 물론 사회생활에도 큰 지장이 없을 정도였고, 척추를 다치기 2~3주 전까지는 혼자서 버스를 타고 딸네 집도 드나들 정도였다고 하는데 척추와 골반뼈에 금이 갔다고 해서 느닷없이 치매가 생길 리는 없을 터이다.

의사의 입에서 치매라고 아직 단정할 만한 수준이 아니라는 말이 나올 것을 미리 눈치라도 챘는지 보호자로 따라온 며느리가 심각한 표정으로 부연 설명을 하기 시작했다. 노인네의 기억력이 지금 심각할 정도로 문제가 있다는 것이 온 식구들의 한결같은 판단인데, 할머니만 인정하지 않는다는 것이다. 그중에서 제일 큰 문제가 화장실 문제였다.

노인네가 아파트에서 생활을 하면서 화장실에서 볼일을 마치고 물을 내리는 것을 잊어버린다는 것이다. 아무리 설명하고 아무리 다짐을 받아도 돌아서면 잊어버리고, 화장실에만 가면 그냥 나온다는 것. 그래도 아들과 며느리는 견딜 만한데 손자손녀들이 기겁을 한다는 것이다. 이런 것이 치매가 아니면 뭐가 치매냐, 너 돌팔이 아니냐는 식으로 흥분하며 열변을 토한다. 이때 고개를 숙이고 이야기를 듣고 있던 할머니가 분노에

찬 음성으로 항변을 한다.

"와! 그거 모다가 한꺼번에 물 내리마 되지 더가매 물 내리고 나오매 물 내리고…. 와 거캐쌓노? 물은 어데 하늘에서 그저 널찌나? 우째 젊으나 젊은 것들이 물 귀한 줄 모리고…."

이 정도 되면 아무리 효자라도 함께 살기 어렵다. 시골에서 태어나서 시골로 시집가서 평생 농사지으며 살던 노인네의 몸과 그 몸에 배어 있는 기억은 도시의 아파트에서 사는 사람들과, 설령 그 사람이 피를 나눈 혈육이라 하더라도 공유할 수 있는 것이 없다. 물을 하늘처럼 귀하게 여겨야 하는 농사꾼의 심정으로는 화장실에서, 세면대에서, 부엌의 조리대에서, 베란다에서 사시사철 물을 철철 흘리고 사는 아들과 며느리의 생활을 흔쾌히 받아들이기는 어려웠을 것이다. 게다가 배설물로 퇴비까지 만들어 쓰던 기억이 있던 사람으로서 아들·며느리·손자·손녀의 화장실 문화를 이해할 수 없었을 것이고, 오히려 속으로 "이것들이 천벌을 받으려고 이러나?" 끙끙대면서 분을 삭이며 살았을지도 모른다.

◆　　◆　　◆

정작 병원에 입원하자고 간절히 "꼬실랐던 것"은 "고 배라물년"이 아니라 의사인 나였다. 우선은 가족들로부터 격리를 할 필요가 있었고, 그 기간 중에 대책을 마련하면 될 것이라는 계산이 섰기 때문이었다. 물론 내색은 안 했지만 병원의 수익도 고려(?)했을 것이고. 그래서 척추 골절이라는 진단으로, 몇 달만 입원해서 치료하면 통증이 문제가 아니라 날아다닐 수도 있을 거라는 꼬드김에 할머니가 선뜻 입원을 결정하게 된 것이다.

입원 후 허리 통증은 많이 호전되었지만 아들 내외가 이런저런 이유로 퇴원을 만류하는 바람에 어렵게 시작한 입원 생활이 반년 가까이 훌쩍 지나가버렸다. 더 이상 참지 못한 할머니가 퇴원하겠다고 아들을 졸라댄 모양이다. 안 오면 혼자 맨발로라도 병원을 걸어 나가겠다며 강하게 나오자 아들이 헐레벌떡 쫓아와서 모친을 설득한다는 게 그 사달이 나고 만 것이다. 그날 이후 할머니가 병원을 빠져 나가기까지는 두어 달의 시간이 더 걸려야 했다.

병원을 벗어나는 할머니의 얼굴은 밝았다. 의사는 물론 간호사들, 간병사들에게도 살갑게 인사를 나누고 가벼운 발걸음으로 병원을 나섰다. 그러나 할머니의 행선지는 집이 아니었다. 노인을 내 가족처럼 아들딸의 심정으로 모신다는 요양원이었다.

그런데 능력 없는 늙은 부모를 대하는 요즘의 아들딸의 평균적인 심정은 어떤 심정일까? 직계 존속에 의한 노인 학대는 갈수록 늘어나고 있다. 혈육이 서로 이질적인 존재로 변하고, 짐이 되고 부담이 되는 세상이 빚어낸 참극이다. 오죽 했으면 불효자식방지법이 발의되었을까? 이 법이 효력을 발휘하면 "자식에게 재산을 물려주면 굶어죽고, 안 주면 맞아 죽는다"는 세간의 속설은 좀 잦아들지도 모르겠다. 그런데 법이 도덕을 강제할 수 있는가? 인류 역사에서 법으로 천국을 만든 사례가 있었던가?

내 병은 내가 아는데

"내가 자썩이 일곱이나 있는데 여어써 내가 이칼 줄은 몰랐써. 정말 몰랐써…. 오늘도 안 오네. 만냈니껴? 안 왔제? 망할 놈의 자식(장남). 한번 와 보기라도 하제. 내 죽으마 올랑가? 날 여서 죽으라고 여그 델따 논 기제? 배라물 놈의 자식. 난 여어써는 못 죽어. 죽어도 집에 가서 죽제. 내 집 놔뚜고 와 내가 여서 죽어 나자빠진단 말이고? 그 꼴 누구한테 빌라 꼬? (의사에게) 전화 한번 해봐주세이? 꼭… 부탁함시더. 머라카는고 말이라도 한번 들어 보거로…."

"바쁘시겠지요. 요새 다들 힘들어요. 혼자 벌어가지고는 애들 학교도 못보낼 세상인데…. 주말에 시간이 나면 찾아오시겠지요. 기다려 보이소."

"하이고 찌라라…. 나는 머 묵고 사는 기 편해가 저거 일곱 남매 믹이고, 썻기고, 입히고 공부시켰는 줄 아니껴? 거다가 나는 중풍 걸린 시어마씨 똥오줌 뒤치다꺼리꺼지 하고 살았니더. 아이구! 몸서리야. 그런데 이 야마리까진 년(며느리) 이거는 지 아 대학 보낸다꼬 꼬빼기도 안 비. 찌랄한다! 공부는 지가 하나? 아가 하지…."

노인의 나이는 올해 85세. 지금 우리나라에서 8~90대, 그리고 넓게 잡으면 70대 중후반까지는 다자녀를 낳아 기른 세대라고 할 수 있다. 그 세대는 사 남매 정도만 되도 참 단출한 가정이란 소리를 들을 정도로 많은 자녀들을 낳아 길렀던 세대이다. 그런데 가족들과 연이 끊어진 채 홀로 사는 이 시대의 독거노인들이 또 대부분 그 세대들이다. 그분들이 젊은 시절 칠 남매, 팔 남매 아니면 그 이상을 낳아 기를 때는 나이 들어 그 많은 자식들과 다 연이 끊어지고 고립무원의 처지에 내몰린 채 하루하루를 어렵게 살아갈 거라고는 정말 상상조차 하지 못했을 것이다. 며칠 지나서 또 담당의사의 손을 꼭 붙들고 애걸복걸을 한다.

"요새 아 안오지요? 큰아 자테(에게) 할 말이 있는데…. 내 인자 안 아푸거든…. 우리 아 만내거든 엄마가 꼭 한번 만나자카더라꼬 좀 전해주소. (의사를) 안다고 내 염치없이 이런 부탁 하느마. 내 병은 내가 알아여…. 내가 여 있어가 나을 병이 아이라… 병원에서 약 써가 나을 병이 아이라카이…. 내가 전에부터 댕기던 데가 있다카이. 거기마 가마 된다카이…. 아 자테 연락좀 해주소…. 돈은 내 돈도 좀 있고, 지 돈 내노라 소리 안 할 꺼이까네…. 아들이 집에 델따 주기만 하마 돼. 집에서 개작다카이…. 내 혼자서도 찾아갈 수 있거든… 꼭 좀 연락해주세이. 부탁함시더. 늙은 거 사정 함 봐주소."

◆　◆　◆

할머니가 집으로 돌아가서 진정 가고 싶어 하던 곳은 병원이 아닌 당집이었고, 하고 싶었던 것은 그 당집의 단골이 해주는 굿이었다. 할머니의 자각 증상은 "속에 이만한 덩어리가 콱 맥혀" 있어서 숨쉬기가 답답하고 소화가 안 되고 자꾸 구토가 난다는 것인데, 아들이 여러 병원을 데리고 돌아다녔지만 확진된 병은 없었다. 내시경 검사 결과는 큰 치료가 필요 없는 위염이었다. 그런데 할머니가 직접 자가진단한 병명은 주당(周堂)들림[38]이었다. 지난 해 연말 친정 조카의 상가에 문상차 들렀다가 주당이 들려서 그길로 몸이 아팠다는 것인데, 그 치료에는 굿 이외에 달리 특효약이 없다는 것이 할머니의 주장이다. 물론 할머니의 그런 생각을 아들이 쉽게 받아들이기도 어려웠을 것이다. 아무리 혈육이지만 서로 다른 생각, 서로 다른 습관, 서로 다른 세계관으로는 한집에 살기 어렵다.

세상으로부터 격리된 채 애간장을 태우며 오지 않는 아들을 찾아대던 할머니는 결국 피를 토했다. 큰 병원으로 긴급 후송을 해야 될 상황에서도 아들은 고추 씹는 소리를 내며 뭉때리기만 했다. 결국 큰 병원으로 실려간 할머니는 일주일이 지나 다시 돌아왔다. 한 보따리의 약과 함께. 입원 수속을 끝낸 아들은 의사에게 다시는 굿이니 뭐니 하는 일로 연락오지 않도록 해달라는 부탁을 협박처럼 하고서는 홀연히 사라졌다.

꿈

"보소, 내 인제 이래가 못 살겠니더. 주 선생이 자꾸만 비(보이)네요."

---

38 중병을 일으키는 살(煞)이 붙었다는 뜻이다. 주로 상가에 들른 사람에게 죽은 사람의 혼과 함께 따라온 귀신이 몸에 따라붙었다고 생각하는 것이다. 이를 주당살(周堂煞)이라 했다. 이는 반드시 굿을 해서 내쫓아야 한다는 믿음이 있었다. 이에 대해 상세한 것은 《한국의 샤머니즘과 분석심리학》(이부영, 한길사, 2012.) 211쪽, 451쪽, 492쪽, 505쪽 참조

"주 선생이 누구신데요?"

"내가 오래 전부터 알던 의산데, 벌써 죽었어요. 죽은 지 한참 됐어요."

"꿈에 자꾸 그분이 보이더란 말입니까? 요새 잠을 깊이 못 드시는 모양이지요?"

"아이라. 꿈인지 뭔지도 모르겠고, 아침마다 여 와가 싸알 웃으면서 자꾸, 와 이래 여 누볐노? 더 살아 머 하노? 빨리 내 따라 가자 이칸다 아입니꺼? 주 선생은 오랫동안 내 병 치료해준 양반인데 내 몸을 잘 알아요. 참말로 전문적으로다가 용하게 치료해준 사람인데…. 그 양반이 와가 자꾸 가자카마 가야 되는 거 아잉교. 그라이 잠도 안 오고, 밥도 못 묵겠고…. 그 양반이 내 눈 앞에 와가 자꾸 가자카마 나는 다 된 기라요. 가야 되니더…."

"그러면 제가 어떻게 해 드릴까요? 아드님한테 연락하셔서가지고 집에 가서 편하게 주무시면 좀 나을지도 모르지요. 병원에서는 아무래도 깊은 잠을 자기가 좀 그렇지요. 그래서 꿈도 많아지고."

"아들? 갸들은 바빠가 여 올 여가도 없니더. 전화해봤자 맨날 씰데 없는 헛소리하지 말고 여 그냥 이씨라꼬 소리만 바락바락 지르지. 전화해가 머 떠들 것도 없어. 우째야 될 지 나도 모리니더. 무도 배부른 줄 모르겠고, 안 무도 배고픈 줄 모리고…. 이래 그냥 퍼질러 자빠져 안 있능교? 이래 가만 있씨마 죽을랑가 싶어서…"

노인은 그로부터 한 열흘 정도 지나서 흡인성 폐렴에 걸려 고열에다 호흡곤란에 의식마저 혼탁해져서 대학병원으로 후송되어 갔다. 아마도 거기서 삶을 마감하셨을 것이다. 아들이 모친을 대학병원으로 모시고 간 것은 모친을 살리기 위해서가 아니라 많은 조문객들을 수용할 수 있는 넓고 큰 장례식장이 필요했기 때문이었다.

◆　　◆　　◆

우리는 지금 꿈 없는 잠을 자는 시절에 살고 있다. 꿈을 꾸더라도 참 건조해졌고, 거추장스러워졌고 불편해졌다. 꿈은 해석하거나, 해몽해야 할 삶 속의 이야기가 아니라 편안한 수면을 방해하는 장애물과 같은 것으로 수면클리닉에서 치료해야 할 '증상'이 되고 말았다. 뇌과학의 발달로 뇌 속의 많은 것들을 들여다볼 수 있게 된 덕택이라고 해야 할 것이다.

산 사람이 죽은 사람을 다시 만날 수 있게 해주는 것이 꿈이 가진 힘이다. 우리가 꿈 이외의 방식으로 죽은 사람을 다시 만나 생생한 이야기를 나눌 수 있는 방법은 없다. 그렇다고 해서 그런 꿈이 내 뜻대로 꾸어지는 것도 아니다. 그래서 꿈은 언제나 신비한 마력을 가진 것으로 여겨져왔다. 산 사람과 죽은 사람 사이에 나누었던 꿈속의 이야기가 살아있는 사람들의 입을 통해 전승되어 오면서 신화나 전설, 설화가 된 것도 꿈이 가진 신비의 힘 때문일 것이다. 그리고 산 사람의 꿈을 통해 이승의 세계로 다시 불려온 죽은 자들은 산 사람의 세상에 복을 몰고 오거나 재앙을 불러오는 힘을 가지고 있다고 믿었다. 사람뿐만 아니라 용, 돼지, 뱀, 호랑이와 같은 짐승들도 사람의 꿈에 나타나면 인간 사회에 길흉화복을 물어다 주는 영물(靈物)로 바뀐다. 그래서 원시종교에서부터 고급 종교에 이르기까지 어느 종교에도 예외없이 죽은 자의 혼을 달래기 위한 온갖 의례행위가 있는 것이고, 인간이 동물을 숭배하는 토템 신앙의 뿌리 역시 인간의 꿈속 대화에서 비롯된 것이다.

과학과 이성을 신봉하는 사람에게는 꿈이 한갓 무지몽매한 자들의 환상이나 환각에 불과한 것일 수도 있다. 특히 의사의 눈에 꿈이란 '렘(REM) 수면기'에 나타나는, 뇌세포의 화학물질이 일으키는 생리적 현상일 수도 있고, 그런 꿈이 점점 길어지고 횟수도 많아지면 치료받아아 할 질병으로 보인다. 과학과 이성의 힘에 의해 꿈이 가진 힘이 무력화되면서 늙고 병든 어미의 꿈 이야기는 젊은 자식들에게는 "쓸데없는 헛소리"에 불과한 것이 되고 말았다.

그렇다고 해서 꿈이 가지는 예지력을 함부로 무시할 수는 없다. 꿈은 지금도 여전히 사람들의 일상을 제어하는 힘을 지니고 있기 때문이다. 특히 낮밤의 구분도 없이 사시장철 누워 지내며 시시각각 죽음을 의식하고 살 수밖에 없는 병든 노인들의 경우 자연스럽게 꿈이 많아진다. 낮 시간의 의식적 활동이 아예 없으므로 꿈과 현실을 가르는 분별력도 형편없이 떨어질 수밖에 없다.

병실에서는 흔히 볼 수 있다. 말기질환에 시달리던 사람들이 자는 듯 취한 듯 몽롱한 상태에서 허우적거리다가 별안간 눈빛이 초롱해지면서 또렷한 목소리로 엄마, 아버지를 찾는 모습을. 그럴 때 의사는 환자의 활력증상이나 병상기록을 뒤적여 볼 필요도 없이 저 환자가 이제 곧 강 건너편으로 건너갈 채비를 하고 있음을 짐작할 수 있다. 먼저 가신 부모님이 산 자의 꿈속으로 되돌아와 고통스런 육신에 갇혀 있는 자식의 불쌍한 혼을 불러내는 것이리라. 더 고생 말고 포근한 애미 애비의 품안으로 돌아오라고.

지금도 꿈은 있다. 꿈이 이루어지기도 한다. 그런데 그 꿈은 잠자는 사람이 꿈속에서 누군가와 나누는 영적인 대화가 아니라 철저한 세속의 꿈이다. 고만고만한 사람들이 꾸는 "수능대박의 꿈", "로또 한방의 꿈", "부동산 불패의 꿈"에서부터 한가락 하는 사람들의 "대권의 꿈"까지……. 그런데 왠지 그 꿈들은 불쌍해 보이고, 허전하고 텅 빈 것 같다. 진짜 꿈들은 사라지거나 귀한 시절이다. 밤하늘에 별을 보기 힘들어졌듯이…….

죄의식 없는 죄인놀이

건강하게 자라고 있던 어린아이가, 또 왕성하고 활달하게 자신의 업무를 감당하던 성인이 뚜렷한 원인 없이 갑자기 사망하는 급사, 돌연사가 가끔 사회문제가 되곤 한다. 특히 진료나 수술 중에 발생한 급사, 돌연사의 경우는 수사기관의 지휘 아래 부검을 하게 되는 경우도 있다. 유족들이 죽음을 쉽게 받아들이지 않을 뿐더러 의료과실의 가능성이나 다른 약화 사고를 의심하지 않을 수 없기 때문이다.

이런 급사나 돌연사의 개념을, 죽음이 오늘이나 내일 곧 닥쳐올 나이에 이른 사람에게도 적용할 수 있을까? 이미 온갖 질병이 온몸을 덮쳐 옴짝달싹도 못하고 눈만 껌벅이며 삼백예순다섯 날을 병원 침상에 누워만 지내는 노인들의 죽음을 급사나 돌연사라고 말할 수는 없다. 오히려 이들의 죽음은 자연사에 가깝다고 해야 할 것이다. 아무도 모르게, 의료진조차 인지하지 못한 순간에 잠자듯이 숨을 멈춘 부모들의 죽음을 맞은 유족들에게 어떤 이들은 호상이라는 덕담을 건네기도 한다.

말기질환을 앓다 병원에서 마지막 숨을 거두는 경우 유족들이 임종을 할 수 있는 경우는 매우 드물다. 임종 시점을 맞추기도 어렵거니와 막상 가족들이 곁을 지킬 수 있을 만큼의 공간이 없기 때문이다. 공간이 있더라도 가족에게는 시간이 없다. 그래서 의료진이 대신 임종을 하고 유족들에게는 사후 통보를 할 때가 많다. 이때 유족들의 반응은 천차만별이긴 한데 그중에는 간혹 의료진에게, 또는 병원 측에 극도의 불만과 분노를 드러내는 유족들이 있다. 폭력과 폭언이 동반되는 경우도 있고 그 사이에는 반드시 격렬하면서도 격정적인 슬픔과 울분의 추임새가 들어간다. 그런 유족들의 분노는 대개 상황에 어울리지 않는 과장된 분노요, 살아 계실 때 태도로 봐서는 도저히 우러나오기 힘든 슬픔이다. 눈물기 전혀 배지 않은 슬픔, 꾸며진 슬픔이다. 감당하기 힘든 슬픔이 토해내는 속울음, 흐느낌이 아니라 대개 소리만 큰 통곡이다. 전혀 공명이 일어나지 않는 통곡이고, 짐승 같은 울부짖음이다. 더 많은 사람들이 들으라는 듯이.

"내가 죄인이야", "묵고 사는 게 힘들어 내가 못 모시고 이딴 병원에 엄마를 모셔놓은 내가 죄인이야 내가….".라고 하면서 가슴을 치고, 쥐어뜯고 소리소리 지르고는 있지만 진정 참회라든지 회한의 분위기도 없고, 죄의식이라고는 전혀 느낄 수 없는 야릇한 표정이다. 그리고 잠시 숨을 고른 뒤에는 의료진과 병원 측에 거친 폭언을 내뱉고 폭력을 휘두른다. 여기에 몇몇 곁다리 가족들이 힘을 보태면 폭언과 폭력은 상승작용을 일으키며 점점 더 거칠어진다. 그 폭력은 감정조절이 안 된 우발적 폭력이라기보다는 철저하게 계산된 폭력이기 때문에 절묘하게 힘 조절이 된다. 그래서 아무리 거칠어도 상대방에게 상해를 입히는 경우는 잘 없다.

'애이불상'(哀而不傷). 옛사람들은 상례(喪禮)에서 슬퍼하되 몸이 상할 정도는 아니어야 한다고 했는데 이들의 행동은 자신의 몸이 훼손될 정도로 행동이 크고 과격하지만 정작 표정은 전혀 슬픈 것 같지 않고 어정쩡하다. 특히 며느리들은 행동도 어정쩡하지만 얼굴은 더욱 무표정하다.

◆　◆　◆

대개 이들은 거친 삶을 살아온 사람들이다. 거친 삶을 살아온 사람들이 위상이나 신분의 반전을 가져올 수 있는 극적인 기회가 바로 병원에서 의료사고라든지 가족의 예상치 못한 급사, 돌연사가 일어났을 때이다. 일상에서 짓눌려왔던 감정을 마음껏 터트릴 수 있는 기회이기도 하다.

그러나 병을 다스려 일상으로 빨리 복귀할 수 있기를 바라는 급성기 병원의 환자들과는 달리 요양병원에 입원해 있는 노인 환자들의 가족들이 가지는 기대는 한결같다. 입원 기간이 몇 달이 아니라 해를 넘기고 햇수가 거듭되면 가족들의 인내심과 효심은 거의 바닥을 친다. 감히 함부로 발설하지 않을 뿐이다. 그 솔직한 속내를《이방인》의 뫼르소가 이미 밝히지 않았던가? "모든 정상적인 사람은 누구나 정도의 차이는 있을지언정 자신이 사랑하는 사람의 죽음을 바라기도 하지 않은가"라고.

다들 뫼르소와 같이 "이제 그만 좀…." 하는 마음이지만 감히 입 밖으로 토해내지 못했던 것일 뿐이다. 그런데 "이제 그만 좀"이라는 기대의 결말이 예상치 못한 순간에 갑작스럽게 찾아왔을 때 병원이나 의료진에다 대고 한 번쯤 소란을 피워 보는 것은 병자의 오랜 뒷바라지로 얼룩진 마음을 세척하는 방법이기도 하다. 한껏 소리를 내지름으로써 늙고 병든 부모에게 품었던 불경스런 마음으로 말미암은 죄의식을 털어낼 수도 있다. 이때 소란을 빨리 잠재우고 싶어 하는 병원 측과 이해관계가 맞아떨어지면 얼마간의 금전적인 이익까지도 생길 수 있으니 죄의식 없는 죄인놀이도 괜찮은 장사인 듯싶다.

한편 거친 삶을 살아온 사람들과 달리 누릴 것 다 누리고 재산과 권력과 명예까지 가진 사람은 적어도 병원에서 급사나 돌연사를 하는 경우는 없다. 병원 측에서 가능한 최선의 서비스와 대책을 제공하기 때문이다. 집에서 급사할 뻔했던 우리나라 제일 부자는 1년 넘어 죽은 것도, 산 것도 아닌 상태로 여전히 살아있다. 앞으로도 급사나 돌연사할 염려는 없을 것이다. 그것이 그 집안사람들에게는 더 큰 걱정일지도 모르겠지만.

죽음의 문화

흘러가는 시간에 얹혀 있는 삶이 자연스럽게 도달하는 곳이 있다면 그곳은 바로 죽음이다. 그래서 자연사라는 말이 만들어진 것일지도 모른다. 한편으로 자연스러운 죽음이나 편안한 죽음을 맞이하는 것이 그리 쉬운 일이 아니기에 종교가, 또 죽음과 연관된 문화가 생겨났을 것이다. 종교학자 정진홍이 삶을 일러 "죽음을 해산하기 위한 긴 회임기간"[39]이라고 한 것은 삶이 죽음으로 완성되는 것이기도 하거니와 죽음의 주체가 바로 삶의 주인인 나 자신이기 때문에 할 수 있는 말이다.

우리는 오랫동안 사람의 죽음을 "숨을 거두었다", "눈을 감았다", "영원히 잠들었다", "돌아올 수 없는 강을 건넜다", "한 줌 재가 되었다", "우리 곁을 떠났다", "삶을 마감했다", "하느님의 부르심을 받아 천상의 세계로 올라갔다"와 같이 능동태로 표현해왔다. 죽음의 주체가 죽은 사람 그 자신이기 때문이다. 그리고 사람이 영원한 잠에 드는 자리는 마지막까지 삶을 유지했던 바로 그 자리였다. 객사는 금기였다.

그러나 언제부터인가 사람이 숨을 거두는 자리가 식구들이 곁을 지켜주는 집이 아니라 병원으로 바뀌어버렸다. 한사코 객사를 거부해 오던 수천 년 전래의 장례 문화가 불과 1~20년 사이에 바뀌어버린 것이다. 이제 늙고 병든 몸은 절대 자연사를 하지 못하고 일찌감치 병원으로 실려간다.

---

39 《만남, 죽음과의 만남》, 궁리, 2003.

병원에서는 죽어가는 사람이 스스로 숨을 거둘 수도 없고, 눈을 감을 수도 없다. 병원에서는 살아있어야 하고, 또 열심히 살려놓는다.

의사가 "Expire"를 선언하기 전까지는 죽음이 죽음으로 인정되지 않는다. Expire라는 말은 '상황 끝', '철수'라는 의미의 군사용어이기도 하고, 계약 만료라는 뜻의 보험용어이기도 하다. 환자를 죽음으로 이끌고 가는 적의 공격을 더 이상 막아내지 못하고 의료진이 철수한다는 의미이기도 하다. 사람은 이제 스스로 숨을 거두거나 잠들 수 없고 의료진의 승인이 있어야만 죽을 수 있는 세상으로 바뀐 것이다.

◆   ◆   ◆

깔끔한 얼굴에 군더더기 하나 없이 매끈하고 가느다란 몸매의 83세 할머니가 머리가 휙 벗겨지고 배가 불룩 나온 늙은 아들의 부축을 받으며 입원을 했다. 입원하게 된 동기는 말 그대로 '노쇠(老衰)'다. 할머니는 일찍 남편과 사별한 뒤 홀몸이긴 하였지만 83년을 사는 동안 병치레로 병원 신세를 진 적은 없었다고 했다. 불과 한 달 전까지 맞벌이하는 아들 내외를 대신하여 집안의 살림살이를 책임지고 있었고, 몇 해 전까지는 손자·손녀까지 손수 길러 서울로 보냈던 체력과 능력을 가진 사람이었다. 그런 노인이 갑자기 속이 거북하고 구토 증세가 심하여 곡기를 거르는 날이 많아지면서 마침내 자리를 보전하고 드러눕게 된 것이다.

아들은 물론이고 할머니도 위장관에 무슨 탈이 있을까 의심은 했지만, 며칠 주사로 영양보충만 하면 집으로 돌아갈 수 있을 것이라는 기대로 특별한 검사시설이 없는 노인요양병원을 찾아오게 된 것이다. 의사와 아들의 권유에도 할머니는 모든 검사를 거부했다.

며칠 수액 주사를 맞은 후 생기가 돌기 시작한 할머니는 당연히 집으로 돌아가고 싶어 했다. 그러나 그 나이에 잠시 생기가 돈다고 해서 원래의 체력과 기력을 회복할 수는 없는 것. 집으로 돌아간다 하더라도 24시간 누군가의 수발이 필요한 처지가 된 것은 변함이 없었다. 아들 내외는 맞벌이, 손자·손녀는 객지의 직장과 학교로, 군대로……. 누가 수발을 할 것인가? "내 혼자 있으면 되는데. 이때까지 그랬는데…"를 되뇌이며 할머니는 간절하게 집으로 돌아가길 원했지만 현실은 냉정하고도 완강했다.

입원 이후 시간이 흐르면서 할머니는 체념을 한 탓인지 집 이야기를 더 이상 꺼내지는 않았다. 그 뒤로 깨어있는 시간보다는 잠자는 시간이 더 많아진 탓에 낮밤과 '여기'와 '저기'를 잘 구분하지 못하던 노인의 눈이 어느 날 반짝이면서 윤기가 넘쳐났다. 아들들, 며느리들, 손자, 손녀들이 모두 한꺼번에 침상을 빙 둘러싸고 있었기 때문이다. 웃는 듯하던 얼굴이 다시 걱정이 넘쳐나는 표정으로 바뀌었다. "피곤할 낀데 여기 말라꼬 왔노?", "가거라, 전부 집에 가거라…. 됐다. 빨리 집에 가서 쉬거라", "나는 여기 혼자 있으면 된다. 가거라…."

할머니와 인사를 나눈 가족들은 흩어졌다. 그리고 그 며칠 뒤 물 한 모금 제대로 삼킬 힘이 없게 된 노인은 촛불이 하늘거리듯 꺼져갔고, 숨 쉬는 것마저 힘겨워 보였다. 살기 위한 마지막 몸부림인가? 말 한마디 할 수 없는 지경에까지 이르렀지만 힘없는 팔과 다리가 잠시도 멈추질 않고 뒤척이거나 흐느적거리고 있었다. 표정은 몹시 고통스러워 보였다.

아! 뒤척거리는 팔을 자세히 보니 환자의 산소포화도를 측정하는 센서가 손가락을 꽉 깨물고 있었다. 그리고 다리에는 날카로운 주사바늘이 꽂혀 있었다. 물 한 모금 마시지 못하는 환자를 위하여, 찾기도 어려운 혈관을 의료진이 필사의 노력으로 찾아 꽂아놓은 주사바늘이 노인의 깡마른 다리를 줄곧 괴롭히고 있었던 것이다. 가슴에는 심장박동을 실시간으로 측정하기 위한 전극들이 여기저기 철썩 들러붙어 있었고, 거기서부터 전선으로 이어진 모니터는 쉴 새 없이 삑삑 소리를 질러대고 있었다.

모든 장치를 다 제거했다. 그리고 모든 의료적 처치를 다 중단하고 살아있는 생명에게 수분을 공급할 유일한 통로였던 주사 바늘까지 뽑았다. 그 뒤 노인의 얼굴은 깊은 잠에 빠진 듯 편해졌다. 쉴 새 없이 뒤척이던 팔다리도 몇 번 주무르고 나니 곧게 펴지면서 움직임이 사그라졌다. 가쁜 숨소리도 가볍게, 빠르게 잦아들었다. 연락을 받고 달려온 아들 내외가 양쪽에서 할머니의 손을 꼭 쥐고 있었다. 곧 이어 훌쩍이는 소리가 할머니의 종신(終身)을 알리는 부음처럼 새어나왔다. 아들은 지그시 감고 있는 어미의 눈을 꼭꼭 눌러 감기고는 온기 없는 깡마른 품에 쓰러져 통곡을 한다. 입원한 지 딱 여드레, 집에서 자리에 누운 지 꼭 보름 만이었다. 잠결에 가는 죽음이란 바로 이런 것이리라.

이승을 떠나려는 사람에게 투입되는 의료처치는 아무리 경미한 것일지라도, 환자를 위한 지극히 순수한 목적의 시술이라 할지라도 떠나려는 사람의 발목을 잡는 쇠사슬이다. 고통스럽기 그지없는……. 환자였던 할머니가 세상을 떠나면서 의사인 나에게 남기고 간 가르침이다.

의학 지식과 기술이 부족했고 기계가 없어서 죽음을 의학으로 입증할 능력이 없었던 시절에 한 사람의 죽음을 죽음이라 선언하는 절차는 지금보다 오히려 더 경건했고 품위가 있었다. 한 삶이 죽음에 임박한 시점이 되면 사랑방 아랫목에 '정침(正寢)'을 시키고, 환자의 인중에 작은 솜을 올려놓은 뒤 솜의 움직임을 살핀다. 숨이 멎으면 당연히 솜의 움직임도 없어질 터. 이런 절차를 '속굉(屬紘)'이라 했다. 그걸로 끝인가? 아니다.

주검을 떠난 영혼을 불러들이는 절차가 있다. 임종을 지키던 상주가 속굉으로 환자의 숨이 멎은 것을 확인하면 마당에 나가(혹은 지붕 위에 올라가) 망자의 적삼을 흔들며 "복(復)! 복! 복!"을 세 번 외친다. 돌아와 달라는 뜻이다. 이 절차를 '고복(皐復)'이라고 불렀다. 의학기술이 발전하지 않았던 시절의 '심폐소생술'이었던 셈이다. 그러나 한번 떠난 혼이 어찌 되돌아오겠는가? 고복의 의례가 허사(?)로 끝나고 나면 비로소 장례절차가 시작이 된다.

첨단의학이 일상을 지배하는 지금은 어떤가? 가려는 사람을 가지 못하게 얼마든지 발목을 잡을 수 있고, 적기에 심폐소생술을 하면 몸을 떠난 혼을 다시 불러들이는 것도 얼마든지 가능하다.

❖   ❖   ❖

우리나라의 한 해 사망자는 25만여 명, 그들 대부분이 병원에서 사망하고, 만성질환을 앓고 있는 18만 명중에서 3만여 명이 소생 불가능한 상태임에도 인공호흡기나 생명유지장치에 의지한 채 산 것도 죽은 것도 아닌 삶을 살고 있다. 이렇게 죽음이 전적으로 의료진의 판단에 의지해야 하는 수동태로 바뀐 것을 두고, 또 의미도 없고 소모적이기까지 한 의료비 낭비가 밑도 끝도 없이 계속되고 있는 것을 두고 누굴 함부로 탓할 수도 없다. 법과 제도의 탓이기도 하거니와 문명사회를 살아가는 우리 모두의 업보이기도 하기 때문이다. 죽음이 능동태에서 수동태로 바뀌면서 죽음에 대한 예의도 능동적인 것에서 수동적인 것으로 바뀐다. 장례의 주체가 죽은 사람 뒤에 남아있는 유족들이 아니라 장례업자로 바뀌었고, 유족은 장례업자가 정해놓은 절차와 안내에 이끌려가는 고객의 신세로 전락했다

장례식장에는 곡이 사라졌다. 곡은 망자를 위한 것이 아니라 살아있는 자들의 회한과 자기연민을 씻어내기 위한 몸부림 같은 것이기도 하고, 그런 몸부림으로 해서 주변에도 슬픔의 공명을 일으킨다. 그런 곡은 낯선 사람의 죽음조차 나 자신의 슬픔으로 수용하고 죽음이 곧 나 자신의 문제인 것으로 받아들이게 만드는 신비의 마력을 지닌 것이다.

곡이 사라진 장례식장은 한결 조용하고 차분하다. 지루한 시간들을 죽이기 위해 손자·손녀들은 빈소 구석에 옹기종기 모여 스마트폰에 코를 박고 있다. 상주까지 업무를 하는 건지 오락을 하는 건지, 뉴스 검색을 하던 참이었는지 스마트폰에 고개를 묻고 있다가 화들짝 놀라며 조문객을 맞는다. 차분하고 깔끔하면서도 조용한 장례식장에서 조문객이 상주에게 형식적인 예를 표하고 나면 할 말이 별로 없다. 병원에서 돌아가셨으니 당연히 병사(病死)인 것을 군이 성가시게 묻고 답할 필요도 없고, 빚 갚듯 부의금만 전하고 나면 끝이다. 그것도 번거로우면 조문은 문자로, 조의금은 인터넷뱅킹으로 해결하면 된다.

우리는 지금 주변의 죽음을 의식하지 않고 산다. 대형사고로 말미암은

떼죽음이 아니면 아무 관심이 없다. 떼죽음에 대해서도 그나마 분위기에 휩쓸려 잠시 혀를 찰 뿐, 금세 잊어버리고 내 갈 길을 간다. 자신은 물론 식구들조차 절대 죽지 않을 것처럼. 내 집 주변의 장례행렬이나 장례식장에서 새어나오는 가냘픈 흐느낌 소리는 집값을 떨어트리는 불쾌한 소란이요, 소음일 뿐이다.

정진홍은 불쌍한 죽음이란 "죽음이 삶의 자연스러운 귀결이라는 사실을 전혀 의식하지 못하거나 이해하지 못한 채 살다가 자신의 죽음을 맞는" 것이며, 이는 "죽을 줄 모르고 살다 죽는 죽음"[40]이라 했다. 그리고 보면 이 시대의 죽음들이 하나같이 불쌍하다.

---

40 정진홍, 같은 책

제6장

지친 몸,
저무는 삶

좋은 데 가서
나 같은 것 만나지 말고

쉰여섯 살의 전직 은행원 ㅅ씨. 초로의 나이이긴 하지만 한국 사회에서 그 나이의 남자는 가족과 또 사회에 대해 엄청난, 혼자서 감당하기 벅찬 책임을 떠안아야 한다. 그런데 그는 4년 전에 쓰러졌다. 마른하늘에 벼락 치듯이 어느 날 갑자기 몸의 중심을 할퀴고 지나가는 바람, 중풍에 걸려 몸의 오른쪽 절반이 완전히 무너져 내린 것이다. 엄청난 진료비를 쏟아 부은 결과 살긴 살았으나, 혼자 힘으로는 일어나 앉을 수도 없고 대소변 처리는 물론 수저질도 하기 힘든 상태. 그러나 얄궂게도 의식과 기억력만큼은 또렷하게 보존되어 있었다. 지적 수준도 발병 이전과 큰 변화가 없었다. 비록 몸은 불편했으나 얼마든지 대화가 가능하고 얼마든지 가족들과 함께 정과 사랑을 나누며 살 수도 있었다. 그렇지만 움직일 수 없는 몸, 생산성이 없는 몸은 가족들과 더불어 살기 어렵도록 만드는 것이 "법과 원칙"을 내세우며 "창조경제"를 지향하는 한국 사회의 복지 수준이다.

몸이 말을 듣지 않아 가정과 사회로부터 격리될 수밖에 없었던 그의 얼굴은 하루 종일, 매일 같이, 일 년을 하루처럼 한결같이 침통했고, 우울했고, 때로는 분노로 눈이 이글거리기도 하고 수치심으로 이빨을 꼬옥 깨물기도 했다. 무엇보다 또래 여인들(간병사)에게 자신의 치부를 다 드러내놓고 그들의 처분에 온몸을 내맡길 수밖에 없는 상황이 정말 견디기 어려웠을 것이다.

살아있는 목숨이니 먹어야 하고, 먹었으면 또 밖으로 밀어내야 하는 것이 생명의 법칙. 사방팔방이 툭 트여 있고, 낯선 사람들과 함께 기거해야 하는 다인병실에서 자신의 배설물 처리를 어쩔 수 없이 다른 사람의 손에 내맡겨야 하는 상황이, 아직은 한창이라고도 할 수 있고 정신이 멀쩡한 50대 나이로서는 쉽게 감당하기 어려운 치욕이었을 것이다. 간병사들이 배설물을 처리할 때마다 그는 흐느낌을 넘어 쏟아져 나오는 울음을 질근질근 씹어 삼키는 듯한 표정을 지으며 괴로워했다. 정말 죽어버렸으면 하는 표정이 바로 그런 표정이겠거니 싶었다.

우리나라 병원은 프라이버시란 말을 잘 모른다. 환자나 보호자가 프라이버시 보호를 주장하면 의사들이 먼저 뜬금없어 하며 쳐다본다. 아픈 사람이, 그것도 다인병실을 쓰는 주제(?)에 별 걸 다 찾고 챙긴다는 표정으로……. 그러나 특실 또는 VIP실을 이용하는 사람들의 프라이버시는 철저하게 보장해준다. 출입문에는 환자의 병세와 관계없이 항상 "절대안정! 면회사절!"이란 팻말이 붙어있다. 의료진이라 하더라도 아무나 함부로 드나들 수 없는 방이다. 권력이나 경제력의 크기와 프라이버시 보호의 수준이 비례한다. 검은색 안경을 끼고 귀에 이어폰을 꼽은 사설 경호원들이 경찰보다도 더 경찰 같은 자세와 위세로 병실복도에서 사람들의 출입을 통제한다. 그래서 그런 사람들의 신상에 관한 소문은 병실 문 틈새를 비집고 흘러나와, 증권가 찌라시가 되어 떠돌아다닌다.

✦　✦　✦

불편한 몸이 감당하기 어려운 혼잡한 세상을 벗어나, 안락한(?) 요양병원 생활을 시작한 지 4년이 지나가도, 죽어버렸으면 하는 자신의 간절한 소망이 이루어지지 않자 어느날 그는 자신이 죽음을 직접 찾아가기로 작정을 하고 나섰다.

"나 인제 죽어뿔랍니더!" 담당의사에게 자신이 직접 죽음을 찾아 길을 떠나겠노라고 선언한 것이다. 그가 죽음을 찾아가기 위해 선택한 수단은 단식. 즉, 약은 물론 식음을 전폐하는 것이었다. 그래도 명색이 병원이란 곳에서 죽겠다고 식음을 전폐하는 환자를 의료진들이 두 손 놓고 물끄러미 쳐다만 보고 있기는 어렵다. 링거주사를 통해 그때그때 수분과 최소한의 영양 공급은 하려고 해도, 그마저도 격렬하게 저항을 하며 거부했다.

하지만 단식을 통해 혼자서 결연하게 죽음을 찾아가려던 그의 노력은 매번 일주일을 넘기지 못했다. 허기를 느끼거나 자연스럽게 식욕이 생겨나는 것은 생명체가 살아있다는 증거 아니겠는가? 죽음을 직접 찾아가려던 그의 의지는 번번이 허기와 식욕이 내리치는 고문과도 같은 고통 앞에서 무기력하게 무릎을 꿇었다. 단식을 중단하고 허겁지겁 밥을 챙겨 먹는 그의 얼굴에는 허기를 채우는 포만감이 아니라 자신의 허약한 의지로 말미암아 고작 허기 앞에 무릎을 꿇었다는 수치심이 더 가득해 보였다.

죽기 위해 곡기를 끊고 단식을 시도한 지 수차례. 정작 그에게 죽음은 곡기를 끊음으로써 찾아온 것이 아니라, 식사를 다시 하는 과정에서 찾아왔다. 주린 배를 채우려고 급하게 먹어대다가 음식물이 식도(食道)가 아닌 기도(氣道)로 넘어가면서 흡인성 폐렴이 발병한 것이다. 장기 입원으로 저항력이 떨어진 사람에게 흡인성 폐렴은 치명적이다. 호흡이 거칠어지면서 시나브로 죽음이 다가오고 있음을 절감한 그의 눈빛은 두려움과 공포에 찌든 듯했고, 낯설어 가기 싫은 길을 억지로 등 떠밀려 가야 하는 사람의 눈빛이었다. 죽어버리겠다며 단식을 할 때의 결연한 표정은 찾아볼 수가 없었다. 식은땀을 흘리며 겁에 질린 신음 소리를 내뱉고 온 몸을 후들후들 떨기까지 했다. 스스로 죽겠다고 결심하던 때와는 전혀 다른 모습이었다.

◆　◆　◆

마지막일 것 같다는 통보를 받은 가족들이 하나둘 모여들기 시작했다. 신부님의 기도로 시작된 그와 가족들의 이별의식이 진행되는 동안 그의 숨은 여전히 거칠었으나 눈빛만큼은 다시 평상시의 편안한 상태로 되돌아와 있었다. 그리고 잠시 뒤, 가끔씩 들러 진료비를 정산하고 아버지의 상태를 살피던 딸의 손을 잡고 알아들을 수 없는 말을 몇 마디 내뱉았다. 그 곁에서 중년 여인이 거칠게 울부짖다 남자의 손을 꼭 잡고 울먹이며 사과를 하기 시작한다.

"자주 못 와서… 미안하고, 너무 늦게 와서… 미안하고, 너무 불쌍하게 죽도록 내버려둬서 미안하고, 우리도 살아야 되니까 그랬던 건데… 미안해요. 정말 미안해요…. 좋은 데 가소. 인자 진짜 좋은 데 가소…. 좋은 데 가서 내 같은 거 만나지 말고 돈 있는 여자 만나 호강하고 사소…. 고생만 시키다가 이리 보내서 정말로 미안…. 우우우~~~으으으…."

알아들었던 걸까? 부인의 애절한 통곡소리가 그의 거친 숨소리까지 잦아들게 만들었다. 침상을 둘러싸고 있는 사람들 사이에서 군복을 입은 채로 무슨 영문인지 모르겠다는 듯이 장승처럼 서 있던 젊은이가 느닷없이 우욱! 울음을 터트린다. 아들인 듯하다. 뒤늦게 아버지의 죽음을 실감한 모양이다. 아들의 울음소리가 점점 더 커지면서 그의 숨소리는 멎었고 심장의 박동을 표시하는 그래프는 파도가 일지 않는 수평선처럼 일자로 죽 늘어졌다. 지그시 눈을 감은 모습이 이제야 편안해 보인다.

이쪽에서 저쪽으로 강을 건너가는 길은 혼자 가기에는 너무나 낯설고 거칠고도 험한 길이다. 누군가 곁에 있어 주어야만 갈 수 있는 길이다. 사랑하는 사람들이 곁을 지키고 있으면 쉽게 편안하게 갈 수도 있는 길이지만 혼자 가기에는 너무 무섭고 두려운 길이다. 그가 그토록 간절하게 찾아가려던 죽음은 의외로 너무나 쉽게 찾아왔다. 이편에서 저편으로 무사히 강을 건너게 만들어 준 것은 아마도 가족의 힘이요 사랑이었을 것이다.

민주적인 너무나
민주적인 죽음

오십 문턱에 갓 들어선 한 남자가 아침 출근 시간 무렵 자신이 관리자로 있는 공사현장의 사무실에서 구토를 한 흔적과 함께 쓰러져 죽어 있는 것을 동료들이 발견하여 경찰에 신고를 했다. 사람이 숨을 거두는 마지막 순간을 누군가가 지켜보지 않는 죽음은 죽음으로 완성되지 않는다. 누가 그렇게 허망한 가족의 죽음을 쉽게 수긍하겠는가? 아직 건장하다고 할 수 있는, 이제 막 오십 문턱을 넘은 나이의 사내를 죽음의 세계로 불러간 그 무엇을 찾기 위한 지난한 작업들이 시작되었다. 사무실에서 숨이 멎은 채 발견된 그 사내는 변사자로 신고되어 대학병원으로 옮겨졌고, 그 뒤 주검의 구석구석을 파헤치는 부검이 실시되었다. 부검 결과 사망의 직접 원인은 뇌출혈로, 뇌출혈의 선행사인은 고혈압으로 밝혀졌다.

그렇다면 고혈압이 사망원인인가? 고혈압을 가진 사람은 젊은 나이에 전부 저렇게 비참하면서도 허무한 최후를 맞이해야 하는가? 그건 아닐 것이다. 그는 고혈압이라는 지병이 있었지만, 약을 복용하면서 절제된 생활을 유지함으로써 일상생활은 물론 직장생활에도 전혀 문제가 없었던 사람이었다. 고혈압을 악화시키거나 몸을 축낼 만한 음주 습관도 없었고, 흡연 이력도 없었다. 그렇기 때문에 아내와 자녀 둘, 그리고 늙은 홀어머니를 부양하는 가장의 노릇을 성실히 해 오면서, 공사현장의 현장관리자로서 7~8년을 탈 없이 근무할 수 있었던 것 아니겠는가?

유족들은 당연히 업무에 따른 과로로 말미암아 뇌출혈이 발생했고, 그것이 사망원인이라고 주장했다. 하지만 그가 근무했던 회사 측은 법정 근로시간을 준수했고, 휴무 역시 법정공휴일과 국경일을 포함해서 토요 격주 휴무제까지 시행하고 있었으므로 만성과로에 해당될 만한 근무시간은 아니라며 업무상 질병임을 인정하지 않았다. 업무와는 전혀 상관없이 환자 자신의 원래 지병이었던 고혈압이 악화되어 뇌출혈이 발생하였고 그 결과로 사망에까지 이른 것이므로 회사가 감당해야 할 책임은 없다고 주장했다.

◆　◆　◆

그는 공사현장 관리업무를 담당하던 관리자로 현장에서 발생하는 서류를 관리하고, 공사 완료 후 공사대금 청구관련 서류를 작성한다든지 현장작업 노동자 수를 파악·관리하고, 공사 진행상황을 확인하는 업무를 담당해 왔다.

사고 발생 이전 근무일지와 근무시간을 살펴보았을 때 과로에 해당하는 법적 기준을 충족하지 못해 과로로 인정할 만한 객관적인 근거는 나타나지 않았다. 통상 아침 8시 반에 출근하여 오후 7시경에 퇴근한다는 사실이 출퇴근기록부에서 확인되었다. 그런데 사고 발생 당일에는 오후 8시경에 동료들을 퇴근시키고 혼자서 사무실로 다시 들어갔으나 평소와 달리 퇴근시간이 늦어진 것과 다시 사무실로 들어간 이유는 확실하지 않았다. 회사 측은 그 시간대에 그가 수행해야 할 회사 업무는 없었다고 주장했고, 또 그가 사건 당일 술을 마시지 않았음은 부검에서 확인된 사실이었다.

그런데 그날 자정 무렵 경비업체 직원이 순찰 차 현장사무실을 방문하였다가 구토와 함께 쓰러져 있는 그를 보았지만 술에 취해 쓰러져 자는 것으로 판단하고 아무런 조치 없이 자신의 업무만 보고 돌아갔다는 사실이 밝혀졌다. 그가 술을 마시지는 않았지만, 경비업체 직원이 술에 취한 채 쓰러진 줄 알았다는 이야기는 그 당시 의식은 혼미했을지라도 자기 호흡을 하고 있었고, 살아있었을 가능성이 높았다는 이야기다. 이때 어떤 적극적인 조치가 있었더라면 생명을 건졌을 수도 있었을 것이다. 뇌출혈이 발생하더라도 출혈과 동시에 사망하는 경우는 거의 없기 때문이다. 그러므로 언제 발병하여 쓰러졌는지는 알 수 없으나 최초 발견 시점인 자정 무렵에서 다음날 아침, 직장 동료에 의해 사망한 상태로 발견될 때까지 상당 시간 살아있는 상태로 방치되어 있었다는 이야기가 된다. 쓰러져 몸이 말을 듣지 않고 말문이 닫혀 의사표현을 할 수 없는 상태라 하더라도 의식은 남아있을 수 있다. 만약 쓰러진 상태에서 의식이 있었더라면 고독하면서도 두려움에 찬 상태에서 죽음의 냄새를 맡으면서도 아무 것도 할 수 없는, 어떤 도움도 청할 수 없는 절망 속에서 허덕이다 죽어 갔을 것이다. 손톱이 뒤집어지고 피가 철철 흐를 때까지 선실 벽을 긁어대다가 죽어간 세월호의 어린 학생들처럼…….

이 죽음에 대해 경비업체 직원에게 책임을 물을 수 있나? 그는 사업장 직원들의 건강과 생명을 책임지고 진두지휘하는 컨트롤 타워가 아니다. 도의적 책임을 물을 수는 있으나 법적 책임은 없다. 그러나 우리 사회에서 도의적 책임을 게을리한 것에 대해서는 그 누구라도 양심의 가책을 느낄 필요는 없고, 사회적으로도 비난의 대상조차 되질 않는다. 오히려 도의적 비난을 받을 일을 많이 저지를수록 고위 관직에 진출할 기회는 더 많아진다. 게다가 경비업체 직원은 자신의 고유 업무에 지극히 충실했을 뿐이다. 경비업체 직원에게 응급환자의 구급·후송 책임까지 떠맡기는 업체는 없을 것이다. 회사 측도 역시 주검으로 발견된 직원에게 과도한 업무를 부과하였거나 지병을 악화시킬 만한 스트레스를 준 적이 없다 했는데 이를 반박할 증거는 없었다.

그럼 이 사람의 죽음의 원인은 무엇일까? 적어도 십수 년 이상 고혈압이 있으면서도 건강하게 직장생활을 해 왔던 건장한 오십 초입의 남자가 갑자기 혈압이 치솟아 뇌혈관이 파열되어 사망에까지 이르게 된 원인은 무엇일까? 그 원인을 근로복지공단 소속 업무상질병판정위원회는 다수결로 업무와는 무관한, 지병에 의한 사망으로 결정했다. 참으로 민주적인, 너무나 민주적인 결정이었다.

고혈압이 있었으나 멀쩡하게 일을 하던 사람이 느닷없이 뇌출혈로 목숨을 잃을 만큼 혈압이 치솟아 오른 원인은 분명히 있을 것이다. 세상에 원인 없는 결과가 어디 있겠는가? 과학적 사고를 한다는 의사들이 모여 내린 그 결정은 민주적인 결정일지는 몰라도 과학적으로 납득할 수 있는 결정은 절대 아니다. 어떤 현상을 과학으로 설명할 때 그 설명이 참이든 거짓이든 간에, 적어도 우연이나 비약은 없어야 하지 않겠는가? 과학이 또 추상이나 상상으로 결론을 내리는 학문은 아니지 않은가? 50세의 건장한 남자가 일터에서 갑자기 쓰러져 죽은 사건을 두고 의학적인 인과관계가 아닌, 전근대적인 사고(思考)와 다를 바 없는 급살(急煞) 정도로 판단하는 것이 21세기의 문명사회에서 일어날 수 있는 일인가? 그러면 급살에 어울리는 살풀이를 하든지.

◆　◆　◆

OECD 국가 중에서 우리나라의 업무상 질병이나 산업재해 발생률은 1위다. 2013년 고용노동부 통계에는 한 해 1,929명의 노동자가 일터에서 일을 하다가 죽는 것으로 집계되어 있다. 하루 5.2명이 사망하는 셈이다. 규모가 큰 사업장에서 드러난 것만 이 정도라면 노동조합이 없는 사업장이나 재해가 은폐된 건까지 합치면 몇 곱은 더 늘어날 것이다. 이라크 전쟁 10년 동안 사망한 미군 병사는 한 해 450명 수준이다. 우리 사회의 일터는 전쟁터보다 더 살벌하다는 뜻이다.

그런데 미군 병사의 죽음과는 달리 노동자들의 죽음에 대해서는 훈장도 보상도 없다. 개별 사업장에서 몸을 다치고 업무로 인해 병을 얻고 심지어 죽기까지 하는 노동자들이, 그 병과 죽음의 원인이 자신이 맡은 업무와 연관이 있음을 인정받기까지는 정말 까다로운 절차를 거쳐야 하고 많은 난관과 시간이 걸리는 지난한 작업이 필요하다. 그래봤자 그 힘든 작업들이 헛수고가 되고 마는 경우가 부지기수다. "일하다가 사람이 왜 죽어요?"라고 되묻는 외국 사람들의 눈에는 이 나라에서 일을 한다는 것이 자아를 실현하는 수단이 아니라 목숨을 건 도박이나 마찬가지로 비칠 것 같다. 현실이 또 그러하다.

그나마 일터에서 일을 할 수 있는 사람들조차 이처럼 일회용 소모품으로 취급하는 나라에서 생산성도 없고 경쟁력도 없는 노인들을 위한 복지를 주장하는 것은 참으로 사치스럽고 염치없는 노릇이 될 수밖에 없을 것 같다.

1997년 환란 그 이후

생명체(生命體)라는 한자말을 풀어보면 하늘이 '살아'라고 내린 명령을 받은 몸 정도가 되겠다. '살아'라는 명을 받은 만큼 살아가는 동안 죽음에 대한 생명체의 공포와 거부반응은 태어나는 순간부터 본능적으로 몸에 각인되어 있는 것일 터이다. 신생아들만이 가지고 있는 여러 가지 조건반사는 위험으로부터 자기의 생명을 보존하려는 본능적 반응들인데, 이를 달리 표현하면 삶을 위협하는 위험을 직감으로 알아차리고 이를 거부하는 본능적인 몸짓이라고 할 수 있다. 반사행동과 함께 터져 나오는 울음소리는 어린 생명이 보여주는 삶의 의지 그 자체 아니겠는가.

그런데 나이가 들어 성인이 되면 죽음에 대한 공포는 점점 옅어진다. 우리는 지금 언제든지 죽을 수 있는 위험과 환경에 둘러싸여 있고 그런 위험에 노출된 인간의 몸은 유약하기 짝이 없지만, 한참 활동하고 일을 해야 할 나이에 죽음의 공포를 느끼면서 죽음에 대한 준비를 하고 사는 사람은 보기 어렵다. 삶과 죽음은 서로 동전의 양면과도 같은 관계이지만 누구든, 특히 젊을수록 죽음은 나와는 무관한 일인 듯 생각하고 살아간다. 죽음을 거부하는 것이라기보다는 죽음을 아예 무시하고 있는 것이다. 그런 사람들에게 갑자기 죽음의 공포를 몰고 오고, 권태롭기까지 한 일상을 한순간에 뒤엎어버리는 것이 암이다.

병원에서는 치료만 잘 받으면 살 수 있다는 희망을 던져주고, 스스로도 살아 보겠다는 의지를 불태우지만 희망과는 다르게 빠른 속도로 소진되어가는 몸과 버둥거리면서 싸우다가 결국에는 탈진하여 죽음을 받아들일 수밖에 없도록 만드는 것이 암이다. 어느날 갑자기 삶을 참 덧없게 만들어버리는 것이 암이라는 병이 가진 속성이기도 하다. 그래서 긴 투병생활 끝에 암에서 회복된 사람 중에는 과거와는 전혀 다른 삶을 살아가는 경우도 있다.

◆　　◆　　◆

택시운전을 하던 55세 남자 ㅊ씨. 병록지에 기록된 그의 사회력은 취업을 위해 작성한 취업준비생들의 자기소개서만큼이나 장황했지만, 1997년 외환위기 이후 길거리로 내몰렸던 샐러리맨들이 걸어온 길을 그대로 옮겨놓은 것 같은 이력이었다. 꽤나 크고 잘 알려진 대기업의 전산 업무 책임자로 근무하던 중 그 회사 역시 환란에 휩싸이면서 기우뚱거리자 퇴직을 한다. 그 이후 다른 회사에 취업이 되었으나 얼마 못 가 옮긴 회사마저 부도로 문을 닫고, 이때부터 그는 당시 거의 모든 샐러리맨들이 그랬듯이 자영업으로 뛰어들게 된다.

몇 가지 업종의 자영업을 거친 뒤 개인파산신청을 하고는 경비업, 택배업을 전전하다가 마지막으로 택시 운전대를 잡는다. 택시 운전 4년 만에 그의 목소리가 잠기고, 음식을 삼킬 때마다 찌르는 듯한 통증을 느끼게 되었다. 한번 내리막을 탄 몸무게는 멈출 줄 모르고 아래로 아래로 치달리기만 했다. 더 이상 입을 옷이 없을 정도가 되어서야 병원을 찾았다.

식도암! 처음 불편한 증상을 느낀 뒤 딱 4개월 만에 대학병원에서는 깔끔하고 명료한 진단을 내려준 뒤, 약이든 수술이든 간에 더 이상 해볼 방법이 없으니 요양병원이나 공기 맑은 곳으로 가서 조용히 죽음을 맞이하라는 친절한 처방을 주었다고 한다. 그는 그렇게 하여 결국 나와 인연을 맺게 된다.

여느 암이 다 그렇긴 하지만 유독 이 놈의 덩어리는 음식이 내려가는 길목을 틀어막고 있으니, 당최 곡기를 제대로 섭취하지 못하는데 몸이 어떻게 견뎌내겠는가? 빠른 속도로 몸이 말라들어갔다. 옷은 입은 것이라기보다는 속살이 보이지 않게 가려놓은 것 같았다. 깡말라 뼈만 남은 몸. 그 뼈들은 몸을 몸답게 만들어주는 신체의 골격이라기보다는 참기 어려운 통증을 유발하는 흉기로 돌변해 있었다. 살짝만 부딪쳐도 자지러지는 듯한 비명소리가 저절로 터져 나오고, 돌아누우려고만 해도 악! 소리가 나올 만큼 아프게 만드는 것은 그의 몸에서 살이 빠진 뒤 마지막 남은 뼈였다.

하지만 그는 그런 몸을 일으켜 세우고는 다리를 질질 끌다시피 하면서도 병원 건물 밖으로 나와 담배를 피워 물었다. 하얀 가운 펄럭거리면서 돌아다니는 의사의 체면상 그 모습을 그냥 외면하고 있을 수만은 없어서 담배를 피우지 말라고 한마디 건네자, 돌아오는 대답이 너무나 선명하면서도 허무했다. "지금 피운다고 몇 대나 더 피울 것이며, 안 피운다고 얼마나 더 살 거라고…." 딱히 도움 되는 처방을 내려줄 것도 아니면서 쓸데없는 간섭하지 말고, 마음에도 없는 동정심으로 위로하는 척 말라는 눈빛과 함께……. 그 이튿날에도 주차장 어귀에서 깡말라 뼈만 남은 한 사내가 헙수룩한 병원 환의를 펄럭이며 담배를 피우고 있는 모습을 병실 창밖으로 내려다볼 수 있었다. 후우! 힘겹게 내뱉은 숨이 연기가 되어 날아가는 모습과 함께, 그의 삶도 그렇게 재가 되고 연기가 되어 훅 날아가고 있었다. 살고자 하는 의지를 잃어버린 사람이 빨아 당기는 한 모금의 담배 연기야말로 진정 '최후의 만찬' 아니겠는가? 그걸 끊어라 말아라 하는 것이 오히려 죽어가는 사람에게는 조롱일 수도 있겠다는 생각이 들었다.

이미 죽어가는 목숨이고, 진작 죽음을 수용한 탓인지 삶에 그다지 미련과 애착을 보이지는 않았지만 남은 걱정 하나는 대학 졸업한 딸이 취직이 안 되고 있다는 것 하나였다. 아내는 어떻게든 그럭저럭 살아가겠지만. 죽어가는 사람이 남은 사람의 생계와 안녕을 걱정하도록 만드는 세상……. 가혹하다 못해 참 잔인한 세상이다.

◆　　◆　　◆

뼈만 남은 몸에 유달리 커보였던 퀭한 눈이 이윽고 감기던 그날, 거친 숨을 몰아쉬는 그의 얼굴에는 두려움과 고통의 흔적보다는 편안함이 깃

들어 있었다. 입가에는 약간의 웃음기까지 밴 듯한 편안한 모습이었다. 그의 삶은 정녕 실패한 삶인가? 다른 사람에 비해 조금 빨리 간 것일 뿐, 어느 한순간 삶을 포기하지 않았고, 주어진 조건 아래서 살려고 최선의 노력을 다한 것 아닌가? 옛사람들은 세상에서 지극하게 '수(壽)'를 다했다는 것은 천세 만세를 살았다는 것이 아니라, 하늘이 '살아'라고 내려준 명령에 따라 "삶과 죽음의 본분을 다한 것"을 일컫는 것이라고 생각했다.(《회남자》, 〈무칭훈〉)

자식에게 '금수저', '은수저'는커녕 '흙수저'조차 제대로 물려주지 못한 애비에게 걱정하지 말라고 위로하는 딸의 목소리가 물기에 젖은 채 떨리면서 끝까지 이어지질 못했다. 그만 고생하고 가서 쉬라는 아내의 무덤덤한 작별인사를 받으면서 그는 천천히 눈을 감고 숨을 거두었다. 숨소리에 이어 심장 고동소리마저 멎자 그의 살아있는 육신을 할퀴던 고통이 슬그머니 종적을 감추었는지 핏기 없는 얼굴이 몹시 편안해 보인다.

그러나 사람의 죽음은 숨소리, 심장소리가 멎었다고 해서 끝이 아니다. 죽음을 죽음이게 만드는 예가 있어야 한다. 이 시대 죽음의 예는 이제 속살이 빠져 껍데기만 남은 꼴이 되었지만 그래도 예는 예다. 지난 시절보다 훨씬 간결하고 효율적으로 변한 장례가 끝나고 나면 남은 가족들은 먼저 간 사람이 남기고 간 흔적들을 가슴에 품은 채 처절한 생존 전쟁을 시작해야 할 것이다.

베이비부머 세대,
고독한 그들의 미래[41]

　　전화기에서 "다 된 것 같다"는 나지막한 간호사의 목소리가 흘러나온다. 주검을 확인하고 죽음을 죽음이라 선언하는 것도 의사의 중요한 업무 중의 하나인 것. 병실로 올라가니 침대를 빙 둘러 커튼이 드리워져 있었다. 이미 숨이 멎었다는 증거일 텐데 통곡은커녕 흐느끼는 소리조차 들리지 않고, 그저 적막감만 온 병실에 가득하다.

　　오랜 암투병 생활로 살가죽만 남은 몸, 그나마 그 몸은 토목공사로 파헤쳐놓은 야산처럼 여기저기 파헤쳐진 채로 치료용 기구들이 치렁치렁 매달려 있다. 깡마른 얼굴에 검정색 뿔테안경이 선명하다. 유행이 지나도 한참 지나서 요즘은 좀처럼 보기 힘든 안경이다. 그 안경 너머로 두 눈이 부릅뜬 채로 열려있다. 숨은 거두었고, 심장의 박동도 멎었지만 두 눈은 치켜뜨고 있다. 핏기 없이 하얀 얼굴에 커다랗게 열려 있는 두 눈! 겁에 질린 모습이다. 곁을 지켜주는 혈육 하나 없이 낯선 사람들 틈에서, 낯선 환경에서 맞이하는 죽음이 너무너무 무서웠던 모양이다.

　　52세, 베이비부머(1955~63년생) 세대의 남자. 고령화사회에서 한창이라면 한창인 나이다. 철 지난 검정색 뿔테안경을 쓰고 침상에서 매일 신문을 보며 시간을 보내는 그를 찾아오는 사람은 아무도 없었다. 오며가며

---

41 2015. 06. 08.《경향신문》의 〈장산칼럼〉에 실린 칼럼을 수정 보완한 글입니다.

한마디씩 툭툭 내던지는 그의 말에서 그가 한때는 대학을 졸업한 뒤 넥타이 맨 깔끔한 모습으로 출퇴근하던 화이트칼라였음을 짐작할 수 있었다. 그러나 그 이상의 이력은 알 수가 없었다. 처음부터 그리고 삶을 마감하는 순간까지 혈육이 곁에 없었기 때문이다.

병원에서 의료진이 얻을 수 있는 모든 정보를 꿰맞추어서 얻어낸 그의 삶에 관한 이야기는 어떤 이유에서 이혼을 했고, 그 이후 우리가 알 수 없는 어떤 이유로 노숙까지 하는 상황으로 전락을 했고, 비참한 노숙 생활은 그의 몸도 마음도 한꺼번에 속절없이 무너져 내리게 만들었다는 것이었다. 하여 하루는 혈변을 쏟았다. 핏기 없는 얼굴로 쓰러질 만큼.

다행히 노숙자 지원단체와 지역의 사회복지센터가 나서서 주선을 해준 덕에 대학병원에 입원할 수가 있었고, 대장암 수술을 받은 후 내가 근무하는 병원으로 전원을 오게 된 것이다. 이미 암이 온 몸에 다 퍼진 상태라 그리 오래 버티지는 못할 것이라는 소견서와 함께.

가족으로는 친누나가 있으나 그 누나는 병원이나 복지시설로부터 연락 오는 것을 무척 꺼려한다는 것, 이혼한 아내 사이에서 난 친아들도 있지만 아들은 무슨 이유인지 백주대로에 몸을 드러낼 수 없는 처지에 놓여 있다는 것. 그것이 전부다. 아무도 슬퍼하는 이 없는 죽음을 맞은 주검이 하얀 포대기에 정성스럽게(?) 둘둘 말린 채 안치실로 내려간 뒤 사회복지사가 갑자기 분주해진다. 연고자가 나타나지 않는 이 주검을 어떻게 처리해야 할지 방법을 찾기 위한 분주함이었을 것이다.

◆　　◆　　◆

2015년이 지나면 베이비부머 세대의 은퇴가 시작된다. 맏형 격인 55년 생부터 시작해서 해마다 은퇴자 러쉬가 일어나는 것이다. '오륙도(5~60대가 되도록 직장에 머무르면 도둑이라는 뜻)'라는 말이 나온 지가 언젠데 새삼 은퇴자 이야기냐고 할지 모르겠지만, 구조조정이란 특수상황과 해마다 60세 정년퇴직자들이 쏟아져 나오는 것은 결이 좀 다른 상황이라고 보아야 할 것이다.

베이비부머 세대는 "아들 딸 구별 말고 둘만 낳아 잘 기르자"는 정부의 출산정책에 가장 큰 영향을 받은 세대들이어서 자녀들의 수가 그리 많지 않다. 하나 아니면 둘뿐인 자녀들은 또 세계화, 국제화의 영향을 받고 자란 세대였고, 부모가 먼저 나서서 기러기 신세를 감수하면서까지 자녀들을 '글로벌화' 된 세계인으로 키운 사람들도 있다. 따라서 베이비부머 세대의 자녀들은 전통적인 가족 공동체 또는 한솥밥 먹는 식구의 개념이나 가정의 질서를 받아들이기 거북해하고, 오히려 거추장스럽게 생각하는 세대들이다. 베이비부머 세대의 장성한 자녀들이 만들어가는 가족문화는 핵가족을 넘어 일인가구로까지 바뀌고 있다. 그런 자녀들이 세월이 흐른 뒤에 늙고 병든 부모들과 함께 산다는 것은 상상조차 할 수 없는 일이다.

따라서 앞으로 1~20년의 세월이 더 흘러 지금의 베이비부머 세대들이 삶의 막바지에 다다랐을 무렵에는 부부가 한날한시에 같이 삶을 마감할 수 있는 사주를 타고났거나 동반자살을 하지 않는 이상 한 사람은 반드시 독거노인이 될 수밖에 없다. 금슬이 아무리 좋은 부부였다 할지라도 남은 한 사람은 혼자 쓸쓸히 살다가 혼자 쓸쓸히 죽어갈 각오를 단단히 하고 있어야 한다는 이야기다.

그 아래 세대로 내려가면 문제는 더 심각해진다. 아이 하나 아니면 아이를 낳지 않는 부부도 있고, 젊은 세대 중에서는 결혼 자체를 아예 안 하는(못 하는) 사람들도 점점 늘어나고 있다. 그렇다면 소득이나 지위와는 상관없이 앞으로 의지할 데 없이 홀로 살아가야 하는 노년층이 빠르게, 또 꾸준하게 증가할 것이라는 사실은 쉽게 예측할 수 있다. 홀로 살던 이웃집 노인이 죽은 지 한 달 만에 발견되었다는 것이 요즘은 그래도 뉴스거리라도 된다. 1~20년 뒤에는? 자연스럽고도 일상적인 죽음의 풍경이 될 지도 모른다. 설마?

우리 사회에서 많은 사람들이 설마 하던 일은 시간이 지나면 반드시 현실로 바뀐다. 멀쩡하게 흘러가던 강을 설마 저렇게까지 파 뒤집어 놓을 줄은 아무도 예상 못했고, 아무리 그래도 세상이 설마 유신시대로 퇴행하리라고는 그 누구도 상상조차 하지 않았다.

아저씨, 아저씨, 갑질 아저씨

우리나라 5~60대 연령층의 행복지수는 OECD 국가 중에서 제일 밑바닥 수준을 맴돈다. 온갖 질병에 시달리는 비율도, 자살로 이어지는 병이라는 우울증도 상대적으로 5~60대에 이르면 껑충 뛰어오른다. 부도로 파산지경에 내몰리는 자영업자도 5~60대가 상대적으로 높다. 게다가 우리나라는 전 세계에서 아이들이 가장 불행한 나라로도 꼽히고 있다. 우리 사회에서 중추적인 역할을 하고 있는 세대와 미래 세대의 행복 수준이 이 지경이면 한국 사회는 더 따져볼 것도 없이 불행한 사회라 단언해도 좋을 것이다.

5~60대 연령층의 행복지수가 낮은 데에는 아무래도 경제적 요인이 제일 크게 작용할 것이다. 위로는 늙고 병든 부모를 부양해야 할 책임이 있고, 아래로는 7포 세대라는 자녀가 바짓가랑이를 붙들고 있는 형편인데, 자신은 이미 일터에서 밀려나왔거나 곧 밀려나올 처지이기 때문이다. 일을 하더라도 자아성취나 자아실현이니 하는 거창한 명분보다는 당장의 생계를 위해 거친 일터로 내몰리다시피 한 형편이니 일에 신명이 날 턱이 없다. "50대 자영업자가 꾸준히 증가"하는 한편 "부도 자영업자의 절반이 50대"라는 통계는 베이비부머 세대가 맞닥뜨리고 있는 현실을 수치로 증명하는 것이라고 할 수 있다. 이 세대의 우울증과 자살율이 꾸준히 올라가는 것도, 그리고 범죄가 증가하는 것도 다 그런 이유일 것이다.

그런데 이런 궁색한 처지에 내몰려 있는 기성세대를 바라보는 사회의 시각, 특히 젊은층의 시선은 전혀 호의적이지 않고, 동정이나 연민을 보이기는커녕 오히려 혐오와 적대감을 드러내기도 한다. 기성세대가 일자리와 임금까지도 독차지하고 있어 젊은 세대의 일자리가 없다는 정부의 홍보와 술책이 먹혀들어간 탓도 있겠지만, 기성세대에 대한 젊은층의 거부감은 정부가 홍보하는 그런 경제요인보다는 이른바 아저씨 문화와 젊은층의 문화가 서로 충돌하여 생긴 현상이라고 보아야 한다.

◆　　◆　　◆

　대개 아저씨로 호명되는 50대 베이비부머 세대의 사회문화적인 특징
은, 나이를 벼슬로 알았던 유교문화의 그늘에서 성장기를 보냈고 여자와
소인배를 동급으로 취급했던 할아버지와 아버지 밑에서 자랐다는 것이
다. 그래서 "여자와 북어는 사흘에 한 번씩 두들겨 패야 된다"거나 "암탉
이 울면 집이 망한다"는 소리를 듣고 자란 세대들이다. 그리고 집안에서
자녀들은 물론 아내에게도 절대권력을 행사하는 것을 당연한 것으로 알
았고, 군사부일체를 몸소 실천하던 교사들 밑에서 학창시절을 보냈던 터
라 교사가 학생에게 매질하는 것을 당연한 것으로 받아들였다. 군생활을
하면서 몸에 밴 위계문화와 그에 따른 폭력성은 더 말할 것도 없다.
　그렇게 학교에서 또 군대서 배웠던 습성이 몸에 배어 있어 아랫사람에
게 함부로 반말을 찍찍 해대면서, 훈계와 교육을 한답시고 손찌검·발길
질까지 서슴지 않았던 세대들이다. 조직 내에서 여성들, 특히 제일 나이
어린 여성들이 남성 상사에게 커피 심부름 하는 것을 당연한 의무라고 생
각하며 살았던 세대들이다. 동안과 다보록한 머리숱에 흰 머리카락 하나
없음을 자랑 삼아 떠벌리고, 젊은 여성과 하룻밤에 몇 차례씩 방사를 치
를 능력이 있다고 떠들어대다가도 정작 힘을 쓰는 일을 해야 할 상황이
되면 "내가 지금 이런 일 할 군번이냐"고 정색을 하며 버럭버럭 소리를 질
러대는 사람들도 있다. 그리고 사람들이 모인 자리에서 할 줄 아는 농담
이라고는 성희롱과 하나 다를 바 없는 음담패설뿐이다. 그러니 젊은 세대
들이 이 세대를 바라보는 시선이 고울 수가 없다.

우리 사회가 양극화되었다는 진단이 내려진 지는 오래되었지만 세대별로 볼 때 5~60대 연령층의 양극화가 가장 간격이 클 것이다. 나이 들고 일터에서까지 밀려나와 가장 궁색하기 짝이 없는 처지에 놓여있는 것도 5~60대이지만, 한편으로 우리 사회 모든 분야의 최상층부에서 권력과 함께 재력까지 움켜쥐고 있는 사람들이 또 5~60대들이다. 이들은 아무 곳에서나 "누가 감히 나에게"라는 식으로 절대권력을 휘두르고 다닌다. 자신이 수장으로 있는 조직이나 직장도 아닌, 식당이나 백화점에서조차 큰소리와 삿대질, 폭력까지 휘둘러대며 갑질을 즐긴다.

보라! 우리 사회에서 아랫사람들에 대한 폭행, 폭언, 성추행에다 별의별 추태로 신문 지면을 장식하는 사람들의 연령대가 어떻게 되는지를. 지하철에서 다리를 쩍 벌려 앉고, 온 동네 공공장소가 자신들만의 전용공간인 듯 주변사람을 아랑곳하지 않고 큰 소리로 떠들어대고, 처음 보는 어린 학생들에게 반말에다 삿대질을 해대며 이것저것 참견하고, 식당에서 주문을 할 때는 으레 반말에다 조금만 마음에 들지 않으면 욕설을 퍼부어대고…….

우리나라에서 파렴치한 권력형 범죄의 주역들은 죄다 5~60대에 몰려 있다. 이들은 자신의 조직 안에서 권력의 정점에 올라 있는 부류들이 많고, 여기에 나이에 따른 유교의 서열문화까지 가세하게 되면 낮은 지위에 있거나 나이가 어린 사람들은 이들의 갑질 수준을 넘어서는 불법행위나 범죄행위에 대해 어떤 저항이나 항의도 할 수 없다. 게다가 이들은 항상 자신보다 더 큰 권력을 가진 사람들의 힘에 혈연, 지연, 학연의 끈으로 자신을 묶어둔다. 그래서 지위와 재물, 그리고 권력까지 갖춘 이 나라 아저씨들의 처신은 안하무인이 될 수밖에 없는 것이다.

젊은 사람들이 이런 아저씨들에게 그냥 곱게 머리 숙일 리는 없다. 겉으로는 현실적인 힘에 짓눌려 머리를 숙이겠지만 속마음까지 그럴까? 아저씨들의 이런 "놀라운 당당함"은 "남성중심적이고 상하위계적인 한국사회의 추악한 본질을 내면화"[42]한 것이라며, 이를 극복하기 위한 젊은이들의 문화적 반란이 필요하다는 젊은 세대의 거침없는 주장까지 나오고 있다.

◆ ◆ ◆

그러나 쨍쨍하던 햇살도 때 되면 힘이 빠진다. 날은 서서히 저물어 가는데 갈 길은 아직 아득히 먼 것이 이 나라 모든 베이비부머 세대의 운명이다. 이들은 경험과 경륜으로 자녀들을 가르친 것이 아니라 오히려 자녀들로부터 인터넷, PC, 스마트폰과 같은 사물의 작동법을 배운 첫 세대이고, 그래서 부모의 경험과 경륜이 자녀들로부터 무시당한 첫 세대이며, 부모의 능력과 존재감이 경제력으로 평가된 첫 세대이다.

이들이 이제 늙어가고 있다. 권력과 재력, 모든 것을 다 가졌어도 그것이 한순간의 물거품임을 깨닫게 되기까지는 그리 긴 시간이 필요치 않다. 그래서 놓지 않으려고 발버둥을 치는 것일 게다. 오르기만 하고, 오르려고만 하고 살아왔던 터라 내려갈 길을 찾지 못하고 있다. 그래서 내려오

---

42 〈'아저씨'적인 폭력〉, 문강형준,《한겨레》, 한겨레 칼럼〈크리틱〉, 2015.09.16.

지 않으려고, 끈 떨어지기 전에 또 다른 줄을 찾기 위해 시간가는 줄 모르고 바삐바삐 사는 것일 게다. 몸이 늙어가니 마음은 더 바쁘고 초조한 것일 게다.

모든 것을 다 가진 듯한 사람들, 도무지 세상 무서울 것이 없을 것 같은 사람에게도 소름이 끼칠 만큼 무서운 것이 있다. 바로 시간이다. 한 나라의 모든 것을 다 주무를 수 있는 권력을 가진 종신 대통령도 시간만큼은 어찌 해볼 도리가 없다. 영구집권의 망상은 시간이 그를 죽음으로 끌고 감으로써 허무하게 끝이 난다.

소리 없이 흘러가는 시간은 인생의 하산길에 들어 선 사람을 초조하게 만든다. 불안하게 만든다. 초조와 불안에 시달리면서도 권력과 재물의 집착에서 벗어나지 못하는 마음은 탐욕과 분노, 어리석음 - 탐진치(貪瞋痴) - 으로 시커멓게 물든다. 심사는 강퍅해지고, 행동은 점점 더 거칠어지고 생각은 갈수록 단조로워진다.

제7장

마음을 병 들이는
세 가지 독, 탐진치(貪瞋痴)

탐(貪) – 권력의 꿀맛

최일남의 단편소설 〈풍경〉**43**은 퇴직한 뒤 "고질적 출근병"에 시달리는 어느 고위공직자의 일상 풍경을 그린 이야기다. 고질적 출근병이란 사실 습관 탓이기도 하지만, 삼사십 년 이상 몸에 쌓인 기억들 때문에 생긴 병이다. 한 달 전에 장관 자리에서 물러난 정 총재는, 비록 수행비서가 동승하는 큰 덩치의 의전용 차는 아니지만 여전히 전담기사가 몰아주는 고급차를 아파트 주차장에 세워놓고 있다. 그러나 딱한 건 이 자리 저 자리 다 손 털고 나온 처지라 기사가 몰아주는 차를 타고 마땅히 갈 곳이 없다는 것이다. 버릇처럼 아침 일찍 일어나 능숙한 손놀림으로 넥타이를 매다가도 마땅히 갈 곳이 없다는 사실을 아차! 뒤늦게 깨닫고 풀썩 주저앉고 마는 그런 신세다.

정 총재는 잠깐의 공백도 없이 사장·이사장·총재 자리를 두루 역임하

---

43 최일남 소설집 《아주 느린 시간》 (문학동네, 2002.)에 수록

고, "한 달 전까지 현직 장관"으로 호사를 누리던 신분이었다. "노력 못지 않게 운도 따랐고", "손금이 없어지도록 잘 비볐"든 "물밑 정치" 솜씨가 좋았든 간에, 장관 자리도 처음이 아니라 두 번씩이나 꿰찬 자리였고, 또 장관 자리에서 물러나자마자 민간단체에서 명예총재로 추대될 만큼 관운이 넘치던 사람이었다. 단 한 가지 아쉬움이 있다면 국회의원을 한번 못해본 것인데, 그것도 능력이 없어서라기보다는 아내의 결사반대로 지역구도 비례대표도 다 꿈을 접어야 했을 뿐이다. 대한민국이라는 나라에서 가슴팍에 금뱃지 단 사람들의 호사를 생각해보면 그리 길지 않은 인생에 국회의원 경력이 빠진 것이 한이 되지 않는 것도 아닐 것이다. 그러나 보통 정 총재 같은 사람이 국회의원을 못해본 것은 그저 권력에 대한 끝없는 탐욕이 좌절된 것일 뿐 함부로 한(恨)이라고 이야기하지는 않는다. 한은 빈손에, 빈 주머니에, 빈 가슴에, 빈자리에 맺히는 것이기 때문이다.

정 총재 같은 인물들은 웃음이 없는 사람들이다. 그들은 현직에 있을 때 온갖 호사를 누리면서도 절대 웃지 못한다. 웃기는 부지런히 웃고, 늘 사람 좋은 웃음을 머금고 다니지만 그 웃음은 사진 찍기 위한 웃음이고, 로비를 위한 웃음이고, 비즈니스를 위한 웃음이지 가슴에서 빵 터지는 웃음이 아니다. 그들은 웃지 못한다. 웃을 때는 밀실에서 혼자 웃는다. 공개된 장소에서 웃는 순간 권위는 실추되고 주변 사람들과 같이 웃는 순간 같은 부류의 인간이 되기 때문에 그들의 입은 항상 굳게 닫혀 있고 입꼬리는 아래로 처진다. 하찮은 아랫것들을 다룰 때는 늘 근엄한 모습으로 대하다가 한 번씩 준엄한 질책을 해야 조직의 기강도 설 뿐더러 권위의 격도 높아진다. 그래서 그들은 늘 웃지 못하고 산다. 하하 웃을 수가 없는 사람들이다. 하지만 계급장을 떼고 난 뒤에도 그런 얼굴에 고개 숙이는 사람이 있을까? 현직에 있을 때는 장관을 태운 관용차가 보이지 않을 때까지 고개를 처박고 있던 인간들이 제일 먼저 변한다.

◆　◆　◆

그런데 불러주는 곳도 갈 곳도 없는 정 총재가 정말 못 견뎌 하는 것은 다른 게 아니라 세상 사람들이 불러주는 호칭이다. 승용차를 몰아주는 기사가 없으면 나들이가 불편한 것도 달리 생각하면 지하철과 같은 대중교통에 도전해보는 기회가 될 수도 있고, 주체할 길 없이 남아도는 시간이 괴롭기는 하겠지만 가만히 내버려두어도 시간은 무심히 흘러가는 것 아닌가? 문제는 한 달 전까지만 해도 장관님이라 불리던 사람을 세상 사람들이 알아주기는커녕, 할아버지, 영감님, 아저씨라고 마구잡이로 불러대는 것이다.

"자기 발로 땅을 딛고 서서 교통신호의 가시오 멈추시오를 성마르게 기다린 적이 드물었던" 정 총재가 인도의 신호를 기다리다 가로수 은행나무의 은행알을 털고 있는 일단의 남녀들을 맞닥뜨리게 된다. 장관까지 지낸 사람이 몇몇 시민들이 시민들을 위한 공공시설물을 훼손하고 있는 현장을 못 본 척 지날 수는 없었던 모양이다. 그런데 길거리에서 낯선 노인에게 느닷없는 질책을 받은 시민들의 반응이 예상 밖이다. 되레 "아저씨", "영감님"이 쓸데없이 왜 남의 일에 참견이냐는 듯이 대든다. 얼마 전까지 총재님, 장관님으로 불리던 신분으로서는 막장까지 간 셈이다. 그래서 당혹해하며 불쾌해하는 정 총재의 심정을 상대는 또 정확히 꿰뚫으면서, 한 술 더 떠 "아저씨도 싫고 영감님도 싫으면 뭐라고 불러드리리까?"라고 빈정대면서 머리꼭지 위에까지 올라앉는다.

누구든 계급장 떼고 나면 할아버지요, 영감님이요, 아저씨, 아재인 것은 당연한 것이고, 또 현직에 있을 때도 상대가 호칭에서 결례를 하면 수행원이 먼저 나섰지 정 총재 자신이 직접 나댈 필요는 없었다. 장관이나 총재는 그저 근엄히 입을 굳게 다물고 양쪽 입꼬리를 균형 맞추어 아래쪽으로 드리우고만 있으면 되는 일이었다. 그런데 지금은 곁에 아무도 없다. 더구나 정 총재가 대꾸할 말도 없다. 명예로운(?) 퇴각만 남았는데…….

그때다. 마지막 쐐기를 박는 소리가 은행나무 위에서 꽥 터졌다.
사장니임, 집에서 손주가 기다려요, 참견 그만 하시고 빨랑빨랑 댁에 가서 손주들 볼기짝이나 토닥거리세요. 네? 회장님.

그렇게 현직에서 물러나 호칭이 할아버지, 아저씨(속으로는 "개저씨"라 부른다), 영감님은 물론이고 길거리에서, 시장이나 백화점에서, 술집에서 너나없이 아무한테나 불러대는 사장님, 동네마다 직장마다 차고 넘치는 동호회, 사우회, 동기회, 동창회 회장님으로까지 전락할 지경이 되고 나면 알랑대던 측근들이 제일 먼저 알아본다. 거침없이 펑펑 써대던 판공비나 업무추진비도 없다. 줄어드는 수입 때문에 어쩔 수 없이 내보내려 했던 가정부가 이쪽에서 먼저 말도 꺼내기 전에 새 일자리를 찾아 나서고, 오랜 세월 손발처럼 부리던 운전기사까지 곁을 떠난다. 관용차도 아닌데다 현직도 아닌 퇴직 공직자의 자가용을 모는 매력이 없어진 탓일 게다. 무엇보다 퇴직 이후에 찾아 온 정 총재의 우울증과 쉽게 조절되지 않는 분노를 자신의 뒷통수 하나로 고스란히 다 감당해야 하는 것이 제일 큰 부담이었을 것이다.

게다가 가정부와 기사에 이어 정 총재의 아내까지 짐을 쌀 준비를 한다. 나이 차이가 많은 후처인데다, 오갈 데 없는 정 총재가 미국으로 건너가서 미국 대학의 연구소에 적을 두고 재기의 기회를 노리겠다는 구상을 하고 있었기 때문이다. 그곳에서 둥지를 틀기 위해서는 잠시라도 미국에 있는 아들의 도움이 필요하다. 그런데 부자가 오랜 시간 태평양을 사이에 두고 서로 떨어져 산 터라 부자간의 관계조차 서먹할 텐데 나이든 아들이 생모도 아닌 새어머니를 살갑게 맞아줄 리는 없을 것이다.

◆　　◆　　◆

작가는 정 총재가 지금쯤 "어느 지경을 헤매고 있을"지를 궁금해 하며 이야기를 끝낸다. 글쎄다. 작가는 궁금한지 모르겠지만 정 총재 같은 전직들의 근황을 궁금해 하는 사람은 아무도 없다. "악플보다 더 무서운 것이 무플"이란 말이 있듯이 전직들의 삶이 괴로운 또 한 가지 이유는 봉황이 양편에서 춤을 추는 명패에 또렷이 새겨져 있던 자신의 이름을 세상사람 아무도 기억해주지 않는 무관심일 것이다. 전직 대통령의 근황조차도 궁금해 하지 않는데 일개 전직 장관의 근황을 궁금해 하는 사람이 어니 있을까? 그래서 정 총재 같은 흘러간 전직들은 다가오는 선거철까지 자리를 새로 얻지 못하면 아마도 선거캠프에 온몸을 던지다시피 해서 대권 후보자의 '특보'라는 명함을 하나 판 뒤, 후보자 사진 옆에 자신의 얼굴이 나올 수 있는 자리를 차지하기 위해 치열한 몸싸움을 하세 될 것이다.

그런데 처지가 오그랑쪽박 신세로 추락한 정 총재 같은 전직들이 무리해가면서까지 굳이 전용기사 딸린 고급승용차를 고집하는 이유는 딱 하나, 바로 사교 때문이다. 다시 말해 "자신이 상대하는 인물들의 체면을 존중"해야 하는 것이 사교계의 철칙인 만큼, "자기 때문에 상대방 삶의 격을 낮춰서는 안"되기 때문이다. 그런 정 총재 따위의 전현직들이 드나드는 사교계의 비루함과 비굴함을 도스토예프스키는 일찌감치 간파했다.[44]

모든 가난 중에서 가장 경멸스럽고 가장 더럽고 수준 낮고 지저분한 가난은 바로 사교계의 가난이다. 마지막 한 푼까지 다 써버렸는데도 불구하고, 체면 때문에 마차를 타고 다니면서 정직한 노동으로 땀흘려 빵한 조각을 버는 평민들에게 흙탕물을 튀긴다. 그들은 어떤 일이 있어도 하얀 넥타이에 하얀 장갑을 낀 하인들을 거느린다. 그들은 동냥을 하는 것은 창피해 하면서도 가장 뻔뻔하고 비양심적인 방법으로 동냥을 얻어내는 것을 창피해하지는 않는다.

44 《뻬쩨르부르그 연대기》, 이항재 옮김, 열린책들, 2010, 106쪽

진(瞋)-가눌 길 없는 분노

관뚜껑 닫기 전의 모습이 사람의 참모습이라는 이야기가 있다. 그 사람의 삶이 행복했는지 불행했는지는 그 사람이 죽고 나서야 비로소 알 수 있다는 이야기도 있다. 몸이 만신창이가 되어 요양병원에서 삶을 마감할 수밖에 없는 처지에 내몰린 노인들, 하나같이 병원에서 마련해준 헙수룩한 환의를 입고 있으니 개성 없고 그저 그런 똑같은 환자로 비치지만 은연중에 몸짓이나 말투에서 그 사람의 살아온 이력이 드러나게 된다. 특히 남자들의 경우 굳이 그 사람이 살아온 이력을 들추어보지 않더라도 무슨 일을 한 사람인지 짐작이 가는 경우도 많다. 아마도 한평생 몸에 밴 습관이나 버릇이 자신도 모르게 드러나기 마련이고, 무엇보다 말씨나 그가 선택하는 어휘들 속에서도 과거 직업을 유추할 만한 증거들이 나타나기 때문이다.

매일같이, 회진 중이든 다른 일이든 주치의와 마주칠 때마다 주치의에게 자신의 신분을 확인하는 환자가 있었다. 그 신분이란 귀천을 나누는 그런 신분이 아니라 법에서 이야기하는 신분을 말한다. 다시 말해 지금 자신이 억울하게 감금된 상태인데 그렇게 감금될 수밖에 없는 자신의 신분이 기결수인지 미결수인지, 아니면 피의자 신분인지 참고인 신분인지 분명히 해달라는 것이다.

그의 신분은 병원에서 의료서비스-말로는 번드르르하게 "친부모를 모시는 듯한 최상의 서비스"라고들 하지만-를 제공받는, 백화점으로 치자면 고객과도 다를 바 없는 귀한 신분이라고 일러주면, 논리가 분명하면서도 가시가 박힌 말들이 속사포처럼 쏟아진다. 그러면 아무 병도, 아무 탈도 없는 자신이 여기 갇혀 지내야만 하는 이유를 설명하라는 것. 그리고 (의사 나부랭이 주제에) 무슨 권한으로 내보내달라는 나의 요구를 그렇게 함부로 묵살하는지, 상부의 어떤 지침을 받았는지, 받았다면 그 상부가 누군지, 외부와 차단됨으로써 내가 느끼는 불안과 고독감을 이용하려는 것 같은데 그 의도가 무엇인지…….

질문하는 내용들은 비록 망상이긴 하지만 조리는 물론 법적 논리성까지 완벽하게 갖추고 있어서 법에 무지한 의사의 어휘력으로 대응하기에는 한계가 있다. 그러니 노인이 요구하는 속 시원한 대답이 나올 리가 없다. 게다가 내일 당장 수술이나 응급조치를 해야 할 중증질환도 아니고, 더군다나 전염병도 아닌 탓에, 노인이 주장하는 병원 측의 감금(?)에서 풀려나는 것은 사실 의사의 권한이 아니라 전적으로 가족의 결정에 달려있다. 가족이 모시고 나가겠다고 하면 그날로 끝이다. 까다로운 절차도 필요 없다. 그간의 진료비만 정산하면 된다.

사정이 그러하고 그런 사정에 대한 설명이 어느 정도 수긍이 되면 분노와 증오심으로 범벅이 된 노인의 폭언과 욕설은 자신을 감금시켰다고 생각되는 가족을 향하게 되어 있다. 노인이 퇴원을 절박하게 원하고 있다는 병원 측의 연락을 받은 가족들이 헐레벌떡 쫓아와 보지만 눈빛으로 살기를 쏘아대며 폭언과 욕설을 쏟아 붓는 아버지를 만난 자녀들은 그런 아버지를 집으로 모시고 갈 엄두를 못 낸다. 감금은 지속되고 저항은 더 강해지고, 저항이 강해지는 만큼 병원 측의 억제와 통제의 강도도 거기에 비례한다. 가족이 모시고 가지 않겠다면 의사나 병원 측에서도 어떤 해결책이 있겠는가?

◆　◆　◆

　노인은 자신의 말대로 정말 아무 탈 없이 잘 살던 사람인 것이 맞고, 기억력이나 판단력도 전혀 문제가 없다고는 할 수 없으나 일상생활이 어려울 정도의 수준은 아니었다. 건강에 아무런 문제가 없는데도 감금과 다를 바 없는 입원 생활을 하게 된 이유는, 언제부터인가 가족들은 말할 것도 없고 이웃과 주변사람들에 대한 폭언과 폭력을 끝없이 되풀이했기 때문이다. 말한마디 한마디에 짜증이나 화가 섞이지 않은 적이 없었고, 그런 말투를 누가 지적이라도 하고 나서면 자신을 무시한다며 더 거친 말과 폭력이 이어졌다. 가장 큰 피해자는 당연히 그 노인의 부인이었다. 더 큰 문제는 때와 장소는 제쳐두더라도 상대조차 가리지 않는 성(性)적 행동이었다. 여든을 훌쩍 넘긴 노인이 심지어 손녀를 상대로……. 아무리 효심이 가득한 자녀들이라도 달리 선택의 여지가 없었을 것이다.

　기억에 병이 생긴 사람들에게는 작화증(作話症), 다시 말해 이야기를 꾸며내는 증상을 흔히 볼 수 있다. 특히 주정 중독에 의한 기억장애(알코올성 치매)가 있는 사람들에게는 특징적인 증상이기도 하다. 중간중간 숭숭 비어있는 기억을 채워넣으려는 본능 같은 것이 작동한 탓이 아닐까 싶다. 병자가 아니더라도 과음 이후 기억이 끊긴 경험이 있는 사람이라면 끊긴 기억을 잇기 위해 작화 즉, 이야기를 꾸며내 본 경험들이 다들 한두 번은 있을 것이다.

그런데 병적 상태가 아닌데도 작화증을 보이는 사람들이 있다. 이들은 끊임없이 이야기를 꾸며내어 다른 사람도 아닌 자기자신에게조차 거짓말을 하고 자신을 설득하고 세뇌시킨다. 치매라고 할 수도 없는데, 그저 일방적으로 혼자 내지르는 말들이어서 대화가 어렵다. 표정은 뭔가에 쫓기는 듯하고 불안한 기색이다. 그런 사람들의 꾸며낸 이야기를 듣다 보면 혹시 그가 과거에 정당하지 못한 일에 가담했거나, 정의롭지도 못하고 인간의 보편적 양심에도 반하는 일을 했던 이력이 있지 않을까 그런 추측을 하게 된다.

그런 사람은 아무도 묻지 않는 말을 격정과 울분에 가득 찬 목소리로 혼자서 떠들어 댄다. "내가 한 일은 옳은 일"이고, "국가와 민족을 위해서 지금 당장 할 일이 많은 사람인데 내가 일을 못 하게 그들(빨갱이)이 내 옷을 훔쳐서 내가 지금 이렇게 이 옷(환자복)을 입고 있지만 빨리 조치해 주지 않으면 더 이상 좌시하지 않을 것"이고, "누군가는 당연히 해야 할 일을 했을 뿐"이라고……

작화증은 말의 조리는 분명하고 유창하기까지 하지만 뭔가 앞뒤가 맞지 않고, 시공간이 서로 다른 사건들이 뒤섞여 있고, 어투에는 억울함이 잔뜩 배어 있는 경우가 많다. 그래서 작화증이 있는 사람은 열변을 토하면서 분노조절이 잘 되지 않는 특징이 있다.

◆　　◆　　◆

숨이 차서 열 걸음을 제대로 못 걷는데다 뇌졸중으로 한쪽 수족이 불편한 70대 후반의 노인이 입원할 때의 일이다. 입원 수속을 위해 병실 로비에서 휠체어에 의지하고 있던 노인이 갑자기 앞에 서 있던 아들에게 달려들었다. 아들의 멱살을 낚아채고 욕설을 하며 뒤흔드는데, 방심하고 있던 40대 중반의 아들이 거의 나동그라질 정도가 되어버린다. 한쪽 팔다리는 힘을 쓸 형편이 못되지만 남은 한 팔의 힘은 소도 때려잡을 기세다. 몇 사람이 달려들어서야 겨우 떼어놓을 수 있을 정도였다. 잠시지만 많은 사람들 앞에서 곤욕을 치른 아들은 입원 수속이 끝나자마자 뒤도 돌아보지 않고 바람처럼 사라져버렸다.

그 노인이 꼭 입원해야 할 사정이 있었던 것은 아니다. 천식은 예전부터 앓아오던 지병이고, 뇌졸중으로 한쪽 수족이 불편하긴 했지만 뇌졸중이 발병한 건 일 년 전의 일이었다. 몸 상태는 혼자서라도 조심스럽게 한쪽 다리를 끌면서 걸을 수도 있을 만큼 호전된 상태였다. 그래서 지금까지 아들네 집에서 그럭저럭 잘 지내왔던 것인데, 아들은 왜 그런 아버지를 감금하다시피 강제로 입원을 시켜야 했을까?

노인은 원래 젊을 때부터 성격이 급하고 완고한데다 가족들에게 폭언과 폭력을 휘두르는 버릇이 있었던 사람이었다. 술이 들어가면 당연히 더 심해졌다. 그리고 위계질서가 엄격하고 조직 구성원 사이에 폭언이나 폭력이 조직의 전통이요 문화처럼 굳어진 곳에서 반평생을 보내고 정년퇴직을 했다. 퇴직 이후 술과 함께 보내는 시간이 많아지고, 그런 만큼 감정 조절이 안 되니 상식선에서는 받아들이기 힘든 엽기적인 행동들이 점점 늘어났다. 이웃 사이에도 폭력을 휘둘러 사달을 내는 것은 다반사였고,

충동적인 성적 행동을 보이기도 했다. 가족들이 도저히 견딜 수 없었던 것은 화가 나면 며칠씩 대소변을 아무데서나 해결하는 버릇이었다. 그것도 아파트에서.

병원 생활을 하면서도 거의 매일 문제를 일으킬 정도로 감정 조절이 되지 않았다. 하지만 몸만은 빠르게 시들어가고 있었다. 이런저런 이유로 아들에게 연락을 했지만 아들은 전화를 받지 않았다. 그런데 몇 주째 연락이 되지 않던 아들이 하루는 연락도 없이 불쑥 진료실 문을 두드리고 들어섰다. 그리고는 이 세상에서 가장 슬픈 표정을 지으며 자신의 처지를 하소연했다.

"부모도 정말 미울 때가 있잖아요? 내 생활도 해야 되고, 아도 키아야 되고…. 병원에서 전화만 오면 깜짝깜짝 놀랍니다.

제가 권투를 했심더. 선수 될라꼬 한 기 아이고, 아부지한테 하도 욕 얻어먹고 뚜대리 맞고 커다보니까…. 샌드백 두들기면서 내 화를 푼 거지예. 우리 엄마는 10년 전에 아픈 지 일주일 만에 돌아가셨다 아입니꺼. 엄마가 열이 나고 배가 아파 끙끙대는데, 아부지가 고래고래 소리를 지르면서 밥 잘 묵고 똥 잘 누마 되지 병원은 무씬 병원 포시랍거러(호사스럽게) 카는 바람에 시기를 놓친 거지예. 집에서 며칠 끙끙대다가 몸이 팅팅 부가 그때 응급실 가니까 콩팥이 어데 잘못됐다 카든가, 병실에 입원하자마자 그길로 돌아가셨다 아입니까. 인자 자기 몸이 아프니까 자식들까지 못 살게 괴롭히고…."

그의 부친은 자신의 감정을 억제하지 못하고 난폭한 행동을 일삼은 탓에 오래 전부터 이 병원 저 병원을 드나들던 사람이었다. 여기 내가 근무하는 병원에 입원하기 전에도 이미 세 차례나 병원을 옮겨야 했던 전력이 있었다. 이유는 전부 절제되지 않는 폭언과 폭력 때문이었다. 아들은 새로 옮긴 병원에서도 전화가 오니까 당연히 아버지를 퇴원시키라는 이야기인 줄 알고 전화를 받지 않았던 것이다. 뒤늦게 찾아온 아들은 아버지가 살아온 전력을 밝히면서 이제 또 다시 퇴원하면 정말 갈 곳도 없으니 선처를 부탁한다는 말을 거듭 되풀이했다. 신체적 억제는 물론 약물에 의한 억제까지도 전부 병원의 처분에 동의한다는 말과 함께.

✦　✦　✦

그런데 사실 병원에서 전화를 할 무렵 노인은 난폭한 행동 때문에 퇴원을 강요받을 상태는 아니었다. 거친 성질만 남아있었고, 입만 살아있었고, 그것도 무뎌질 대로 무뎌진 상태라 힘이 없었다. 침상에서 혼자서 겨우 일어나 앉아 있을 정도로 빠르게 생기가 시들어가고 있을 때였다. 식사량도 엄청나게 줄어 미음으로 연명하고 있는 수준이었다. 가족에게 전화를 한 건 퇴원을 강요하기 위해서가 아니라 연명치료를 할지 여부에 대한 가족의 의견을 묻기 위함이었다. 아들은 당연하다는 듯이 단호하게 거부했다. 아들이 돌아가고 난 뒤 노인은 그리 긴 시간을 버티지 못했다. 평생 품고 살았던 증오와 분노의 감정을 마지막에는 다 내려놓고 갔는지는 알 길이 없다.

분명한 것은 남의 말은 귓전으로 흘리고, 늘 자기 주장만 옳고, 말보다는 주먹이 먼저 올라오거나, 욕을 섞지 않으면 단 한마디의 말도 제대로 이어가지 못하는 것은 그 사람의 피폐한 인간성 탓이지 나이와는 전혀 관계가 없다는 점이다. 젊었을 때 권세나 재물의 힘, 또는 완력만을 믿고 온갖 패악질을 일삼으며 살아왔던 자신의 인생에 대해 단 일 분 일 초의 반성의 시간도 가진 적 없이 늙어버린 인간들의 폭력성은 원래 자신의 참모습이 온 세상에 드러난 것이지 늙음은 물론 치매와도 전혀 관계가 없는 증상이다. "세 살 버릇이 여든까지 간" 것이고, 병적 증상이 아니라 인간성 그 자체라는 말이다.

땅콩 몇 알 때문에 국제선 비행기를 되돌리는 괴력을 발휘한 재벌 가문의 여사장, 비행기에서 기내식으로 나온 라면이 설익었다고 행패를 부리며 승무원을 잡지로 때린 대기업의 상무, 밀린 임금을 받으러 온 노동자에게 야구방망이를 휘두른 재벌, 제자를 온갖 야만적인 방법으로 폭행·학대하다 못해 인분까지 먹인 교수, 수련의들에게 욕설과 발길질을 하지 않으면 교육이 안 된다고 생각하는 의대 교수, 학생들을 장작 패듯이 두들겨 패는 교사, 솜사탕 같은 어린아이의 얼굴을 바윗돌 같은 주먹으로 휘갈겨버린 보육교사…… 이 일들은 결코 '치매 걸린 늙은이'가 분별없이 저지른 폭력이 아니다.

때와 장소는 물론 상대조차 가리지 않고 성충동을 조절하지 못하는 것이 실체도 분명하지 않은 '노인증후군'이나 '치매'를 앓는 노인들에게만 나타나는 병리적 증상인가? 학점을 무기로 여제자들을 성 노리개로 삼는 교수들, 후배를 성추행한 판사, 성폭행 당한 여성 피의자를 다시 성추행한 경찰관, 사건 피의자를 불러 집무실에서 성관계까지 한 검사, 수면내시경을 한답시고 여자 환자를 잠재워놓고 성추행을 일삼다 쇠고랑을 찬

의사, 대낮에 호텔로 여성을 불러들여 강간을 하고서도 당당하게 거리를 활보하는 국회의원, 골프장에서 캐디를 성추행하고서는 딸 같아서 그랬다는 전직 국회의장……. 드러나서 사달이 난 것들만 얼추 모아도 이렇다. 이들이 다 치매 걸린 늙은이들이란 말인가? 하나같이 어릴 때부터 공부를 잘해서 이 나라에서 가장 똑똑하다는 평가를 받았을 것이고, 나이 들어서는 사회 각 분야에서 중추적인 역할을 해온 사람들이다. 치매라는 불경한 질병에 걸릴 거라고는 단 한순간도 의심조차 해보지 않았던 사람들이다. 그런데 이들은 온갖 추행을 저질러도 처벌받지 않거나 처벌을 받더라도 솜방망이 처벌을 받는다.

치(癡)-기계심과 물치(物癡)[45]

요즘은 대부분의 사람들이 스마트폰이나 휴대전화기에서 울리는 알람 소리에 아침잠을 깨고, 출근해서는 책상 위의 컴퓨터 전원을 켬으로써 일과를 시작한다. 일과 중에 틈틈이 문자를 주고받음으로써 퇴근

---

[45] 소식의 〈보회당기(寶繪堂記)〉-"군자는 물(物)에 뜻을 의탁할 수는 있어도 물에 뜻을 남겨서는 안 된다. (중략) 물에 뜻을 남기는 사람은 하찮은 미물 때문에도 병이 들고, 아무리 훌륭한 사물이라도 즐거움으로 삼지 못한다"-에 대한 주석에서 중국의 미학자 장파(張法)가 사용한 표현이다. 《중국미학사》, 642쪽)

이후의 약속을 확인하고, 머리맡에 조심스럽게 스마트폰을 내려놓고 잠을 청하면 길고 긴 하루가 마무리된다. 스마트폰에서 소리만 울리면 언제라도 잠을 깨겠다는 자세로.

이렇게 우리의 일상은 온갖 정보들이 쓰나미처럼 밀려드는 정보통신기기에 포위되어 있는 꼴이다. 쉴 새 없이 울리는 벨 소리와 진동음, 알람소리는 잠시 잠깐 동안의 게으른 명상조차 허락하지 않는, 의식의 각성상태를 유지하게 만든다. 과연 지금 이 시대에 잠자는 시간만이라도 온갖메시지와 알람과 문자로부터 자유로울 수 있는 사람이 얼마나 될까? 유명 인사나 정치인의 경우는 "휴대폰 전원을 꺼둔 상태로 전화를 받지 않는다"는 것이 뉴스거리가 될 정도다.

대부분의 사람들에게 컴퓨터와 스마트폰이 자신의 뜻과 상관없이 반드시 갖추어야 하는 생활필수품이 된 것은 업무의 실용성보다는 편리함때문이다. 결혼식을 알리는 청첩장을 간단하게 손전화기의 문자 메시지로 대신한 지도 오래 되었고, 부고를 알리거나 조문에 대한 답례인사까지도 문자로 대신할 수 있게 되었다. 게다가 온갖 행정기관에서 민원서비스차원에서 날려주는 문자도 매일 한두 건씩은 있다.

손가락질 한 번으로 내가 전하고 싶은 이야기를 온 세상에다 퍼트릴 수있고, 또 서로 마주보며 얼굴 붉힐 필요도 없이 계약 해지나 해고 통보까지 할 수 있게 되었으니, 인간이 고안해낸 기술 중에 이보다 더 나은 효율성과 경제성을 가진 것은 없을 것 같다.

그런데 문자나 이메일로 소식을 전할 때 더 큰 장점은 따로 있다. 소식을 주고받는 과정에서 생기는 착오나 오류에 대한 책임이 발신자보다는 수신자에게 전가되는 것이다.

문자는 보내고 나면 모든 책임은 받는 사람의 몫이다. 못 읽었다든지 못 받았다는 말을 할 수 없고, 그런 말을 했다가는 바보 아니면 외계인 취급을 받게 된다. 읽고 답을 안 하기도 어렵고, 안 읽었다는 말은 더더욱 하기 힘들다. "씹었다"는 뜻으로, 문자를 보낸 상대를 무시한 꼴이 되기 때문이다. 경조사의 경우, 미처 몰랐다는 변명이 통하질 않는다. 다른 선택의 여지가 없다. 참석하거나, 안 가고 관계를 끊거나 둘 중 하나다. 정 참석하기 어려운 사람을 위해서는 무통장입금이 가능한 계좌번호가 문자에 선명하게 찍혀있다.

전원을 꺼두면 왜 꺼두었는지, 이메일이나 문자를 확인 안 했으면 왜 확인을 안 했는지, 답이 없으면 왜 답을 안 하는지 발신자가 버럭버럭 화를 내며 따지기도 하고, 수신자는 아무 이유도 없이 위축되어서 사과까지 해야 하는 상황이 벌어지기도 한다. 전화를 받으면 대뜸 "어디냐?" 아니면 "뭐하냐"고 수사관이 취조하듯이 묻는다. 도대체 말도 안 되는 상황이지만 받는 사람은 아무 생각 없이 나의 지금 위치나 하는 일을 공손하게 보고한다.

하지만 아무리 편리한 도구라 해도 손전화기나 이메일로 읽는 문자와 글은 표정과 억양을 알 수 없는 말투요, 체온이 느껴지지 않는 대화이며, 감정이 교차되지 않는 소통이다. 자신의 내면에 있는 가장 진솔한 감정을 말로, 글로 표현하는 것은 결코 쉬운 일이 아니다. 그렇기 때문에 문자 메시지나 이메일은 너무나 많은 착각과 오해와 곡해를 불러일으킴으로써 끔찍한 사고까지 유발하기도 하는, 편리하면서도 대단히 위험한 소통도

구이기도 하다. 소통의 상대가 익명의 낯선 사람이라면 문제는 더 심각해진다.

이런 문제들을 발신자들은 또 쉽게 해결한다. 휴대폰이나 스마트폰에 내장되어 있는 기호나 이모티콘을 골라 찍어 날리기만 하면 된다. 그에 대한 해석은 전적으로 받는 사람의 몫이고, 받는 사람이 해독이 불가능하거나 해독할 능력이 안 되면 그것은 보내는 사람의 책임이 아니라 받는 사람의 문제로 전환된다. 시대에 뒤떨어졌거나 시대의 변화를 따라잡는 감수성이나 순발력이 부족한 사람, 이도 저도 아니면 바보 혹은 문명을 받아들일 줄 모르는 미개인으로 만들어버리는 것이 문자 속의 기호나 이모티콘의 괴력이다.

디지털 미디어로 정보를 주고받는 데 있어 또 한 가지 장점은 면책 특권이 무한정 보장된다는 것이다. 컴퓨터나 스마트폰 때문에 일어나는 모든 문제는 책임질 주체가 없다. 정보를 상세히 제공해야 할 의무가 있는 단체나 기관은 "홈페이지 참조"라는 한마디만 해놓으면 정보 공지와 관련하여 어떤 책임을 질 이유도 없다. 그 밖에 일어나는 문제나 장애들은 모두 "전산오류", "입력오류", "시스템 장애", "전원 부족", "접속 폭주", "용량 초과", "서버 과부하", 얼굴 없는 "해커의 소행"이고, 정 둘러댈 말이 없으면 "북한의 소행"이라고 몰아가면 된다.

게다가 디지털 미디어 뒤에 숨은 익명의 범죄는 포착하기도 어렵고, 국가기관이 디지털 미디어를 이용하여 선거에 깊숙이 개입하더라도 처벌받지 않는다. 전지전능한 컴퓨터를 이용했기 때문이다. 컴퓨터와 관련해서 생기는 문제는 수도 없지만, 어떤 문제가 생겨도 언제나 "안전에는 이상이 없"고, "이용하는 데는 문제가 없"고, 단지 사용에 불편을 끼쳐드려 조금 죄송할 따름이지만, "사용에 불편 없도록 복구는 곧 완료될 것"이므로 어디에 항의조차 할 수 없다.

◆　　◆　　◆

그렇지만 손전화기 없이는 반나절도 견디기 어려워하는 것이 바로 첨단 디지털 세계에 살고 있는 사람들의 모습이다. 어느 날 갑자기 손전화기를 잃어버린 사람들이 겪는 당혹감과 불안감, 무력감은 '노모포비아(No Mobile Phobia =Nomophobia)'라는 신종질병으로까지 발전했다.

디지털 미디어가 인간에게 미친 가장 큰 영향은 아무래도 인내심을 고갈시킨 것이라고 할 수 있을 것이다. 디지털 미디어의 속도에 중독된 사람들은 지체와 지연을 견디지 못하고, 게으름와 권태를 용납하지 못한다. 자동차를 몰고 가면서 신호대기 중에 그 짧은 시간을 그냥 참고 견디지 못해 스마트폰을 켜는 사람도 있다. 온 가족이 모여 외식을 하는 자리에서도 부모와 자녀들이 각자 고개를 숙이고 자기들만의 세계에 빠져 있다. 식탁에는 괴괴한 침묵이 흐른다. 음식을 주문한 뒤 음식이 나오기까지 불과 10여 분 남짓한 시간이 그 식구들에게는 정말 길고도 지루하게 느껴졌던 탓일 게다. 그 잠깐 동안의 빈 시간에 가족들과 얼굴을 맞대고 이야기 나눌 거리도 없는 사람들이 왜 함께 모여 밥을 먹는지 도무지 알 수 없지만, 지금 우리 주변에서는 너무 익숙한 풍경이다.

인간이 동물들과 달리 문명사회를 이룰 수 있었던 것은 도구와 기계를 발명하고 사용할 줄 알았기 때문이다. 그런 기계와 도구들이 인간의 삶의 질을 바꾸었다. 하지만 지금은 인간이 기계를 부리는 것이 아니라 사람이 기계의 노예가 되어버린 세상이다. 무인자동화 시스템이란 말은 결국 인간이 기계의 노예임을 선언한 것이나 마찬가지다. 사람의 역할이 차례로 기계에게 맡겨지면서 쓸모가 없어진 잉여인간들이 길거리를 가득 메우고 있다.

인류의 역사에서 근대 문명사회를 이끌어냈던 인간의 이성은 21세기에 들어와서 그 역할이 끝난 것 같다. 인간의 이성이 하던 역할은 이제 모두 컴퓨터가 대신하고 있고, 인간은 기억할 필요가 없이 클릭, 스크롤, 다운로드, 저장, 출력만 할 줄 알면 된다. 인간의 이성 자체가 필요 없어졌고, 인간의 기억도 쓸모가 없어졌다. 드디어 노사갈등이나 일으키고, 능력도 없으면서 복지혜택만을 주장하는 인간 자체가 세상의 진보와 성장을 방해하는 거추장스런 존재가 되고 말았다. 무인화·자동화·전산화된 시스템은 노후했거나 말을 듣지 않으면 언제든지 내다 버리기만 하면 된다. 이 과정에서 기계는 어떤 저항도 갈등도 일으키지 않는다.

길거리에는 쓸모없는 이성을 머리에 담은 인간들이 고개를 숙이고, 이어폰으로는 귀를 틀어막은 채 손바닥 속의 기계를 들여다보면서 길을 걷고 있다. 주위에서 너무나 쉽게 마주칠 수 있는 그 모습들이 과거보다 삶의 질이 더 나아졌다는 증거는 결코 아니다. 그렇게 길을 가면서까지 검색하고, 읽고, 찍고, 확인하고, 동네방네 날리고 있지만 지나간 시절을 살았던 사람들보다 더 현명하고 더 명석해진 것도 아니다. 우리나라 50대 이상의 연령층은 문장의 독해능력으로 평가하는 실질문맹률이 OECD

국가 중에서 최고 수준이다. 실질문맹률이 높다는 것은 그만큼 책을 읽지 않는다는 이야기다.

베이비부머 세대들, 그리고 그 위의 세대들은 독서할 시간이 없었던 세대들이다. 시간을 착취당하며 살아온 사람들이기 때문이다. 책을 읽을 시간도 책을 읽을 여유도 없었고, 게다가 읽을 만한 책도 없었다. 걸핏하면 불온서적으로 찍혀 서점에서 책이 사라졌고, 그런 책을 읽는 것뿐만 아니라 가지고만 있어도 쇠고랑을 차야 했던 시절을 살았던 세대들이다. 그들에게 나이가 들면서 생긴 자투리 시간은 이제 스마트폰이, 인터넷이 훔쳐가고 있다.

◆　◆　◆

전자상가마다 폰 가게마다 유쾌한, 즐거운 "기변시대"를 알리는 홍보 포스터들이 붙어 있다. 몇 해 쓰지도 않은 스마트 기기를 최신형의 새 기종으로 바꾼 뒤 유쾌한 마음으로, 즐겁게 살아가라는 이야기다. 디지털 문명은 경험의 유효기간을 지극히 짧게 하거나, 쓸모없게 하여 한발 앞선 세대를 끊임없이 바보나 미개인으로 취급하며 달려가야 쓰러지지 않는 문명이다.

장자는 기계의 편리함과 효율성에 취해 기계 자체에 종속되어버린 '기계심'은 인간의 본성을 해치는 것이라 했다(《장자》,〈각의〉). 니체는 기계란 그 자체로는 "인간의 높은 사고력의 산물"이지만, 그 "기계를 조작하는 데는 사고력이 필요 없는 저급한 힘만을 필요로 하기 때문"에 기계에 종속

된 기계심은 "영혼의 절망적인 권태"를 낳는다고 했다.[46]

인간의 본성이 훼손되고, 영혼마저 절망적인 권태에 빠져 있는 상태와 치매는 어떤 차이가 있을까? 치매를 우리의 옛말로 바꾸면 "실성했다"거나 "넋이 나갔다"거나, "얼이 빠졌다"라는 말이 된다. 얼이나 넋이 권태에 시달리다 지쳐 내 몸을 빠져나가버린 상태가 곧 치매란 말이다. 디지털 치매는 지금 누구나 앓고 있는 병이지만 그것이 병인지도 모르는 것이 더 큰 병이 아닐까?

인간의 기억이나 지성이란 것은 망각과 무지에 대비되는 개념이기도 하다. 그러나 인간의 기억에는 한계가 있고 지성에도 결함이 있다. 인공지능은 망각이 없고 모르는 것이 없다. 그리고 인공지능의 버전은 쉴 새도 없이 진화한다, 망각이 없고 모르는 것이 없으면서도 빠르게 진화까지 하는 인공지능과의 대결에서 인간의 미래는 어떻게 될 것인가? 병원에서는 간병 서비스는 물론 의사의 처방까지도 인공지능이 장착된 로봇이 대체할 것이고, 기자 대신 로봇이 신문기사를 대신 쓰기도 하고, 학교에서도 웬만한 것들은 로봇 교사가 가르칠 수 있을 것이고, 증권가에서는 로봇이 투자자들의 상담을 담당할 것이다. 급기야 정서적으로 교감이 가능하고 성관계까지 가질 수 있는 로봇이 개발된다는 전망이 나오고 있다. 또한 사물인터넷이 발달하면 할수록 사람의 역할은 점점 더 축소될 것이다. 결국에는 사물에 사로잡혀 자신의 자아마저 잃어버리는 '물치(物癡)'들이 쏟아져 나올 것이다.

---

[46] 《인간적인 너무나 인간적인》, 강두식 옮김, 동서문화사, 2007. 558쪽

노자는 도구와 기계에 의존하지 않는 자연 그대로의 삶을 살아감으로써 사물은 물론 사람까지 함부로 버리지 않는 삶을 '큰 밝음(襲明,《도덕경》, 27장)'이라고 했다. 그런데 우리는 지금 기계심에 젖어 우리의 혼을 절망적인 권태에 빠트려놓고서도 그런 줄도 모르는 어리석음에 빠져 산다. 암흑천지와도 같은 '무명장야(無明長夜)'의 세계다.

제8장

치매,
21세기의 역병

치매의 원인

세계보건기구(WHO)가 21세기의 인류를 위협할 질병 중의 하나로 꼽고 있는 것이 치매다. 세계보건기구는 2013년 현재 전 세계에서 치매를 앓고 있는 사람의 수는 4,750만 명 정도로, 하루에 약 40명 정도의 치매 환자가 발생하는 것으로 추산하고 있다. 이런 속도라면 2030년에는 7,560만 명, 2050년에는 1억 3,550만 명의 치매 환자가 발생하게 된다. 그리고 전 세계 치매 환자의 60% 정도가 주로 저개발국가나 경제수준이 낮은 국가에서 발생하고 있는데, 2050년경에는 71%까지 오를 것으로 전망하고 있다.[47]

한국도 물론 예외는 아니다. 세계에서 가장 빨리 고령화사회에서 고령사회로 치닫고 있는 만큼 치매 환자의 증가 속도도 다른 나라보다 빠르면 빨랐지 느리지는 않다. 국민건강보험공단에서 발표한 자료(2013. 4. 22. 보

---

47 Dr. Margaret Chan, Director General of the WHO, 《Opening Remarks at the First WHO Ministeral conference on Global Action against Dementia》, 2015. 3. 17.

도자료)에 따르면 치매 증상으로 병의원에서 진료를 받은 65세 이상 노인 환자는 2006년을 기준으로 6년 만에 3배 이상 증가했고, 90세 이상의 연령대에서는 5배 가까이 증가했다. 치매로 진료를 받은 인원도 2011년 기준으로 30만 명을 넘었고, 연평균 증가율도 24.3%나 된다. 치매는 완치나 회복을 기대하기 어렵기 때문에 새로 진단된 환자가 생기면서 누적 환자의 수는 시간이 갈수록 늘어갈 수밖에 없다.

또 의료계는 정상기억 또는 정상인지와 치매 사이의 중간, 즉 치매 전단계라고 할 수 있는 '경도인지장애'라는 질병을 신설(?)했다.**48** 최근 국내에서 이 경도인지장애환자가 폭발하듯이 급증하고 있다. 국민건강보험공단의 자료에 따르면 2014년 경도인지장애로 진단받고 진료 받은 환자의 수는 10만5천 명으로 5년 전과 견주어 4배 이상 급증했다.(2015. 9. 14. 보도자료)

전염병도 아닌 질병이 이처럼 빠르게 지역의 경계도 없이 확산되는 사례는 좀처럼 보기 힘들다. 치매 환자가 늘어나는 것을 고령화사회이기 때문에 어쩔 수 없이 감당해야 하는 하나의 부정적 단면이라고만 보기도 어렵다. 60세도 안 된 젊은층에서도 치매 증상을 보이는 사람들이 늘어나고 있고, 젊은 나이에도 사회로부터 격리될 수밖에 없는 중증의 증세를 보이

---

46 학계에서는 경도인지장애를 "치매는 아니면서 주관적인 기억장애를 호소하고 동시에 객관적인 기억장애의 증거를 보이며, 일상생활에는 지장이 없는 경우"라 정의하고 있다(대한치매학회,《치매의 임상적 접근》, 아카데미아, 2006, 311쪽). 그런데 "기억력의 저하를 어느 정도까지 인정해야 하고, 어떤 검사도구를 사용해야 하는지에 대하여는 일치된 것이 없어 경도인지장애의 정의를 임상가의 판단에 의존하고 있다(29쪽)"라고 하여 진단의 불확실성을 학계 스스로가 인정하고 있다. 그렇다면 경도인지장애가 치료해야 할 질병인지조차 불확실하다는 말이 된다.

는 경우도 있다. 게다가 병이 깊어지면 치매 증상과 쉽게 감별하기 어려운 우울증 환자가 늘어나고 있는 것도 치매 환자의 증가에 한 몫을 한다. 그리고 치매 증상을 보이는 광우병 문제도 지금 수면 밑으로 잠복해있는 것일 뿐 해결된 과제도 아니고, 쉽게 해결할 수도 없는 보건의료계의 난제 중의 난제다.

그런데도 속수무책이다. 치료약이라고 개발된 약들은 하나같이 뚜렷한 치료효과를 보인 적은 없고 그저 진행 속도를 더디게 해줄 정도라는 데 만족해야 하고, 예방대책이란 것도 '조기 검사'와 '수용시설의 확충', '건강하게' 그리고 '머리를 쓰며 살아라'라는 훈계 수준의 처방 이외에는 눈에 띄는 것도 없고, 발전된 내용도 없다. 몇십 년째 변함없는 대책이다.

◆　◆　◆

치매 증상이나 인지장애를 일으키는 원인 질환들은 책 한 권을 따로 써야 할 만큼 종류도 다양하지만 그 많은 질환들 중에서 가장 많은 유형이 '알츠하이머병'이다. 치매 환자가 늘어나고 있다고 한다면 바로 알츠하이머병이 늘어난다고 하는 말과도 같다. 학계에서는 치매 증상을 보이는 환자의 6~70%가 알츠하이머병일 것으로 추정하고 있다. 그런데 알츠하이머병의 발병 원인은 아직 밝혀진 것이 없다. 알츠하이머병 환자의 뇌조직에서 아밀로이드 단백질 판과 '신경섬유농축체(Neurofibrillar tangle)'가 보이는 것이 특징이라고는 하지만 그 소견이 알츠하이미병 환사의 뇌에서만 특이하게 발견되는 것도 아니고, 양의 차이가 있을 뿐 알츠하이머병과는 무관하게 건강한 삶을 살다가 나이가 들어 죽은 사람의 뇌 조직에서도 발견되는 소견이다. 알츠하이머병과 유사한 증상을 보이는 인간 광우병 환자들한테서도 아밀로이드 단백질은 얼마든지 발견이 된다. 그래서 알츠하이머병과 인간 광우병을 과연 어떻게 감별할 것인가 하는 문제가 신경과학계에 던져진 숙제이기도 하다.

그렇다면 건강하던 사람이 서서히 시공간에 대한 지남력이 감소하고, 사물에 대한 분별력이 약해지면서 다른 사람의 보호 없이는 독립된 일상생활이 불가능해지는 이 현상의 원인은 무엇일까? 지금까지 의료계는 뇌에서 발생한 어떤 병리적 현상 때문이라고 추정하고 있다. 두개골 속에 들어있는 1,400g의 뇌, 그 뇌 가운데서도 아주 작은 몇몇 부위에 불과한 해마(Hipocampus), 사이뇌(Diencephalon) 같은 것들이 기억과 관련된 중추적 역할을 하는 것으로 알려져 있기 때문이다.

◆　　◆　　◆

그런데 과연 인간의 신체 장기 중에서 뇌가 인간의 기억을 전담하는 기관이라고 확신할 수 있는가? 한 세기 전 프랑스의 철학자 베르그송은 그의 주 저서인《물질과 기억》[49]에서 기억이란 뇌에 저장될 수 있는 물질이 아니기 때문에 인간의 기억과 관련된 뇌의 역할은 지극히 제한된 역할을 할 수 있을 뿐이라고 했다.

---

49 박종원 옮김, 아카넷, 2012. 50쪽

신경계는 그것에 영양을 공급하는 유기체 없이, 유기체는 그것이 호흡하는 환경이 없이, 이 환경은 그것이 젖어 있는 지구 없이, 지구는 그것이 주위를 선회하는 태양 없이, 살아있는 것으로 생각할 수 있는가? 더 일반적으로 하나의 고립된 물질적 대상이란 허구는 일종의 부조리를 내포하는 것 아닌가? 왜냐하면 이 대상은 자신의 물리적 속성들을 자신이 다른 모든 대상들과 유지하는 관계들에 빚지고 있으며, 자신의 규정들 각각을, 따라서 존재 자체를, 자신이 우주 전체 속에서 점하는 위치에 빚지고 있기 때문이다. 따라서 우리의 지각들이 뇌수질의 분자적 운동들에 단순히 의존한다고 말하지 말자.

뇌의 기능과 기억과 관련된 베르그송의 주장을 정리해보면 첫째, 뇌는 구심신경과 원심신경 사이의 "중앙전화국 역할"을 하는 기관으로 "자신이 받은 것에서 어떤 것도 덧붙이지 않"으며, "받아들이는 운동"과 관련해서는 "분석기관"이고, 행사된 운동과의 관계에서는 "선택기관"이다. 둘째, 뇌가 기억의 기관이라면 망각의 기관이기도 하다. 머리가 나빠서 잘 잊어버린다고 하는 말은 뇌의 기억능력이 약한 반면 망각능력은 더 탁월하다는 말과도 같다. 인간이 삶을 유지하는 데 있어 기억의 장점도 무궁무진하지만 망각의 유용성도 결코 무시할 수 없다. 그런 점에서 뇌는 의식의 세계로 떠오르는 기억을 억압하는 대신 불쾌하거나 불필요한 것들을 잊어버릴 수 있도록 하는 망각의 기관이기도 하다. 셋째 뇌는 현재의 환경과 상황에 대한 신체의 적응을 보장하는 "삶에 대한 주의의 기관"이다.

베르그송이 살았던 20세기 초반의 뇌과학과 21세기 현재 뇌과학의 수준을 단순 비교한다는 것에는 무리가 따르지만, 뇌과학이 아무리 발달했다 하더라도 인간을 두개골 속에 담겨 있는 1,400g 정도의 뇌에서 내리는 지령에 따라 자동으로 움직이는 인형과 같은 취급을 할 수는 없다.

컴퓨터라는 무생물에 심어져 있는 인공지능의 능력과 기억력을 인간의 기억력이 따라갈 수는 없겠지만 컴퓨터의 기억에는 역사라는 것이 없다. 기계가 아닌 생명체로서 인간이 가진 기억에는 삶의 역사가 녹아있다. 역사가 배제된 몸은 움직이는 박제에 불과한 것이다. 그래서 뇌과학이 아무리 발전했다 하더라도 "지각하고 생각하며 느끼는 심리학적 능력과 그 능력을 행사하는 것은 인간의 속성이지, 인간 부분의 속성, 특히 인간의 뇌의 속성이 아니라는 개념적 진리"를 바꿀 수 있는 것은 아니다.[50] 내가 밥을 먹는 것이지 내 뱃속의 위가 밥을 먹도록 내 입을 벌려주는 것이 아니듯이, 인간이 기억하고 생각하고 추리하는 것이지 인간의 뇌가 기억하고 생각하고 추리하는 것은 아니라는 말이다.

그래서 기억이 진정 뇌의 전유물이라고 결론을 내리기 어렵다면 기억의 병이라고 할 수 있는 치매가 뇌의 병인지 아니면 마음의 병인지를 판단하기도 어렵다. 기억이 뇌에 저장되는 것이라 하더라도 기억하고자 하는 것은 여전히 사람의 마음이 하는 일이고, 잊고자 하는 것도 사람의 마음에 달려있는 것이기 때문이다.

알츠하이머병 환자들이 기억이 전혀 없다고 하기도 어렵다. 때와 장소에 대한 분별력이 떨어지고 기억들이 흩어져 조각나 있을 뿐이지, 자신이

---

50 맥스웰 베넷·피터 마이클·스티븐 해커,《신경과학의 철학》, 이을상 외 옮김, 사이언스북스, 2013. 27쪽

살아오면서 간직해왔던 오래된 기억들은 선명하게 가지고 있는 경우도 많다. 또 아침에 눈뜨면 여기가 자신이 살던 집이 아니라 병원의 침상이란 걸 분명히 알아차리고 짐 꾸려 나갈 채비를 하고, 지금 머물고 있는 이곳이 자신의 집이 아님을 알고 병실을 서성대며 탈출을 시도하는 사람들은, 기억이 없는 것이 아니라 자신의 기억과 지금 상황이 일치하지 못하는 것일 뿐이다. 그리고 또 이들은 사물을 분명하게 지각한다. 다만 지각한 사물에 대한 표상이나 개념이 일반적인 통념과 다를 뿐 지각능력이 없는 것도 아니고, 장애가 있는 것도 아니다.

미국의 현대 철학자 리처드 로티는 안다는 것을 "정신 바깥에 있는 것을 정확하게 표상하는 것"[51]이라고 정의한다. 그런데 베르그송은 "신경계는 표상들을 만들어 내거나 준비하는데 사용되는 기구"가 아니며, 뇌는 "행동의 도구이지 표상의 도구는 아니"라고 했다. 만약 신경계가 표상을 만들어내는 기관이 아니라면 치매를 뇌와 신경계에만 국한된 뇌질환이라고 단정하는 것도 무리가 있다. 치매 환자들도 똑같이 사물을 인지하지만 그 사물에 대한 표상이 보통 사람들과 다르기 때문이다.

하지만 의료계가 치매의 원인을 찾고 대책을 마련하는 작업은 여전히 한 덩어리의 뇌 속에만 머물러 있다. 뇌가 인간의 행동거지를 조절하는 중추기능을 담당하고 있는 것은 사실이지만 뇌는 엄연히 몸의 일부분일 뿐이다. 인간은 몸만으로, 몸 중에서도 특히 작은 일부분인 뇌만으로 살아가는 것은 아니다. "인간의 두뇌는 유기체로부터 영양을 공급받으면서

---

51 《철학 그리고 자연의 거울》, 박지수 옮김, 까치, 1998. 11쪽

도 정작 유기체의 내적인 활동에는 아무런 도움도 주지 못하는 기생충처럼, 단단하게 은폐된 자신만의 세계에서 독립적인 생활을 영위하고 있"을 뿐이기 때문이다. 그러므로 우리는 뇌가 조종하는 "육체라는 시녀의 아들이 아니라 자유로운 정신의 아들임을 항상 명심해야 한다."[52]는 쇼펜하우어의 지적은 인공지능이 득세하고 있는 지금 이 시대에 많은 생각할 거리를 던져주고 있다.

치매진단의 문제점

지금 병의원에서 치매라고 진단되어 요양병원에 입원해 있거나 가정에서 보호를 받으며 치료를 받고 있는 사람들이 정말 모두 알츠하이머병에 걸린 것이라고 확신할 수 있는 사람들인가? 알츠하이머병을 확진하는 것은 사후 부검을 통해 뇌조직에서 몇몇 병리적 소견을 확인하는 길 이외에 달리 방법이 없다. MRI와 같은 방사선 검사에서도 알츠하이머병을 특정할 수 있는 특이한 소견은 나오지 않고, 혈액이나 체액을 이용한 검사에서도 알츠하이머병이라고 특정할 만한 객관적 소견을 얻을 수 없

52 《쇼펜하우어 철학에세이》, 김욱 옮김, 도서출판 지훈, 2005. 214쪽

기 때문이다. 사체 훼손에 대한 거부정서가 강한 우리나라에서 학술적 목적 이외에 망자나 유족들에게는 아무 실익이 없는 부검을 하겠다고 나서는 사람이 별로 없을 것이기 때문에 사후에도 알츠하이머병으로 확진된 사례는 많지 않다.

그래서 치매 증상을 보이는 환자들은 대개 간이치매검사를 통해 알츠하이머병이 의심된다는 진단을 받고 있다. 그런데 치매검사법은 설문방식이다. 실지 치매를 비롯한 정신질환의 진단도구는 설문방식으로 구성된 것이 많다. 다른 신체 질환이나 장기에 뚜렷한 병변이 확인되는 질환과 달리 이들 질환은 객관적으로 확인할 수 있는 검사방법이나 도구가 없기 때문이다. 최근 혈액검사로 알츠하이머병을 확진할 수 있는 검사방법이 개발되었다고는 하지만 실지 진료현장에서 상용화되기까지 얼마나 시간이 걸릴지는 아무도 모른다. 그러므로 앞으로도 상당기간 치매에 대해서는 환자의 병력과 함께, 의료진과 환자 사이의 설문방식이 가장 유용한 진단방식이 될 수 밖에 없다.

그런데 설문 방식의 진단법 중에서 우울증이나 불안증과 같은 정신질환의 경우에는 설문에 답하는 사람이 선택해야 할 정답이라는 게 없다. 질문자가 있든, 질문자가 없는 자가설문방식이든 간에 원래 정답이란 게 있을 수가 없는 물음이다. 단지 현재 내 자신이 느끼고 있는 정서와 분위기, 기분, 의지 같은 것들을 가감없이 드러내면 그런 경향들을 분석하여 우울증, 불안증이라고 진단을 하는 것이다.

그런데 치매검사법은 학생들에게 정답을 요구하는 시험을 치르는 것이나 마찬가지다. 그래서인지 치매검사법에는 시험 또는 테스트라는 이름이 붙어 있고('Mini Mental state Exam', '7-Minutes test'), 학생이 제출한 답안지를 채점하듯 환자가 얻은 점수에 따라 진단을 한다. 그런데 그 시험문항은 검사대상자의 학력이나 살아온 이력, 생활환경, 문화적 배경 같은 것들은 전혀 고려하지 않는다. 수능시험도 A형, B형으로 나누어져 있는데 말이다.

시집 온 뒤로 지금까지 한평생 자신의 이름 한번 불려 본 적이 없고 누구 엄마, 누구 댁으로 불려가면서 살아왔던 사람에게 의료진은 정확한 이름과 생년월일, 주민등록번호까지 취조하듯이 물어본다. 자신의 이름을 밝히는 것도 어색하고, 그 이름을 호명당해 본 기억도 별로 없는 사람들에게…….

그리고 사람이 살아온 역사와 문화를 전혀 고려하지 않은 엉뚱한 질문도 있다. "어르신! 길에서 주민등록증을 주웠을 때 어떻게 해야 할까요?" "면에 갖다 주지." 의사나 간호사가 기다리는 정답은 '우체국에 갖다 준다'거나 '우체통에 넣는다'이다. 한평생 시골에서 살아온 노인들에게 면사무소란 도시 사람들이 생각하는 동사무소나 주민센터와는 차원이 다른, 마을 공동체 구성원들의 생활 전반을 관장하는 곳이기도 하다. 주운 주민등록증을 면사무소에 가져다준다고 해서 무슨 문제가 있는가? 파출소에 갖다준다 해도 틀린 답이고, 주인 찾아준다는 답도 틀린 말이다. 오로지 우체통, 우체국만 정답이다.

그런데 우체통? 요즘 도심에서 우체통을 찾기가 그리 쉬운가? 문자와 이메일이 편지를 대신한 지가 언젠데, 길에서 주운 주민등록증을 찾기도 힘든 우체통에 넣어라? 바로 근처에 있는 파출소에 갖다주거나 동사무소에 갖다주면 무슨 큰일이라도 나는가? 전혀 현실감도 없는 문제를 내놓고 기억력 테스트를 한다는 이 어처구니없음을 어떻게 설명할 것인가?

길에서 주민등록증을 주워 느릿느릿 느린 걸음으로 면사무소에 가서 어눌한 발음으로 주인을 찾아주라고 하는 말이나 태도가 치매 걸린 노인의 이상행동인가? 공자가 보았으면 오히려 뜻과 행동이 강직하고 꿋꿋하고 또 소박하면서도 어눌하여 어짊에 가까운 행동이라 칭찬했을 것이다.(剛, 毅, 木, 訥, 近仁,《논어》,〈자로〉)

◆   ◆   ◆

치매 진단과정에서의 또 한 가지 문제점은 의사나 의료진의 주관이 강하게 개입될 여지도 있지만, 환자와 가족 사이의 관계에 따라 결과가 정반대로 나올 수 있다는 점이다. 진단에 가족들의 의견이 강하게 반영될 수밖에 없는 한계가 있기 때문이다. 그러므로 가족관계에 따라서 멀쩡하던 사람이 얼마든지 치매로 낙인찍힐 위험성이 있는 검사법이다.

최근 한 재벌기업의 경영권 승계과정에서 불거진 창업자의 건강 문제에 대한 논란이 대표적인 사례라고 할 수 있다. 한쪽에서는 이미 3~4년 전에 치매 진단을 받아 약을 복용하고 있다고 주장하는 반면에 정작 오랫동안 당사자를 진료해왔던 주치의는 "나이 들어 기억력이 저하된 것일 뿐 치매는 아니"라고 반박했다. 그렇다면 나이 들어 기억력이 저하된 것과 치매는 어떻게 다른가? 그리고 '인지부조화 현상'과 '경도인지장애', '치매', "나이 들어 기억력이 저하된 것"은 어떻게 구분할 수 있으며, 그 기준은 무엇인가? 이를 보통 사람들이 선명하게 이해할 수 있도록 또박또박 설명할 수 있는 전문의가 있을지 모르겠다. 만약 그 기업의 총괄회장이 재벌가의 창업주가 아니라 그냥 길거리에서 흔히 마주치는 장삼이사에 해당되는, 파지나 줍고 다니는 노인이었다면 진작에 치매라고 진단을 받고 세상으로부터 격리되었을지도 모른다.

과연 누구의 말이 맞을까? 결과는 어떻게 될까? 구십이 넘은 아버지의 의사결정 능력을 놓고 두 형제가 사활을 건 싸움을 하고 있다. 최종적으로 그 기업을 누가 승계하느냐에 따라서 창업자인 아버지의 증상이나 병명도 극과 극을 치달을 것이다. 당사자를 진료했던 의사들 역시 어느 줄에 서느냐에 따라서 돌팔이와 명의 사이의 운명이 갈라질 터이고…….

현재 병의원에서 사용되고 있는 치매검사법에는 한계가 또 있다. 병원에 와서 치매검사를 받는 것 자체가 못마땅하고, 검사에 사용되는 질문 내용이 자신의 수준을 모독하는 듯한 느낌을 받으면 수사기관에서 묵비권을 행사하듯이 아예 입을 다물어버리는 환자들이 있다. 이런 환자들을 어떻게 평가할 것인지에 대한 보완책이 전혀 없다. 그러나 아무 보완책도 없으면서, 학교에서 시험을 거부하는 학생들에게 너무나도 쉽게 불량학생의 낙인을 찍는 것과 거의 같은 수준으로 이런 환자들을 취급한다.

의사의 질문에 대한 답을 거부하고, 의료진의 요구에 협조하지 않는 것은 '치료에 대한 저항'이요, 화를 내며 답을 하지 않는 것은 '감정조절장애'가 있는 것으로 평가되어 치매나 이상행동, 또는 분노조절장애의 혐의를 벗어나기 어렵다. 질문에 아무런 대답을 하지 않았으니 치매검사법으로 평가된 점수는 백지로 제출한 답안지나 마찬가지. 당연히 중증에 해당되는 0점에 가깝게 나올 것이고…….

치매검사법이 가진 문제나 한계가 이러한데도 환자가 붐비는 외래진료실에서 급하면 1분 안에 진단하는 방법도 있다고 소개하는 논문[53]도 있다. 8~90년을 살아온 한 인간의 기억을 단지 1분 만에 평가할 수 있다는 발상이 참 대단한 공력이요 내공이라 해야 할 것인가? 아니면 의학 발전의 결과라고 해야 할 것인가?

프랑스의 병리학자이자 의학철학자인 조르주 캉길렘은 의학의 존재 이유는 자신이 환자라고 느끼는 인간이 있기 때문이며, "의학이 존재하기 때문에 인간이 자기 스스로가 어떤 점에서 환자인지를 안다는 것"[54]은 부차적인 문제라고 했다. 그런데 병의원에서 의사가 치매라고 진단내린 환자들은 자신이 치매 환자라는 사실을 느끼지 못하고, 환자라고 생각도 하지 않는다. 자신에게 무슨 문제가 있는지조차 인식하지 못한다. 이런 환자들에게 의학이란 어떤 의미일까?

---

53 "검사시간이 길지 못한 외래에서는 1분이면 충분한 3항목 회상검사…(하략)" 권인순, 〈노인포괄평가의 개념과 필요성〉, 대한의사협회지 2014. 10 57(9) 749~755쪽
54 《정상과 병리》, 이광래 옮김, 한길사, 1996. 239쪽

사물과 응접

치매 환자들이 대화가 안 되는 것은 아니다. 상대의 말을 이해하지 못하는 것도 아니다. 다만 이야기의 일관성이 없어 조리가 없고, 이야기 속의 사건들이 하나하나 떨어져 조각이 나 있기 때문에 대화가 이어지질 않는 것이다. 그리고 기억 속에서 지워진 것들은 주로 사람의 이름이나 지명 같은 고유명사이거나 사물의 명칭 따위의 보통명사들이다. 따라서 대화를 하는 상대와 공유하거나 공감할 수 있는 개념이나 표상이 없거나 또 있더라도 서로 다르기 때문에 대화가 이어질 수 없는 것이다

담당 의사를 자기 조카로 알고 있는 할머니가 아침에 회진 중인 의사와 맞닥뜨리자 반가운 표정으로 어디서 오느냐고 먼저 말을 건다. 조카인 척해 주면서 집에서 오는 길이라고 대답하니 금방 구수하면서 연극 대사 같은 이야기가 줄줄 이어진다.

"니 그 두루마기(흰색 가운) 새로 해 입었나?"

"아니… 늘 입던 건데요."

"빨아가 풀 믹있나? 뽀야이 곱네. 오늘 어데 잔치 가나? 점심 아직 못 뭇는데 잔치 있시마 거 가가 묵지머, 누집 잔치고?"

의사가 입고 있는 하얀 가운을 전통 한복의 하얀색 두루마기로 착각한 것은 인지장애라기 보다는 자신의 경험에 근거한 직관적 사고라고 해야 할 것이다. 기억도 희미해진데다 척추뼈가 완전히 주저앉아 1년 365일 침상에 누워서 지내야만 하고, 남의 도움이 없이는 돌아눕지도 앉지도 못

하는 사람이 새롭게 경험할 수 있는 세계는 없다. 눈 뜨면 병실 천장, 눈 감으면 아득한 꿈길일 뿐이고, 때 되면 주는 밥 먹고 배가 차면 배설하고……. 새로운 날은 없고, 새롭게 경험할 수 있는 그 어떤 것도 없다. 그래서 정신세계는 언제나 지난 시절에 갇혀 있을 것이다.

팔십이 넘은 나이이니 병원에 가거나 의사들을 만나보기 힘들었던 시절에 젊은 시절을 보냈을 것이고, 또 나들이를 해야 할 때에는 으레 수려한 한복에다 두루마기로 성장을 하던 복식문화의 주인공들이다. 그리고 우리는 불과 몇 년 전까지만 해도 결혼식을 잔치라고 불렀다. 뉘 집에 잔치가 있다고 하면 반드시 최고의 성장(盛裝)을 하고 찾아가서 축의를 전하는 것을 예의로 알았고, 그렇게 찾아온 하객들에게 혼주는 술과 고기, 그리고 국수를 대접하는 것을 예로 알았다. 처녀총각들에게 국수 언제 먹여주느냐고 묻는 말은 결혼 언제 하느냐는 물음과 같은 뜻이었다. 의사의 흰 가운을 두루마기로 착각하고, 풀 먹인 옷이냐고 묻는 것은 세탁소도 귀하던 시절, 모든 옷을 손수 빨아 풀을 먹이고 다림질을 해 입던 기억에서 나온 말일 터이다. 집안에서 여인네들이 한복을 평상복처럼 입던 시절에도 평소에는 풀 먹이고 깔끔하게 다림질한 두루마기까지 입는 일이 잘 없다는 점에서 할머니의 상상력은 곧바로 잔치로까지 이어진 것이다.

의사를 조카로 착각한 것은 조카를 간절히 기다리는 데서 오는 섬망 현상이거나 환시라고 해도 좋을 것이다. 아들도 아닌 조카를 애타게 기다리는 이유는 아들이 없어 양아들 노릇을 하던 조카가 재산을 탈탈 털어 종적을 감추었기 때문이다. 그 때문에 딸에게 온갖 구박을 받으며 요양병원에 입원해 있는 처지이기도 하고…….

◆ ◆ ◆

동아시아 문화권의 사고의 틀은 직관이 중심이다. 서구 사람들은 섬돌 위에 비치는 대나무 그림자[55]가 바람에 이리저리 흔들리는 걸 보면 그림자가 생기는 이치를 먼저 생각했고, 호수에 달이 비치는 것을 보면 반사의 원리를 먼저 생각했다. 이것이 무엇이냐를 제일 먼저 물었던 지적 습관으로 해서 이론철학이 만들어졌고, 자연과학이 발전하였고, 그 기초 위에서 과학기술로 상징되는 오늘의 서구 문명을 이끌어 냈다. 그런 서구 문명이 지금 세계를 지배하고 있다.

반면에 동아시아 사람들은 댓돌 위에 일렁거리는 그림자나 호수에 잠긴 달이 어떻게 생성되었는지 그 원리에 대해서는 관심이 없었다. 늘 보이는 현상 뒤에 숨은 뜻을 찾았다. 사물은 분석의 대상이 아니라 내가 응(應)하고 접(接)하는 대상으로 항상 나라는 인격체와 동격의 인격성을 부여하고 그 사물과 내가 일체화되려 했다. 그래서 분석적인 사고보다는 직관적인 사고에 더 익숙하다.

그런 직관을 가능케 하는 감각의 소재들은 과거 경험의 테두리 안에 있어야 한다. 감각의 자료들이 감각기관에 의해 수용됨으로써 사유 이전에 직관에 의한 행동이 촉발된다. 그렇게 촉발된 행동이 반복될 때 그것은 몸에 밴 습관으로 굳어진다. 그런 개개인들의 습관들이 모여 한 사회나

---

53 고승이 말하기를 "대 그림자가 섬돌 위를 쓸어도 티끌은 움직이지 않고, 달빛이 못을 뚫어도 물에는 자취가 없다" 하였고, 옛 선비가 말하기를 "흐르는 물은 아무리 빨라도 주변 경계는 고요하고 꽃은 자주 피고 지지만 마음은 스스로 한가롭다" 하였다. 사람이 항상 이 뜻을 가지고 사물에 응접하면(人 常持 此意 以應事接物) 심신(心身)이 얼마나 자재(自在)하랴! (《채근담》, 조지훈 옮김, 현암사, 2014. 45쪽)

244

집단의 문화적 특성이 형성된다.

그런데 세상 변화의 속도는 동시대를 사는 사람들의 습관이 서로 달라지게 만들었고, 그래서 문화적 특성까지도 달라지게 만들어버렸다. 오래된 습관에 따른 행동이 변화된 새 시대에는 절대 어울릴 수가 없다. 어색하다. 그 어색하고 어눌한 행동은 주변 사람을 성가시게 하는 저지레로 비칠 수밖에 없다.

하지만 기억을 되살려줄 사물은 없다. 지금 세상은 변화의 속도가 너무 빠르고 인간이 가진 평균적인 직관 능력으로는 수용하기 어려울 정도로 변화의 폭과 규모가 커서 자신을 둘러싼 모든 세상이 낯설고 모든 관계가 서먹해진다. 혈육조차 낯설고 그들이 쓰는 말조차 생소하다. 현재 한국 사회의 노인들에게는 자신이 스스로 응(應)할 수 있는 일(事)이 없고, 접(接)할 수 있는 물(物)이 없다. 사위를 둘러싸고 있는 물(物)은 하나 같이 낯설고 일(事)에 응할 수 있는 기회가 없다. 마음이 한가로울 수가 없고 번잡할 수밖에 없는 상태인 것이다.

망각

최근 한국을 대표한다는 한 소설가가 표절시비에 휘말리자 오랫동안 무대응으로 침묵하던 끝에 내놓은 말이 "아무리 기억을 뒤져봐도 〈우국〉을 읽은 기억은 나지 않지만 이제는 나도 내 기억을 믿을 수 없는 상황이 되었다"라는 취지의 해명이었다. 기억이 무슨 보따리에 싸인 물건이나 되는지 떠오르는 것이 아니라 "뒤진다"는 말도 그렇지만 자신의 기억에 대해서 얼마나 강한 신뢰를 하고 있었기에 저런 해명을 내놓을 수 있는지 궁금하다. 세상에서 제일 불확실한 것이 인간의 기억이다. 되살아난 기억도 항상 재구성되거나 가공·왜곡된 기억이지 원래 그대로의 기억이 한 치의 오차도 없이 컴퓨터처럼 출력되어 나오는 경우는 없다.

이제는 작가들도 펜에다 자신의 피를 찍다시피 해서 원고지에 꾹꾹 눌러 글을 쓰는 시대도 아니거니와, 작가들의 창작의 뿌리라고 할 수 있는 기억과 경험조차 컴퓨터에 저장해두었다가 뒤져서 끄집어내는 세상이다. 글은 그렇게 끄집어낸 것들을 오려두기·복사·붙이기 기술로 만들어내는 것으로 바뀌어버렸다. 그런 글들은 "문자적 유사성" 정도가 아니라 내가 쓴 글자인지 남의 글자인지도 알아 볼 수 없는 문자적 획일성이 있는 글자들이다. 그런 글들을 모아 반나절 만에라도 논문 한 편을 뚝딱 만들어낼 수 있는 시대인지라 작가의 해명은 내가 쓴 글이 표절이라기보다는 "출력 오류"이거나 "입력 오류" 아니면 "붙이기 실수" 정도로 봐달라는 이야기인 듯하다.

세월호 참사가 일어난 이후 온 나라의 대로변에 "잊지 않겠습니다"라는 하얀 글자가 박힌 검은색 바탕의 펼침막이 나붙게 된 것은 염치없이 살아있는 어른들의 미안함 때문이기도 하지만, 너무나 쉽게 잊어버리는 인간들의 속성을 고려한 것이기도 하다. 바로 옆에서 숨이 컥컥 막혀 죽어가는 사람을 보고서도 내 눈에 들어간 한 점의 티가 더 아프게 느껴져 곁에서 죽어가는 사람을 잊어버리는 것이 사람이다. "잊지 않겠습니다"라는 펼침막을 온 길거리에 매달아놓고 다짐에 다짐을 거듭하는 이유는 살려고 물속에서 발버둥을 치다가 죽어간 아이들의 비명소리를 우리는 분명히 잊을 것이기 때문이다. 이처럼 인간의 기억이란 부질없는 것이기도 하고, 힘이 없으며 믿을 수 없을 만큼 불확실한 것이고 또 새로운 사건들을 위해 언제든지 자리를 내주고 자취를 감추어버리는 그런 것이다.

◆ ◆ ◆

그런데 망각, 즉 잊어버린다는 것은 병이 아니다. 사람은 잊지 않으면 살 수가 없다. 잊어야만 새로운 것을 기억할 수 있고 학습할 수가 있다. 그래야만 과거의 족쇄에서 풀려나 미래로 나아갈 수 있는 힘을 얻는다. 젊은이들의 미래가 역동적이면서도 희망이 넘치는 이유는 잊어야 할 기억들이 그렇게 많지 않기 때문일 것이다. 세월 따라 차곡차곡 쌓인 기억들은 사람의 발걸음을 무겁게 한다. 더 이상 쌓일 기억이 없을 때 사람의 삶은 저문다.

예상하지 못했던 어떤 사건·사고로 엄청난 충격과 상처를 받고, 시간이 한참 흐른 뒤까지도 그 사건이 남긴 상처와 충격의 후유증으로 고통받는 사람들이 있다. 이를 흔히 '외상성 신경증'이나 '외상후스트레스증후군(PTSD)'이라고도 한다. 이 증상에 시달리는 사람들이 겪는 제일 큰 고통은 지난 시절의 아프고 슬픈 기억들이 너무 생생하다는 것이다. 잊을 수 없어서, 잊지 못하기 때문에 겪는 고통들이다.

망각의 효용에 대한 니체의 설명은 탁월하다. "일종의 능동적인, 엄밀한 의미에서의 적극적인 저지 능력"이며, 불쾌한 생각들이 우리의 의식에 떠오르지 않도록 "의식의 문과 창들을 일시적으로 닫는 것"으로 "마치 문지기처럼 정신적 질서와 안정, 예법을 관리하는 관리자의 효용"이란 것이 바로 니체가 말하는 망각의 효용이다. 따라서 "망각이 없다면 행복도, 명랑함도, 희망도, 자부심도, 현재도 있을 수 없다."**56**

예상치 못했던 외상(Trauma)이 사람의 정신세계에서 망각이란 문지기를 제거해버린 것이 외상성 신경증이요, 외상후 스트레스 증후군이다. 이런 외상이란 "자극에 대해 효과적으로 대처하는 장벽에 어떤 파열구가 생긴 것"으로 "유기체의 에너지 기능에 대규모의 혼란을 초래하고 가능한 모든 방어적 장치를 가동하지 않을 수 없게 하는 것"이라는 프로이트의 고전적 정의는 지금도 여전히 유효하다.**57** 그리하여 "쾌락의 원칙이 중지되는 한편 다량의 자극이 범람하는 사태에서 정신기관을 더 이상 보호해줄 수 없는 상태"가 바로 외상성 신경증이다.

수백 명의 어린 영혼들을 한순간에 수장시켜버린 세월호 사건의 부모들, 광주항쟁의 피해자들과 유족들, 용산참사의 유족들, 수많은 고문 피해자들을 비롯해서 어이없는 대형사고로 희생된 사람들의 유족들은 그 사건들을 도저히 잊을 수가 없다. 감당하기 힘든 외상으로 "자극에 대항하는 방어적 방패가 심각하게 파열되어버렸기 때문"이고, 불쾌한 생각들을

---

56 《선악의 저편·도덕의 계보》중, 〈도덕의 계보, 제 2논문〉, 김정현 옮김, 책세상, 2008. 395~396쪽.
57 《정신분석학의 근본개념》, 윤희기·박찬부 옮김, 열린책들, 2011. 299쪽.

떠오르게 하는 의식의 창과 문들이 늘 열려 있기 때문이다. 잊히지 않는, 잊을 수 없는 과거의 그 사건들이 던져준 충격과 외상으로 그들의 삶은 앞으로 나아가질 못하고 "행복도, 명랑함도, 희망도, 자부심도, 현재도" 없어져버린 것이다.

어떤 점에서 치매 환자들은 기억이 병들거나 기억이 없는 것이 아니라 지난 시절의 기억들을 지우지 못해서 흘러가버린 과거의 사건들과 그 기억들에 매달려 있는 사람들이다. 새로운 것들을 받아들일 흥미가 없고, 관심이 없고, 여유가 없고, 새로운 세계로 나아갈 수 있는 열정이 결핍된 사람들이다. 과거에 발목이 잡혀있기 때문에 지금 이 순간을 구성하는 모든 사물들과 사람들과도 관계를 맺지 못하는 것이다. 기억과 망각을 조화시킬 수 있는 조형력이 없는 사람들이다. 니체가 말하는 조형력이란 "스스로 고유한 방식으로 성장하고 과거의 것과 낯선 것을 변형시켜 자기 것으로 만들며, 상처를 치유하고 상실한 것을 대체하고 부서진 형식을 스스로 복제할 수 있는 힘"을 말한다.[58]

그러나 우리는 모른다. 왜 치매 환자들이 망각의 기능을 잃고 과거의 기억들에 발목이 묶여 있는지, 왜 새로운 것들을 수용하지 못하고, 끝내 "상처를 치유하고 상실한 것을 대체하고 부서진 형식을 스스로 복제할 수 있는 힘"을 잃게 되었는지를 모른다. 뇌세포의 변성이, 아밀로이드 단백질이 이 모든 현상을 다 설명할 수 있는가? 그것은 어디까지나 뇌과학이라는 특정 분야의 한 견해일 뿐이다.

---

[58] 《비극의 탄생·반시대적 고찰》, 이진우 옮김, 책세상, 2007. 290~293쪽.

보이지 않는 손

어느 순간부터 내 몸이 머물고 있는 이 자리가 한없이 어색해지고, 사방에 펼쳐진 모든 것이 점점 두려움으로 다가오고, 내 이웃과 가족들까지도 낯설어진다면? 그리고 지금까지 살아온 시간들이 토막토막 끊어져서 이어지지를 않고, 게다가 지금이 아침인지 저녁인지조차 분간이 제대로 안 된다면? 때와 장소에 대한 분별이 없고 여기 지금 이 자리에 있는 내가 어디서 와서 왜 여기에 머물고 있는지, 그리고 어디로 흘러가고 있는지 단 하나도 제대로 설명할 수가 없다면······.

요즘은 이런 사람들에 대해서는 병원을 드나들며 의사의 진단을 받는 번거로운 절차를 거치지 않더라도 누구나 쉽게 '치매'라는 진단을 내린다. 그 다음에 가족들에게는 이 환자를 어떻게 치료할 것인가에 대한 고민보다는 어디로 어떻게 격리할 것인가에 대한 갑론을박만 남는다.

치매라는 말이 통용되기 이전에는 요즘 치매라고 이야기하는 증상이나 이상행동을 보이는 사람들을 보고 '노망했다', '망령들었다', '실성했다'라고 해왔다. 그런데 이런 경우는 몇몇 특수한 사례이거나 개인의 불행한 가정사와 관련된 문제로 인식되어 왔지 지금처럼 사회문제가 된 것은 아니었다. 노망, 망령, 실성이 모두 한 묶음으로 치매로 대체된 지금, 치매는 거의 집단발병 형태로 그것도 지역과 계층을 가리지 않는 범유행 형태 (Pandemic Type)로 번져나가고 있다. 아무리 고령화사회임을 감안한다 하더라도 그 증가폭은 예사롭지 않고, 그렇게 증가하는 이유가 무엇인지에 대한 설명이 없다. 이런 현상이 고령화사회라는 말 한마디로 다 설명되지는 않는다.

치매는 빈부귀천을 가리지 않고 무차별적으로 발병하는데다 예방책이 선명하지 않고 예측하기도 어려운 특성이 있다. 그리고 강한 심리적 전염성까지 있어 사소한 실수조차 치매로 연결시키는 경향들이 나타나고 있다. 게다가 불쾌하고 이질적인 존재를 조롱하거나 비하하는 은유적 표현으로 말 쓰임새가 늘어나고 있다. 그래서 "치매 걸린 늙은이"란 말은 정치인들이나 사회 여러 분야의 공인들 사이에서 상대를 공격할 때 거침없이 내뱉는 말 중의 하나이다.

◆　　◆　　◆

그런데 이쯤에서 우리는 한 번쯤은 합리적인 의심을 해볼 필요가 있다. 최근 우리 사회에서 알츠하이머병으로 대표되는 치매 이외에도 폭증하고 있는 몇몇 질환들이 있다. 그중에서 많은 논란을 일으키고 있는 것 중의 하나가 바로 '주의력결핍 과잉행동장애', 일명 ADHD이다. 이 질환은 진료실 인원을 근거로 산출했을 때 2009년 5만1천 명에서 2013년 5만8천 명으로 5년간 약 6천2백 명(12.06%)이 증가하였고, 연평균 증가율은 2.89%를 보였다. 10대 환자들의 연평균 증가율은 4.24%이다. 10대들에게 집중되는(65.9%) 이 질환이 꾸준히 늘고는 있지만 그 원인은 분명하지 않다.(국민건강보험공단 보도자료. 2015. 5. 11.)

발병 원인은 주로 "활동과 주의 집중을 조절하는 뇌 부위의 기능 저하,

신경전달물질의 불균형, 가족력 및 유전적인 경향"으로 설명을 하지만 객관적으로 입증된 사실인지는 불투명하다. 그런데 치료는 "정신자극제 등의 약물치료가 효과적이어서 약물치료를 통해 집중력, 기억력, 학습능력 등이 전반적으로 좋아지고, 주의산만, 과잉활동, 충동성은 감소된다"라는 것이 전문가의 주장이다. 그렇다면 약이 부족하지도 않은 나라에서, 의료기관과 의사가 과잉 공급되어 있다고 하는 나라에서 왜 이 질환이 늘어나고 있는가? 치매와 달리 치료 가능한 질병이라는데 계속 발병율과 유병율이 증가하고 있는 이 현상의 원인은 무엇으로 설명할 것인가?

컬럼비아대학 예술사 고고학부 교수인 조너선 크레리는 그의 저서에서 "신경과학과 제휴한 제약산업은 (중략) 예전에는 불필요했던 제품을 위한 거대한 새 시장을 창조할 목적으로 갈수록 많은 감정상태를 병적인 것으로 제시하여 왔다"면서 "수줍음, 불안, 가변적 성욕, 주의산만, 슬픔 등의 관념으로 부정확하게만 암시되는 인간의 정서와 감정의 변화가, 거대한 이윤을 안겨주는 약물이 공략해야 할 의학적 장애로 그릇되게 변환되었"[59]다고 주장한다. 그런데 이런 주장을 반박할 수 있는 확실한 의학적 근거는 아직 없는 것 같다.

갑상선암의 경우 과잉진단에 따른 과잉시술이 이미 사회문제로 공론에 부쳐진 상황이다. 과잉 건강검진과 각 병원마다 수익을 강조하는 의료 상업화의 결과가 갑상선암의 과잉진단과 과잉시술로 이어졌다는 것이다. 물론 의료계 일각에서는 진단기술이 발달하여 과거에 몰랐던 갑상선

---

59 《잠의 종말》, 김명호 옮김, 문학동네, 2015. 92쪽

암이 많이 발견된 탓이라고 주장하고 있다. 사실 어느 한쪽이 맞다, 틀리다고 할 수 없는 것이 현실이다. 진단 기술, 특히 영상매체에 의한 진단기술이 과거와는 비교할 수 없을 만치 발전한 것도 맞지만, 우리나라 병원들이 이윤추구 수단의 하나로 도입된 의료진 보수의 성과급제가 필요 없는 갑상선암 수술을 부추긴다는 것도 부정하기 어려운 현실이기 때문이다. '갑상선암 과다진단 저지를 위한 의사연대'라는 단체가 있다는 사실 하나만으로도 한국의 의료계가 갑상선암을 과잉진단하고 있다는 혐의에서 벗어나기는 어렵다.

◆　◆　◆

그렇다면 너나없이 나이 들어가는 삶을 불안하게 만드는 치매는 과연 순수한 의학적 판단에 따라 내려진 진단이고 다른 요인들은 전혀 개입되지 않았을까? 제약업계는 치매 치료제가 앞으로 제약산업을 이끌 가장 중요한 품목이라 판단하고 있다. 한국뿐만 아니라 전 세계가 늙어가고 있는 것이 현실이니 치매 치료제의 수요가 늘어나리라는 것은 누구나 쉽게 예측할 수 있다. 그런데 현재까지 "알츠하이머병의 진행을 억제하거나 완치할 수 있는 치료법은 없고, 또 대단위 임상연구에서 뚜렷한 효과가 입증된 약제도 없다." 그리고 "현재까지 '경도인지장애'가 치매로 진행하는 것을 멈출 수 있는 효과적인 약제도 없다"는 것이 학계의 정설이다. 그런데도 치매약품 시장의 규모는 엄청나다. 갈수록 늘어나고 있다. '보이지 않는 손'이 나이 들고 늙어가는 사람들에게 치매에 대한 막연한 불안을 부추기면서 시장의 규모를 키워온 탓일 것이다.

현재 우리나라 노인 또는 만성질환자들의 장기입원이 가능한 요양병원의 수는 2015년 현재 1,344개 기관이다. 2,000년에 들어와서 생기기 시작한 노인요양병원의 증가 속도는 정말 폭발적이라고 해도 지나친 말은 아닐 것이다. 병상 수의 증가 속도를 보면 더 놀랍다. 2006년 국내 전체 요양병원의 병상 수는 373개 기관, 4만 3,336병상이던 것이 5년 뒤인 2011년에는 975개 의료기관, 13만 5,294병상으로 늘어난다. 그런데 보건복지부가 2011년에 목표로 삼았던 장기입원이 가능한 요양병동의 병상수는 3만 6천 병상이었다. 정부 목표치의 4배 가까이 폭증한 셈이다. 그런데도 여전히 요양병원의 병상 수는 꾸준히 늘고 있다.

이렇게 요양병원이 늘어나고 있는 것이 정말 우리나라의 치매 환자나 거동이 힘겨운 만성질환을 앓는 노인들이 이만큼 폭증한 탓일까? 속사정이 꼭 그렇지는 않은 것 같다.

건강보험심사평가원에서 발표한 연구자료 중에, 2010년 1월 이전에 개설하여 2010년 4사분기 진료 실적이 있으며 최소 1년 이상 환자를 진료한 전국의 요양병원 617곳을 조사하여 각 요양기관의 특성을 분석한 논문[60]이 있다. 그 연구 결과에 따르면 의료기관의 특성이 분명히 드러나지 않는 요양기관이 조사대상 의료기관의 42.92%나 차지했다. 이 병원들은 사실상 치료나 요양이라는 본래의 목적보다는 환자의 가족관계나 주

60 송현종 · 채정미, 〈노인의료관리 효율화를 위한 노인요양병원 기능 정립방안〉, 건강보험심사평가원 F8E-2012-19. 이 연구에서 조상대상 요양병원의 9.9%는 재활, 내과치료 중심이었고, 19.37%는 치매 중심, 20.57%는 내과 중심이었다. 나머지 병원들 전체가 특성 확인이 불가능 한 것으로 조사되었다.

거 문제와 같은 사회적 요인이 개입되어 병원이 환자의 반영구적인 주거공간이나 생활공간으로 변해버린 곳이다. 이런 현상을 두고 관계기관들에서는 '사회적 입원'이라 규정하고 있다. 사회적 입원이란 입원까지 해야 할 증상도 없고, 그래서 별다른 의료 서비스를 제공받지도 않으면서 병원에 장기입원하는 경우를 말한다. 거칠게 표현하자면 현대판 고려장인 셈이다. 정부나 관계기관에서 사회적 입원이 늘어나고 있는 현상을 우려하면서 제재를 가하겠다고 하는 이유는 보험재정의 불필요한 지출을 막기 위한 고육책으로 보인다.

결국 사회적 입원이 늘어나고 있는 것은 우리 사회의 취약한 노인복지제도와 떼려야 뗄 수 없는 관계이고, 덩달아 치매 환자가 폭증하고 있는 것도 제약산업의 '보이지 않는 손'과 '병상의 과잉공급'이라는 정책 실패가 일정 부분 작동했을 것으로 생각한다. 의료시장은 수요가 공급을 결정하는 것이 아니라 공급이 수요를 창출하고 수요를 만들어내는 특성이 있다. 그런데도 우리는 고령화사회니까 치매 환자가, 또 요양병상 수가 늘어나는 것을 당연한 현상으로 받아들이고 있다. 심각한 착각일 수도 있다.

그렇다 하더라도 현실을 완전히 무시하기도 어렵다. 여기저기 치매 환자가 늘어나고 있는 것도 함부로 부정하기 어려운 사실이고, 그런 사람들을 최소한의 인간으로서 품위를 잃지 않게끔 보호하고 수발하는 요양병원도 필요하다. 또한 치매 예방책도 필요하다. 하지만 마땅한 예방책이 없다. 치매 관련 보건기관이나 의료계에서 치매 예방책으로 내놓은 것을 보면 천편일률적이기도 하고, 누구나 알고 있는 평범한 건강수칙을 넘어서는 내용이 잘 보이지 않는다. 그래도 제시된 치매 예방책을 꼼꼼히 살펴보면 일관된 흐름은 있다. 그 흐름을 한 묶음으로 아우르면 '행복하게 살아라'라고 하는 정도의 권고다.

그렇다. 치매로 이어지는 삶에는 행복하지 못한 삶이 전제되어 있다. 행복한 삶을 살았던 사람이 자신의 정체성마저 잃어버릴 정도로 말년의 삶이 불행한 경우는 잘 없다. 사람이 삶의 마지막 순간까지 분노와 탐욕, 원한과 미움의 감정, 그리고 절대 자신은 죽지 않는다는 어리석음을 거두지 못한다는 것은 그가 살아왔던 지난 삶이 결코 행복하지 못했다는 방증일 것이고, 그러므로 곧 다가올 죽음 또한 편안할 턱이 없을 것이다.

그렇다면 행복한 삶이 어떤 삶인가? 우리 시대에 또 우리 사회에서 행복이란 무엇일까? GDP 증가와 행복은 서로 비례관계에 있는 것인가? 삶의 질과 경제성장은 어떤 상관관계가 있는 것인가? 삶의 질이 높으면서 우울, 불안에 시달리고 또 불확실한 기억으로 고통 받는 경우도 있는가?

제9장

삶의 질과
소명

이 장은 2014 대구교원 인문커뮤니티 특강에서 강연한 내용을 수정 보완한 것입니다.

한국인의 삶. 질문에 답하기

한국 사회에서 한국인으로 살아간다는 것은 어떤 면에서 주변 사람들이 묻는 질문에 대한 답을 내놓기 위한 몸부림 같은 것인지도 모른다. 그 질문들은 하나같이 남과 나를 비교하는, 세속적이면서 속물적인 물음들이며 시절이 달라져도 좀처럼 바뀌지 않는 물음들이다.

학창 시절에 제일 많이 듣는 질문은 "공부 잘하나?"이다. 어른들은 그 질문에 대한 답 하나로 아직 어린 학생들의 모든 것을 평가한다. 어린 학생들에게 어른들이 하는 덕담은 예나 지금이나 변함없이 "공부 열심히 해라"이다.

사회에 진출하게 되면, 직업, 직책, 직위를 따져 묻고, 좀 더 구체적으로 연봉이 얼마나 되는지를 묻는다. 그리고 지금 살고 있는 아파트가 몇 평짜리이며 위치는 어딘지를 묻고, 몰고 다니는 차가 배기량 얼마짜리인지, 국산차인지 외제차인지를 살핀다. 마지막으로 취미 생활로 공(골프)은 몇 타를 치는지를 묻는다. 오랜만에 만난 친구의 안부를 물을 때도 반드시 거쳐야 할 안부요 질문들이다. 결혼하여 가정을 이루면 또 배우자의 신분과 지위, 직위, 그리고 처가·시댁의 재산을 확인하려 든다. 요즘은 입시는 물론 입사시험에서도 부모의 직업을 살피고 소득수준까지 묻는다.

우리 사회의 인간관계는 이렇게 신상에 대해 꼬치꼬치 캐묻는 청문회형 질문으로 유지되고 있다고 볼 수 있다. 그런 유형의 질문에 대한 대답으로 그 사람의 인생의 성공 여부, 인간 됨됨이까지 판단한다. '예', '아니오'나 단답형으로 명쾌하게 답할 수 있는 질문에 자신 있게 답을 하지 못하고, '아니오'라는 답변이 많은 사람일수록 인간관계는 협소해지고 관계마저 끈끈한 유대를 가지기가 어려워진다.

"요즘 살기가 어때?"라는 질문에 "그래! 요새 나 좀 잘 나간다"라고 답하는 사람이 더러 있다. 이때 "잘 나간다"라는 말은 승진을 했고, 아파트 평수를 넓혔고, 배기량이 큰 외제 승용차를 가지고 있고, 골프장 회원권도 있고, 목 좋은 자리의 부동산과 주식도 좀 가지고 있고, 이곳저곳 유명세도 좀 있다는 말과 같다. 자녀가 의대를 다니거나 'SKY'로 승천하면 금상첨화일 터이다. 소원해진 친구의 소식을 묻는 말에 돌아오는 말, "그 친구 요새 잘 나간다"라는 말도 같은 뜻이다. 소식을 전하는 친구의 말에는 질투와 함께 잘나가는 친구의 뒷통수에 초를 치는 말이 덧붙기도 한다. "메뚜기도 한 철이지 뭐….".

그런데 정작 당사자의 '행복'을 묻는 질문, "요즘 너 어때?"라든지 "잘 지내느냐?"라는 질문에 자신 있게 긍정적인 답변을 내놓는 사람은 찾아보기 어렵다. 베이비부머 세대가 중학교에 들어가서 영어시간에 처음 배운 것은 영어 인사법이다. 미국 사람들은 "How are you?"라고 상대의 안부를 묻는 질문에 "I am fine, Thank You" 또는 "I am Happy"라고 답한다고 배웠다. 그것은 미국의 인사법이요, 영어 교과서에 나오는 지문일 뿐이다.

우리나라에는 행복하냐고 묻는 사람도 드물거니와 행복하다고 답하는 사람을 찾기는 더 어렵다. 과거에는 그런 질문에 소극적이거나 부정적인 답변을 하는 것을 겸양의 미덕이라고 이해하기도 했다. "맨날 그렇지 뭐", "별일 없어", "그냥 바쁘게 살지", "그냥… 잘 지내" 이 정도면 그럭저럭 잘 살고 있다는 이야기다. 행복한지 여부는 잘 모르겠지만.

요즘은 팍팍한 현실에 치이고 부대끼는 정서를 솔직하게 드러내는 경우가 더 많다. "힘들어…", "죽겠어", "골치 아파", "아파트가 안 팔려 가지고…", "능력만 되면 이민가고 싶어", "애들? 지가 알아서 하겠지 뭐…", "그놈이 그놈이지 뭐, 선거는 무슨…" 무기력하고 체념이 섞인 답들이다. 세상에 대한 냉소가 가득하다

◆　◆　◆

그런데 세월이 흐르다 보면 어느 순간 질문의 성격이 달라지기 시작한다. "몸은 어때?", "왜 이리 말랐어? 무슨 병 있나?", "요새 술은 안 먹나?", "아직 담배 피워?", "그 나이에 아직 그러고 다니냐?", "정년이 몇 년 남았지?", "나오면 어떡할라 그래?", "거긴 정년 없지? 니는 좋겠다. 의사라서 죽을 때까지 해먹을 수 있으니" 여태껏 받아온 질문들과 전혀 다른 성격의 질문을 받기 시작하면, 나이를 잊고 세월 가는 줄조차 모르고 미친 듯

이 달려왔던 사람들이 한순간 나도 모르는 사이에 문득 늙어버렸음을 자각하게 된다.

이때 주변을 돌아보면 모든 것이 갑자기 낯설어지고, 뭔가 허전하면서 몸에 한기가 느껴지고, 원인을 헤아릴 길 없는 공포와 불안이 슬그머니 찾아든다. 이때부터는 성적에만 집착하던 학창 시절, 연봉과 아파트 평수, 승용차 배기량에만 집착하던 젊은 시절과는 전혀 다른 집착이 생긴다. 몸에 대한 집착이다. 머리에 물을 들이고, 머리카락을 심고, 성형외과를 들락거리며 주름살을 펴거나 지우고, 운동으로도 조절되지 않은 뱃살을 도려내기 위해 멀쩡한 배에다 칼질까지 해댄다. 잠깐의 실수가 실수로 끝나지 않고 치매에 대한 막연한 두려움으로 이어지면서 치를 떨기도 한다.

몸에 대한 집착이 '건강염려증'으로 이어지면서 이 병원 저 병원 드나들며 온갖 검사로 몸을 구석구석 살핀다. 그마저 성에 안 차면 단순 건강 검진을 위해 기꺼이 국제선 비행기까지 탈 기세들이다. 지위와 재물로 남과 비교하며 자기정체성을 드러내던 사람들이 나이가 들자 건강과 그저 겉모습만 젊어 보일 뿐인 젊음으로 자신을 포장하고 또 자랑하기도 한다. 어느 정도 소득수준이 되는 베이비부머의 세대들의 이런 불안과 공포, 그리고 건강염려증이 정부와 대기업이 손잡고 추진하는 의료의 영리·산업화 정책의 밑바탕이 되고 있다.[61]

---

61 항노화산업은 재벌 기업의 차세대 주력 산업이기도 하다. "2013년 들어서 삼성경제연구소는 '새로운 성장동력으로 부상하는 안티에이징'이라는 이슈페이퍼"를 발표하고, "안티에이징이 최근 고성장을 지속하여 거대시장을 형성하였으나 아직도 산업화 초기단계로 미래 성장잠재력이 충분하므로 안티에이징 산업에 대한 기업과 정부의 민첩한 대응이 필요한데 기업은 반드시 이를 미래 성장 동력으로 고려하고 기존 산업과의 연계를 추진할 필요가 있고……." 이 글만으로도 삼성이 계획하고 있는 신종

그러나 그런 것이 다 허망한 집착임을 깨닫기까지에는 그리 긴 시간이 걸리지는 않는다. 어느새 늙어버렸음을 자각한 뒤에 오는 공허함을 약물과 시술, 그리고 건강상품의 과잉소비로는 절대 충족할 수 없기 때문이다. "인생은 60부터", "나이는 숫자에 불과한 것", "구구팔팔(99세까지 팔팔하게)"을 입에 달고 살면서 한잔 술 뒤에 "내 나이가 어때서~"라고 악을 쓰며 목청을 돋워보지만, 늦은 밤 혼자 집으로 돌아오는 발길은 늘 무겁고 허전하고 쓸쓸할 수밖에 없다.

◆　◆　◆

우리나라 학교에서는 학생들에게 행복이 무엇인지를 가르친 적이 없다. 베이비부머 세대가 학교를 다니던 시절에도, 그들이 학부형이 된 뒤에도, 학생들에게 행복이 무엇인지를 가르치지 않는 우리 학교들의 전통은 줄기차게 이어지고 있다. 학생들을 가르치는 교사들조차 행복이 무엇인지 모르고 행복하지도 못한 탓일지도 모른다. 그저 공부 잘해서, 아니 공부를 잘해서라기보다는 시험 때마다 높은 점수를 받아서 의사, 판검사, 변호사, 고위 공무원, 교수, 박사, 대기업 임원만 되면 행복은 저절로 따라오는 것이라고 가르쳤다. 매질까지 당하며 그렇게 배웠다. 오죽했으면 "행복은 성적순이 아니"라는 노래까지 만들어졌을까?

사업이 무엇인지를 짐작할 수 있다. (백재중, 《삼성과 의료민영화》, 건강미디어협동조합, 2014, 53쪽 참조). 그 외 삼성이 추진하는 '웨어러블 컴퓨터'에 의한 건강관리라든지 원격진료를 포함한 '스마트 뉴딜' 사업도 뉴실버 세대, 즉 디지털 문화에 익숙하고 퇴직 후에도 어느 정도 경제력을 가지고 있는 베이비부머 세대를 겨냥한 사업들이다.

지금도 그렇다. 어린 학생들을 상대로 저지르는 교사들의 엽기적인 매질은 잊을 만하면 터져 나온다. 매질의 명분은 제자를 행복한 사람으로 만들어주려는 숭고한 사명 때문이었을 것이다. 그리고 제자들을 대놓고 성추행하는 파렴치한 교수나 교사들에게 어린 학생들이 저항도 못하고 다소곳이 굴종할 수밖에 없는 이유는 교육자의 권위 때문이 아니라 그들이 학생들의 성적과 학점을 관리하는 권력을 가지고 있기 때문이다. 이 나라에서 학생들의 성적이나 학위·졸업장은 행복의 세계로 들어가는 출입증과도 같은 것이다.

그렇게 하여 공부로 승부를 건, 매 맞아가며 공부에서 성공을 한 의사, 판검사, 변호사, 고위 공무원, 장·차관에 교수, 외국 박사들이 5~60대 나이가 되어 이 나라 모든 분야의 요직과 권력을 독차지하고 있고 온 나라의 재물까지 이 세대들 중의 소수 몇몇의 손아귀에 모여 있다. 이들은 바로 우리 언론에서 사회지도층이란 별칭을 붙여준 사람들이다. 이 사회지도층들이 추구하는 행복은 도대체 어떤 행복일까? 어쩌면 이들이야말로 유복한 가정에서 금수저 물고 태어나 열복(熱服)을 누리면서 늙지 않고 젊게 사는 것만을 유일한 삶의 가치로, 행복으로 여기는 사람들 아닌가?

소설《백치》에 등장하는 인물들에 대한 도스토예프스키의 평가를 빌리자면 이런 유형의 인물들이 특별한 존재는 아니다. 그저 "일반적이고 평범한 범주"에 드는 사람들이고, "부유한 가문 출신에 수려한 용모를 갖추고 교육도 충분히 받았으며 머리가 영리하고 성품까지 착한 편인데도 이렇다 할 재능이나 특징을 가지지 못하여 남들과 다를 바 없는 사람"들이다. 어떻게 보면 "참 안타까운 사람"들이기도 하다. 도스토예프스키의 판단기준에 따르면 아래와 같은 인간형이 된다.

재산은 좀 있는 듯이 거들먹거리지만 결코 재벌은 못 되고, 교양이 없느니 천박하다느니 하면서 서민들을 경멸하지만 정작 자신은 재벌 앞에만 서면 구토가 일어날 만큼 비굴해지고, 집안 자랑은 줄줄이 늘어놓지만 집안의 명예를 위해서 자신이 한 일은 거의 없고, 생김새는 세련되었으나 표정은 오로지 근엄한 척만 하다 보니 웃을 줄을 모르고, 학벌도 화려하고 외국 박사학위까지 공인인증서처럼 내밀지만 실지로 아는 것은 별로 없는 것 같고, 똑똑한 척 온갖 매체에다 얼굴을 내밀지만 자신만의 사상은 없고, 욕심은 넘쳐흐르는데 관용이나 절제, 베풂이라는 말이 무슨 뜻인지도 모르는 사람들이다.

이런 수준의 사회지도층 인사들이 학연·지연·혈연으로 똘똘 뭉쳐 한국 사회를 지배하고 있다. 건국 이래로 지금까지 줄곧.

GDP와 삶의 질

광복 70주년이 되는 2015년 8월, 통계청이 발표한 자료만 보면 짧은 시간에 우리 사회가 이루어낸 성과에 입이 벌어질 지경이다. 온 세계가 부럽고도 놀라운 눈으로 쳐다볼 만하다. 통계청이 발표한 자료는 아득히 먼 훗날에 이룩해야 할 목표나 꿈도 아니고, 지금 우리가 발 디딘 채 살고 있는 21세기 대한민국의 화려한 성적표이다. 그런데 과연 그 성적만큼이나 우리는 행복하게, 풍족하게, 또 여유롭게 살고 있는가?

현실은 그렇지 않다. 오히려 정반대로 치닫고 있는 것 같다. OECD 국가 중에서 삶의 질은 꼴찌 수준이라는 지표[62]는 물질적인 부의 팽창이 행복으로 이어지는 것이 아님을 증명하는 것이라 할 수 있다. 실지로 세대를 가릴 것 없이 행복한 사람보다는 자신의 처지와 삶을 불행하다고 느끼는 사람이 더 많은 것 같다. 세상 물정 모르고 천진스럽게 깔깔대며 뛰어 놀고 있어야 할 아이들이 스스로의 삶을 불행하다고 느끼는 나라이다. 경제수준으로는 우리나라와 비교조차 할 수 없는 네팔의 어린이들보다 못한 수준이다. 한국의 어린이들이 자신의 삶에 만족하지 못하고 불행하다는 표현을 거침없이 하는 제일 큰 이유는 학업에 대한 압박과 함께, 누군가와 끊임없이 비교되면서 느끼게 되는 상대적 박탈감이 어우러진 결과다. 게다가 더 이상 살 희망을 잃어버린 부모가 저지르는 동반자살이라는 일종의 테러에 희생양이 되기도 하고, 부모의 학대로 '맞아 죽는' 어린 생명도 부지기수다.

성인들은 어떨까? 주변에서 행복하다는 말을 하는 사람을 찾기란 쉽지 않다. 우울증과 불안증은 말할 것도 없고 10년 이상 지속되고 있는 세계 최고 수준의 자살율이 한국 사회의 행복 수준을 증명하는 것이라고 할 수

---

[62] OECD 2015년 삶의 질 보고서에서 한국인의 삶의 만족도는 34개 회원국 가운데 27위 수준이다. 통계청 조사에서도 확인된 것이지만 "주관적 건강상태는 OECD 국가 중에서 가장 낮은 것"으로 나타났다. 주관적 건강상태가 낮다는 말은 행복하지 못하다는 다른 표현이라고 볼 수 있다.

있다. 지금 전 세계에서 일어나는 전쟁으로 희생된 사망자 수보다 한 나라의 자살자 수가 더 많다면[63] 그 나라는 분명 가치관이나 도덕률이 정상적으로 작동하는 나라는 아니다.

지금 이 시대 청년들의 삶은 더 척박하다. 유치원부터 시작하여 최소 20년 이상 오로지 취업을 하기 위해 공부에만 열과 성을 쏟아 부었지만 그들은 기성세대가 쌓아놓은 높다란 성벽에 가로막혀 있다. 기성세대와 사회에 대해 극도의 혐오감과 적개심을 드러내는 그들의 거친 심성을 함부로 나무라기도 어렵다. 그들에게는 이 사회가 "헬조선"인 것만은 분명하기 때문이다.

그렇다면 대한민국의 많은 수험생들이 선망하는 직업인 의사들은 행복하게 살고 있을까? 그것도 아닌 것 같다. 의사들의 직업만족도는 생각보다 그리 높지 않다. 게다가 의료계의 질서도 수도권 대형병원 중심으로 재편, 양극화되면서 동네 개업의사들의 불안과 불만은 폭발 일보직전에 놓여 있다. 그 틈새에서, 의료 현장의 최일선에서 아픈 사람들을 돌보는 의료인이면서도 한편으로는 피교육생이라는 이중적 지위를 가진 수련의와 전공의들은 살인적인 노동시간에 시달리면서도 정당한 대우를 받기는커녕 교수와 상급자들의 폭언과 폭행에 무방비로 노출되어 있다. 전공의 10명중 2명이 자살을 생각할 정도였다면 그들의 삶의 질이 어느 정도인가는 쉽게 짐작할 수 있을 것이다.(《의협신문》, 2015. 3. 30. 19면)

---

[63] 2007년부터 2011년까지 한국에서 자살로 사망한 사람은 71,916명인데 비해, 2003년부터 2011년까지 이라크 전쟁 중에 사망한 전쟁 사망자 수는 38,625명이다.(〈명실상부 헬조선… 전쟁보다 자살로 많이 죽는다〉, 《프레시안》, 2015.10.4.)

많은 사람들이 한국 사회에서 고학력 전문직 관리자의 위치에 있는 사람들은 아마 행복할 것이라 여기고 또 부러움의 대상으로 삼는다. 그러나 자살자 중 전문직·관리직 자살자의 수도 급증하고 있다. 고위 공무원, 기업체 임원과 같은 고위 관리직의 자살율은 2004년부터 2013년까지 10년 사이에 10배 가량 급증했고, 의사, 교수, 회계사와 같은 전문직 자살자 수도 2004년에서 2013년 동안 5배 가량 증가했다. 지나친 경쟁의 스트레스와 함께 경쟁에서 밀려나 지금의 지위를 잃게 되면 다시 회복할 수 없는 수렁에 빠진다는 불안감이 가장 크게 작용했을 것이다.(《한겨레》, 2015. 1. 19. 14면)

우리 사회의 주류라고 할 수 있는 계층의 속사정이 이런 지경인데 중심에서 밀려나와 변방으로 격리·유폐되어 있는 노인들의 삶은 어떤 지경일까? 긴 설명이 필요없다. 더 이상 살아갈 능력이 없고, 살아야 할 의미를 찾지 못한 노인네들이 삶의 막바지에 이르러 그 짧은 여명마저 견뎌내지 못하고 스스로 삶을 포기하고 있다, 한국 사회 전체의 자살율도 자살율이지만 65세 이상 고령 인구의 자살율은 다른 나라와 비교조차 할 수도 없는 수준이다.

인생의 말년에 '늙어 외로이 죽어간다'는 것은 동서고금의 공통된 현상이긴 하지만 우리 사회에만 유독 두드러지는 노년의 특성이 있다. 가족이나 세대 간의 단절이 격심하다는 것과 일상에서 죽음이 완전히 격리되어 이제는 대부분의 사람들이 감정의 공감이 없는 고립무원의 병원에서 삶을 마감한다는 것이다. 그리고 죽음을 마무리하는 장례절차도 전통 형식은 깨끗이 사라지고 주검을 깔끔하게 위생적으로 처리하는 요식행위로 변해버렸다. 노년층의 불안과 우울, 그리고 폭증하고 있는 자살의 원인은 이런 세상의 변화와도 결코 무관하지는 않다.

◆　　◆　　◆

우리 사회가 실적 경쟁, 속도 경쟁의 사회로 변하면서 도대체 부족한 것이 무엇인지를 모를 정도로 모든 것이 풍족한 세상이 된 것은 사실이다. 없어서 아쉬운 것도, 버리기에는 아까운 것도, 훗날을 대비하여 아껴야 할 그런 것도 없다. 모든 것이 넘친다. 돈만 있으면 안방에 앉아서도 큰 불편 없이 세계 곳곳의 명품까지 간단하게 사 모을 수 있는 세상이다.

일제의 강점에서 풀려난 한국 사회가 20세기를 지나오면서 축적한 부는 실로 엄청난 것이었고, 온 세계가 놀랄 만한 수준의 것이었다. 제3세계의 국가에서 그 비결을 배우기 위해 줄지어 유학과 견학을 올 정도이니 우리가 짧은 시간 안에 쌓아올린 국부에 대해서만큼은 자부심을 가져도 무방할 듯하다.

하지만 사람들의 몸은 한없이 무거워 보인다. 몸에 생기가 없다. 한창 생기발랄해야 할 젊은이들과 어린 학생들이 한결 더 지쳐 보이는, 그런 세상이 된 것이다. 엄청난 국부의 팽창이 세상의 겉모습은 반들반들 빛이 나게 만들어주었을지는 몰라도 국민들의 몸과 마음까지 윤택하게 만들어주지는 못한 것 같다. 몸은 지쳤고, 마음마저 피폐해진 사람들이 점점 늘어나고 있다. 양보와 타협보다는 갈등과 분쟁이 더 익숙하다 할 정도로 세상 인심은 각박하기 그지없다. 그 이유가 나라의 부와 재물이 부족한 탓만은 결코 아니다.

세상의 겉모습은 눈이 부실 정도로 화려하지만 그 세상에 몸을 담아 살고 있는 사람들의 몸과 마음은 갈수록 더 피폐해지는 원인이 어디 있는지 아무도 모른다. 그래서 많은 사람들이 지금 우리가 살아가고 있는 모습에 대해 "이게 아닌데"라는 생각을 하는 모양이다. 그런 의문에 대한 답을 구할 방법을 찾고 있는 것 같다.

그래서인가? 동네방네 서울 지방 가릴 것 없이 인문학 열풍이 불고 있다. 언제부터인가 우리 사회에서 인문학이 만병통치약이 되어버렸다. 인문학을 밑천으로 하는 인문학 스타 강사들이 나타나는가 하면, 서점에는 언제나 인문학 관련 서적들이 베스트셀러의 반열에 올라 있다. 기업에서는 인문학과 역사를 모르면 아예 취업할 생각을 말라고 엄포를 놓는다. 인문학을 통해 인성교육을 강화하겠다더니 이제는 아예 인성교육을 법으로 강제하겠다는 발상도 나오고 있다. 법만 만들면 모든 것이 해결될 것으로 생각하는 참 편한 법치주의라 해야 할 것인가?

그런데 온 나라의 지식 시장에서는 인문학 열풍이 불고 있지만 정작 대학사회 안에서 인문학은 몰락의 길을 거듭하고 있다. 대학의 학과 구조조정의 대상에서 항상 0순위에 올라 있는 것이 인문학 계열의 학과들이다. 우리 사회에서 지금 인문학을 둘러싸고 벌어지고 있는 이런 열탕과 냉탕의 간격을 도대체 어떻게 설명할 수 있을까?

우리 사회는 비판이 질식된 사회이다. '비판(批判)'과 '비난(非難)'조차 구분하지 못하는 몰지각한 사회이다. 학생이 학교를 비판했다고 해서, 교사가 교장과 재단 관계자를 비판했다고 해서 제적과 파면을 시키고, 언론이 정부를 비판했다고 해서 명예훼손으로 고발을 해서 재갈을 물리는 사회다. 시민들의 정부와 대통령 비판을 법으로 처벌할 뿐 아니라 아예 원천봉쇄하려 드는 나라이다. 초중등학교는 물론이고, 대학에서조차 비판과 비난을 동의어로 가르치지 않는 이상 이런 일이 벌어질 수가 없다. 칸트가 쓴 3대 비판서가 인간의 '순수이성'을, '실천이성'을, '판단력'을 작심하고 한껏 비난한 책이던가?

칸트는《순수이성비판》의 서문에서 "현대는 비판의 시대"라고 규정한다. 칸트가 살았던 18세기가 칸트에게는 현대였다. 그런 비판의 시대가 열리면서 서구는 시민사회라는 근대의 문을 열어젖혔다. 서구의 시민사회는 개인의 비판적인 정신을 존중함으로써 개인의 개성과 자유를 발전시킨 사회였다. 개인의 비판 정신에서 나오는 권력과 권위에 대한 독설이야말로 "암흑과 추악함의 힘에 대항하는 이성의 가장 찬란한 무기"이며, "진보와 계몽의 원천"이기도 하다.**64**

우리는 근대의 문도 스스로 열지 못했던 나라였다. 외부의 힘에 의해 강제된 근대 100년의 역사가 지나갔다. 지금 21세기 한국의 현대는 어떤 시대인가? 여전히 비판은 질식되어 있고, 결박되어 있고, 감금되어 있다. 표현의 자유는 교과서에만 기술되어 있는 자유이고, 권력의 우산 아래에 있는 특정 세력들만이 무한정 누릴 수 있는 자유다. 권력과 권위에 대한 독설과 풍자의 대가는 참담하리만치 혹독하게 되돌아온다.

비판이 질식된 사회에서 새로운 시대의 문을 열어젖힐 가능성은 전혀

---

64 토마스 만의《마의 산》(홍성광 옮김, 을유문화사, 2013.)에서 젊은 조선공학도인 한스 카스토로프와 와 이탈리아 출신의 인문주의자인 스텝브리니가 나눈 대화에 나오는 대목이다. (122쪽)

없다. 비판이 허용되지 않는 사회의 인문학 열풍, 그리고 자신에 대한 반
성과 성찰, 자기비판으로 이어지지 않는 인문학 독서삼매는 또 하나의 품
격 높은 소비문화에 불과한 것이다. 물질 위주의 행복, 권력과 재물, 그리
고 거품이나 환상에 불과한 명예로만 충족되는 행복이 아닌, 또 다른 삶
의 가치를 찾는 일이 지금의 나에 대한 반성과 비판 없이 어떻게 가능하
겠는가? 현실에 대한 비판도 실천도 없는 인문학 '읽기'는 장자가 손가락
질했던 유자(儒者)들의 위선과 하나 다를 것이 없다. 그런 유자들의 위선
이 조선을 망국의 길로 몰아넣었던 것 아니겠는가? 비판정신 없이 시류
를 따라 인문학 유행에 빠져 노니는 것은 자신의 천박한 속물근성을 깊이
없는 교양으로 감추는 잔재주를 익히는 것에 불과하다.

페르조나[65], 직업과 인격

　　노나라 애공이 장자를 만나 노나라에는 유학(儒學)을 공부한 자
들이 많음을 은근히 자랑하자 장자는 유자의 도를 실천하지 않으면서 유

---

65 그리스의 연극 배우가 쓰던 가면. 이를 칼 구스타프 융이 분석심리학 용어로 사용했다. 융의 정의에
　　따르면 페르조나는 "집단 정신의 가면"일 뿐이지만 "다른 사람이나 자기 자신이 개별적이라고 믿게
　　만드는, 마치 개성인 것처럼 보이게 하는 가면"이다. 사실은 "집단정신이 그 속에서 발언하는 연기된
　　역할"이다. (융 기본 저작집 3, 《인격과 전이》, 도서출판 솔, 2007. 56쪽)

복(儒服)을 입고 다니는 자를 처형하겠다는 포고문을 내려보라고 권한다. 애공이 포고문을 내리자마자 닷새 만에 나라 안에 유복을 입고 다니는 사람은 딱 한 사람에 불과했다.《《장자》,〈전자방〉)

　이 당시 유자(儒子)들은 하늘의 때(時)를 안다는 뜻에서 머리에는 둥근 관을 쓰고, 땅의 형세를 안다는 뜻에서 네모난 신발을 신었고, 큰일을 당했을 때 과감하게 결단을 내릴 수 있다는 의미로 결(玦)이라는 패옥을 허리에 차고 다녔다고 한다. 그러나 이런 복장은 사실 유자들이 가진 내면의 세계를 드러내는 것이라기보다는 가면극의 배우들이 착용하는 가면이요, 무대 복장과도 같은 것이었다. 벗어버리기만 하면 비루한 민낯이 그대로 드러나는…….

　노나라의 유자들이 자신들이 입고 있는 겉옷과 자기 자신을 동일시하는 것과 같은 심리적 현상을 분석심리학자 칼 구스타프 융은 "정신적 팽창(Psychic inflation)"이라고 설명한다.[66] 이런 정신적 팽창, 즉 인플레이션은 전문가의 심리분석을 통해서만 알 수 있는 것이 아니라 일상생활에서도 흔히 경험할 수 있는 것으로, 사람들이 "자기의 일과 칭호에 고지식하게 동일시하는 것"을 말한다. 이런 정신적 인플레이션이 계속될 경우 결국 "자신을 이상하게 확대하여 결코 내 안에 있는 것이 아니라 나의 외부에 있는 성질까지도 찬탈"하여 자신의 것인 양 처신한다. 일종의 과대망상이요 편집증이다.

　권력자들의 정신적 인플레이션이 심해지면 "짐이 곧 국가"라는 생각으

---

[66] 융 기본 저작집 3,《인격과 전이》, 도서출판 솔, 2007. 37쪽

로 나아가게 된다. 그것은 국민들에게는 재앙이 된다. 그 외에도 우리는 일상에서 정신적 인플레이션으로 들떠 있는 사람들을 숱하게 만나게 된다. 자신의 출신 학교, 직장, 직위와 자신을 동일시하는 사람, 남편의 직위와 자신의 지위를 동일시하는 여성들, 심지어 자신이 입고 있는 옷이나 자동차의 브랜드와 자기자신을 동일시하는 사람들도 있다. 융은 이런 사람들은 근거 없이 팽창된 가치에 자기자신을 소외시킴으로써 결국에는 '미치게' 된다고 진단한다.

하지만 우리는 상대방의 페르조나, 즉 겉모습과 그 사람의 인격을 동일시하는 경향이 있다. 노나라 애공이 유복을 입은 유자들을 천문지리에 달통한 사람으로 착각했듯이 의사라면 당연히 돈보다는 생명의 존엄성을 먼저 생각하는 휴머니즘을 갖추고 있어야 하는 것으로 기대하고 있고, 변호사라면 인권을 제일 먼저 생각하는 인격과 소양을, 검사라면 사회정의를 무엇보다 먼저 생각하는 정의감을 갖추고 있어야 한다고 생각한다. "노블리스 오블리제"까지는 아니더라도 대부분의 사람들은 우리 사회의 전문직이나 권력·권한이 큰 직종에 종사하는 사람들에게 최소한 직업윤리에 충실한 자발적 도덕성을 갖추고 있기를 기대하고 있다. 그러나 그런 기대는 번번이 좌절된다.

"수도권의 명문대학 출신이 어떻게 이런 짓을…", "아니 의사란 사람이 도대체…", "검사장이란 사람이 어떻게 길거리에서…", "외국 유학까지 갔다 온 대학교수가 했다고는 상상조차 할 수도 없는 일을…" 우리 사회의 전문직들이, 이른바 사회지도층들이 온 세상을 놀라게 하는 사건을 일으켰을 때 우리나라 언론들이 쏟아내는 상투적인 기사들이다.

사람은 누구나 자신의 참모습은 숨긴 채 페르조나를 통해 자신의 인격을 드러내려 한다. 그런데 겉모습, 즉 "페르조나와 자기자신을 동일시하는 경우 사회적으로는 유능한 존재일 수는 있어도, 개인적으로는 전혀 책임질 줄 모르는 미숙하고 파렴치한 인물일 가능성이 높다." 그 이유에 대해 '한국융연구원' 교육분석가인 이유정은 "이런 유형의 인물들은 페르조나에 의탁한 나머지 개인적 인격의 획득이나 연마의 기회를 가지지 못하기 때문"[67]이라고 설명한다.

그런 실증적 사례들을 우리는 공직자 청문회에서 확인할 수 있다. 지금껏 자기 얼굴을 가려왔던 페르조나 즉, '스펙'을 벗어던지고 맨 얼굴로 청문회에 나타난 교수, 언론인, 의사, 법조인, 고위 공무원들……. 이들의 내면에 국민들을 허탈하게 만들 정도로 가증스런 이중인격이 형성된 까닭은 무엇일까?

◆　◆　◆

개인은 보통 자신이 속한 집단, 조직 속에 몸을 가린다. 그리고 그 집단과 조직을 통해 영향력을 행사하기도 하고, 자신을 보호하기도 한다. 조직과 집단의 관행과 인습에 자기자신을 의탁한다. 그리하여 운명공동체가 된다. 아예 조직 구성원들의 '동일체'를 거역할 수 없는 절대규범으로 정해놓은 집단도 있다. 그리고 전문가 집단의 관행에 대해서는, 아무리

67《원형과 신화》, 분석심리학연구소, 2008. 64쪽

사회적으로는 수용하기 힘든 수준이라 할지라도 내부 관행이라는 이유로 실정법마저 면죄부를 준다. 집단과 조직에 소속되어 그 집단과 조직의 관행과 인습을 따라 타성에 젖어 사는 삶은 편안하다. 문제가 없다. 어떤 때는 너무너무 행복하기도 하다. 그러나 그 삶의 속살은 그리 아름답지 않다. 집단의 관행과 인습에 젖어 사는 삶의 속모습을 융은 아래와 같이 진단한다.**68**

각 개인은 집단 속에 있을 때 어떤 의미에서는 혼자 있을 때보다 무의식적으로 더 나쁜 사람일 수 있다. 각 개인은 집단에 떠맡겨져 있으므로 그만큼 자기의 개인적 책임을 면제받기 때문이다. 훌륭한 사람들이 모인 큰 단체는 도덕성과 지능의 측면에서는 우둔하고 포악한 짐승을 닮은 경우가 있다. 조직이 크면 클수록 그 조직의 부도덕성이나 맹목적인 우둔함을 피할 수 없게 된다.

우리나라 전문직들은 거대하면서도 강력한 집단을 형성한다. 의사들은 의사협회나 병원 조직, 교수들은 대학사회나 교수협회, 교사들도 작게는 학교 조직에서 넓게는 교원단체가 있고 법조인들도 역시 사정이 다르지 않을 것이다. 현직에 있는 사람들만이 아니라 전직들로 구성된 수많은 단체들도 있다. 이 단체들이 우리 사회에 끼치는 영향력은 절대 가벼운 것이 없다. 중요한 정책을 좌지우지할 수 있는 힘을 가지고 있고, 선거에도

68 《인격과 전이》, 50쪽

막대한 영향을 미친다. 앞선 경험을 가진 사람들의 자문 수준이 아니라는 이야기다. 전직이었다는 이유 하나만으로 특혜와 특권을 누리는 것도 모자라, 사법정의를 뒤흔들어 놓는 법조인들도 수두룩하다.

그래서 불특정 시민들이 보기에 영향력이나 권력이 큰 조직 · 집단에 속한 사람들의 삶은 화려하고 행복해 보인다. 그리고 개개인이 그런 집단에 처음 소속되기는 어렵지만 한번 거대 집단의 일원이 되고 나면 줄곧 순탄한 삶을 이어갈 수 있다. 관행과 인습을 무작정 따라가기만 하면 되기 때문이다. 집단의 잘못된 관행을 고치려 할 때는 오히려 불이익을 받기 십상이다. 다소곳이 앞사람이 갔던 길을 아무 생각 없이 거저 따라가기만 하면 된다. 집단 내부의 불의는 그냥 참고, 눈 감고, 못 본 척, 못 들은 척하고 있으면 절대 불이익은 없다. 나서는 것이 오히려 불이익을 자초하는 것이다. 양심의 거리낌은 한순간에 불과하다. 시간이 지날수록 양심에 내성이 쌓인다. 금세 불의에 무감각해진다.

하지만 그 길이 무한정 열려 있는 것은 아니다. 조직의 수명은 영원할 수 있을지 몰라도 그 조직에 소속된 개인의 삶은 유한한 것이기 때문이다. 누구에게나 시간은 공평하게 흘러가는 것이므로 나도 의식하지 못하는 가운데 시나브로 늙음과 함께 물러나야 할 때가 닥쳐온다. 그런 늙음이 언제부터인지를 특정하기는 어렵고, 집단과 조직의 성격에 따라 천차만별이다. 하지만 확실한 것은 중심부에서 주변부로 밀려나고, 사람들이 하나둘 거리를 두기 시작할 때가 바로 내가 그 조직에서 늙은 사람이 되어가는 시기이다.

그 시기가 되면 불안해진다. 두려워진다. 그 이후의 삶에 아무런 전망이 없기 때문이다. 집단의 관행과 인습에 젖어온 사람일수록 그런 두려움은 더 커진다. 조직에서 물러날 때가 되었을 때 슬그머니 찾아드는 불안과 공포는 지금까지 관행과 인습을 따라 걷던 길을 더 이상 걸을 수 없게 됨으로써 오는 불안이요, 집단의 보호를 받을 수 없게 된 데 따른 공포이다. 지금까지 자신의 민낯을 가려왔던 페르조나를 벗어야 하는 두려움이다. 그 공포와 두려움을 씻어내는 것은 결코 젊을 때 꼬깃꼬깃 모아두었거나 권력을 이용하여 장롱 속에 숨겨둔 비자금, 이른바 '노후 자금'이 아니다.

관행과 인습이란 것은 "영혼 없는 기제(Mechanim)들로 판에 박힌 삶의 일과를 붙드는 것 이상을 하지 못"한다는 것이 융의 설명이다. 그 기제는 "언제나 무의식에 의해 유지"되는 것이다. 그래야만 냉철한 이성이나 의식의 숙고 없이 무의식적으로 "야생동물처럼 늘 다니던 길을 오갈 수 있기" 때문이다.[69]

소속된 집단이나 조직에서 물러난다는 것은 더 이상 "판에 박힌 삶"을 살 수 없다는 것이고, "야생동물처럼 늘 다니던 길"을 다닐 수 없게 되었다는 뜻이다. 이때까지 몸 담아왔던 판이 깨진 뒤에 새 판을 짜야 한다. 조직의 관행과 인습으로부터 더 이상 보호받지 못하고 홀로 거친 광야에 내동댕이쳐져 살아가야 한다. 조직이나 집단이 가진 힘에 기대어 실속 없이 팽창해버린 겉모습과 가난하기 짝이 없는 내면 세계가 서로 충돌하면서 비틀거리다 쓰러지기 쉬운, 그런 시간을 살아가야 하는 것이 바로 물러난 뒤의 삶이다.

---

69 융 기본 저작집 9, 《인간과 문화》, 도서출판 솔, 2007. 30쪽

비뚤어진 문명인

그래서 시장에 쏟아져 나온 것이 상품으로 포장된 인문학인 것 같다. 시간의 힘에 등 떠밀려 나와 비틀거리는 사람들뿐만 아니라 입시만을 겨냥한 학교 공부에 지친 어린 학생들과 취업에 목매달고 있는 청년들, 그리고 심지어 실업자·노숙자를 겨냥한 인문학 상품까지, 실로 다양한 인문학 상품들이 불황 속의 서점가를 지탱하고 있는 꼴이다. 인문학 관련 서적만 읽고 있으면 만사가 다 해결되는 것처럼…….

그런데 학교 공부로, 학교 성적으로 행복을 찾고 그 성적을 바탕으로 얻은 지위와 재물을 기준으로 행불행을 가늠하던 사람들이 왜 또 공부, 그것도 인문학 공부로 새로운 행복과 새로운 길을 찾는 것일까? 공부 이외에는 다른 대안이 없는 것인가?

행복은 에어컨 잘 돌아가는 사무실의 책상 위가 아니라 땀 흘려 일해보는 노동 속에도 있고, 연인 사이의 뜨거운 사랑 속에 있을 수도 있고, 가족애를 넘어선 인류 보편의 사랑에도 있고, 톱니바퀴처럼 맞물려 돌아가는 일상에서 벗어나 숲속을 한가롭게 걸어보는 여유에도 있을 수 있고, 하던 모든 일에서 손 놓은 채 몰입해보는 고독한 명상 속에도 있을 수 있다.

나이 들어 집단과 조직에서 밀려난 뒤의 삶이 불안하고 걱정이 된다면 우선 내가 살아온 삶의 모습이 어떤 모습이었는지를 되돌아보는 것이 순리일 것이다. 끝없는 물질의 소비를 통해 만족을 추구해온 삶이라면 소비 능력이 소진되고 난 뒤의 삶들이 어떤지를 살펴보는 것이 필요할 것이다.

치매가 걱정이 된다면 지금 이 순간 내가 무엇을 잊고 사는지를 살펴보는 것이 가장 현명한 예방책이다. 그리고 죽음을 생각해야 할 나이가 되면 고독과 싸워 이길 힘을 길러야 한다. 죽음으로 가는 길은 그 누구도 동행할 수 없고 그 누구도 가르쳐 주지 않는, 혼자 외로이 찾아가야 하는 길이기 때문이다. 그 길을 인도해주는 작은 목소리가 바로 소명이다.

◆　◆　◆

소명이란 관행과 타성에 물든 무의식이 짓눌러버려 잠자고 있는 의식을 불러 깨우는 속삭임이다. 융은 소명을 "어떤 목소리가 내 귓전에다 대고 속삭이듯 말을 거는 것"이라고 설명한다. 누구나 들을 수 있는 작은 속삭임이지만 아무도 들으려 하지 않고, 들을 생각조차 하지 않았을 뿐인 그런 목소리다. 잠자고 있던 의식과 억눌려 있던 혼을 불러내는 목소리다. 눈 감고 귀 닫고 그냥 아무 생각 없이 집단이 터놓은 길을 따라가는 것이 편했기 때문에 굳이 들어야 할 이유가 없었던 그런 속삭임이다. 그래서 관행에 빠져 최대의 쾌락과 최대의 행복을 누리고 있는 권력자들의 귀에는 절대 들리지 않는 소리다. 그러므로 소명은 "위대한 인물들의 특권이 아니라 평범한 인물들의 특권"이다.

소명이 불러 깨운 의식은 "한 사람이 자기 자신의 길을 선택하고 그리하여 안개 속에서 솟아 나오듯 무리(집단)의 무의식적 동일성으로부터 솟아 나오도록 자극"하는 힘이 된다. "운명적으로 무리와 그 습관적인 길로부터 해방되도록 밀고 가는 비합리적 요인"이며, 집단의 동일성에서 벗어나 자기 개성화(Individualization)를 추구하게 하는 힘이다.[70] 그래서 소명을 따라가는 길은 고독하지만 개성 있는 주체로 우뚝 서는 길이다.

그런데 지금 우리가 사는 이 세상이 고독이 가능한 세상인가? 고독과 고립을 두려워하면서도 결코 고독할 수도 고립될 수도 없는 세상에 살고 있지 않은가? 24시간 누군가 나를 엿볼 수 있고, 1년 365일 하루도 쉬지 않고 어딘가에는 접속된 채 살고 있는 것이 지금 우리의 삶이 아니던가? 재산이 있건 없건 간에, 권력이 있든 없든 간에 한국 사회의 대부분의 사람들이 노예[71]와 다를 바 없는 시간 빈곤층[72]들 아닌가? 시간 빈곤층들은 말할 것도 없고, '월화수목금금금'을 자랑하듯 떠들어대는 사회에서 과연 고즈넉한 명상이 가능한 고독의 시간을 가질 수 있는 사람이 몇이나 되겠는가?

귓가에서 나지막이 내 혼을 불러내는 소명을 듣기에는 지금 세상이 너무 소란스럽고, 별을 보며 사색을 하기에는 밤이 너무 밝고, 명상에 빠져들어 나를 돌아보기에는 하루 24시간이 부족하리만치 바쁘고, 수양과 수신으로 내면의 덕을 쌓기에는 세상이 요구하는 '스펙' 즉 페르조나가 너무 많다. 그러므로 우리 모두는 어떤 면에서 혼을 부르는 내면의 소리를 들을 수 없는 "비뚤어진 문명인"[73]인 셈이다.

---

70 《인간과 문화》, 20쪽, 21쪽

71 "모든 인간은 모든 시대와 마찬가지로 지금도 아직까지 노예, 자유인으로 나누어져 있다. 자기의 하루의 2/3를 자기를 위해 가지고 있지 않은 자는 노예다. 그가 그 밖의 점에서는 정치가·상인·관리·학자 등 어떤 자건 마찬가지다". (《인간적인 너무나 인간적인》, 187쪽)

72 1주일 168시간 가운데 먹고, 자고, 씻는 것처럼 인간의 삶을 유지하는데 필요한 필수 시간(2009년 한국인의 경우 90시간)을 노동, 출퇴근, 가사, 육아 등의 이유로 제대로 보장받지 못하는 사람. 〈시간빈곤층 930만, 쉬고 싶은 한국〉, 《경향신문》, 2015. 07. 13. 11면

73 《인간과 문화》, 29쪽

칼 구스타프 융이 지적하는 비뚤어진 문명인이란 "공적으로 보증되지 않는 소리를 들을 수 있는 능력이 없"는 사람들이어서 영(靈)적인 세계와는 대화를 나눌 수도 없고, 산·바다·하늘·땅·강·바람·구름·나무·새와 온갖 꽃들이 부르는 소리를 들을 수도 없다. 그래서 어떤 길을 가야 할지 넋을 잃은 채 얼이 빠진 채 비틀거리고 있는 것이 바로 '비뚤어진 문명인'인 우리들의, 결코 행복하지도 못하고 건강하지도 못한 삶의 모습 아니겠는가?

제10장

도(道)와 인격

도시와 늙음

나는 지금 광역대도시 왕복 10차선 대로를 질주하는 버스 안에서 넋 놓은 채 한가로이 바깥 풍경을 구경하고 있다. 도심을 관통하는 노선의 시내버스지만 왕복 10차선으로 도로 폭이 넓고 직선대로인데다 승하차가 뜸한 지역이다 보니 고속도로를 달리는 듯한 분위기다.

그렇지만 버스 차창 밖으로 펼쳐지는 풍경에 별 특징은 없다. 여느 도시의 풍경과 하나 다를 바 없는 모습이다. 지금 우리나라는 어느 도시를 가더라도 그 도시 특유의 영혼을 느낄 수 없고 개성을 확인할 수 없다. 이 나라 도시들의 분위기는 다 비슷하다. 사람들의 표정도 비슷하다. 무언가에 짓눌린 듯한 표정이지만 발걸음은 무척 바쁘다. 마주치는 사람들의 말씨가 조금 다른 걸로 내가 지금 원래 내 살던 곳이 아닌 다른 지역에 와 있음을 알게 될 뿐이다.

양쪽 대로변으로 늘어선 아파트들과 그 앞쪽 상가에는 진열된 상품처럼 1·2·3층으로 나란히 포개진 채 나를 쳐다봐 달라는 간판들이 빼곡하다. 학원, 병의원 아래 또 옆으로는 약국, 빵집, 커피점, 레스토랑, 식당, 카페, 술집, PC방, 폭풍 세일 중인 등산복 아웃도어, 스포츠센터…… 상가들이 취급하는 품목만 다를 뿐, 빵집이든 커피집이든 식당이든 간판은 어느 지역을 가나 거의 같은 간판이다. 아마도 온 나라 가게를 하나의 쇠사슬로 꽁꽁 묶어두다시피 하는 '프랜차이즈' 또는 '체인점'의 영향일 것이다. 대형마트를 향해 들어가는 길임을 알리는 표지판도 어느 지역 어느 도시를 가더라도 똑같다. 무엇 하나 특별하게 기억해둘 만한 것도, 기억에 남는 것도 없다. 사방팔방 시야를 가리고 우뚝 서 있는 아파트는 무슨 특색이 있나? 다 똑같이 생겼다. 다만 면적과 환금성의 차이가 그 아파트의 가치를 대변할 뿐. 버스에서는 친절하게도 지금 정류장과 다음 정류장을 알려주는 안내방송까지 자동으로 하고 있으니 내려야 할 곳을 잊지 않기 위해 두리두리 주변을 살펴 둘 필요도 없다.

넓고도 길게 뻗은 도로 한편으로 펼침막이 펄럭인다. "원주민 무시하는 재개발 결사반대!" 낡은 동네 하나가 철거되고 또 재개발이 되는 모양이다. 원주민이라고 주장하는 그 사람들도, 신라·고려·조선시대를 이어오며 일제강점기와 6·25 전란 중에도 꼿꼿하게 대대손손 그 자리에 터 잡고 살아온 사람들이 아니라 불과 2~30년 전에 원래의 원주민이던 농민들이 밀려 떠나간 자리에 이주해온 이주민들이다. 2~30년 만에 같은 지역에서 새로운 원주민을 대량생산해내는 재개발의 속도는 어떤 나라도 따를 재간이 없을 것 같다.

출근 시간이 살짝 비켜간 시간이긴 하지만 대로를 달리는 버스 차창 밖으로 사람을 보기는 힘들다. 집에서 밖으로 나온 사람들은 대부분 자동차

속이나 지하 공간 아니면 아무 개성도 특색도 없이 콘크리트로 부어 쌓아 올린 빌딩 속의 사무실 안에 갇혀 있을 것이다. 10차선 양 끝에는 있는 듯 없는 듯 인도가 보인다. 인도가 명확하게 드러나지 않는 것은 걸어 다니는 사람의 수도 적거니와, 주차할 곳을 찾지 못한 귀하신 차들이 차도나 주차구역이 아닌 인도까지 촘촘히 점령하고 있기 때문이다. 보행자가 차도로 걸어 내려오면 운전자로부터 쌍욕을 얻어먹는 것은 당연하고, 경우에 따라서는 도로교통법 위반으로 처벌받을 수도 있다. 특히 시위대의 경우는 아주 엄하게 처벌한다. 그런데 보행자들만의 배타적 권리가 보장된 인도에서 보행자들은 인도를 점령한 차들에게 욕은커녕 귀하신 차에 흠집이라도 낼까 가재걸음을 걸으며 조심조심 피해 다닌다. 이게 이 나라 도로교통법상의 정의(正義)다

질주하던 버스가 횡단보도 앞에 멈춰 선다. 각양각색의 승용차와 버스, 트럭까지 100m 경주 직전에 출발선에 도열하다시피 서 있는 그 앞으로 길을 건너려고 서 있는 사람들의 모습은 왠지 왜소하고, 외롭고, 위태로워 보인다. 횡단보도를 안전하게 건너는 방법 중의 하나는 인해전술을 쓰는 것이다. 건너는 사람의 수가 적으면 대다수의 운전자들은 녹색신호 중에도 보행자의 존재를 무시하고 자기 갈 길을 재촉하기 때문이다.

횡단보도 옆의 신호등에서 녹색 신호가 점멸하면서 숫자가 하나씩 줄어들고 있다. 보행자를 배려하기 위한 시간이 얼마 남지 않았음을 알려주는 친절한 행정서비스다. 그런데 그 숫자가 0이 되도록 기다려주는 운전자는 거의 없다. 일찌감치 오토바이부터 내달리기 시작하면 그 뒤로 버스, 승용차, 택시들이 줄줄이 따른다. 녹색 신호가 켜져 있는 시간이 아무

리 길다 한들 허리가 반듯하지 못해 지팡이를 짚고 건너는 노인들에게는 벅차고 숨 가쁜 시간이다. 자동차에 올라앉아 운전대를 잡은 사람은 그 시간도 못 기다리고 엄연히 녹색 신호임에도 불구하고 경음을 울리면서 속도가 느린 보행자를 모멸하고 을러대기까지 한다. 하기야 같은 자동차 운전자끼리도 보복운전으로 생명까지 위협하는 세상에 하찮은 보행자들 정도야……. 이마에 블랙박스를 달고 다니는 보행자는 없으니 보행자가 운전자들의 보복운전의 증거를 내보일 수도 없다.

◆　　◆　　◆

신호등의 적색 신호가 버스를 위한 녹색 신호로 바뀌자마자 내가 탄 버스가 출발하려다 금세 덜커덩 급정거를 한다. 걸음 느린 노인네가 신호가 바뀌었음에도 버스 앞으로 불쑥 걸어 들어왔기 때문이다. "에이… 참!" 기사가 짜증 섞인 목소리를 내면서 차창 밖을 째려보는데, 노인네가 잰 걸음으로 버스를 지나치자 여태껏 버스에 가려서 노인네를 보지 못했던 승용차들이 급정거를 하면서 발악을 하듯 경적을 울려댄다. 노인네는 경적을 울리며 자신을 피해 좌우로 내달리는 승용차들 틈새에서 오도 가도 못하고 벌벌 떨고 있다. 버스 기사도 자기 길을 재촉하는 액셀러레이터를 밟으면서 한마디를 내뱉는다.

"저 할마씨! 죽을라꼬 환장했나!"

나는 버스 기사에게 죽으려고 환장했냐고 욕을 먹은 그 '할마씨'가 길을 건너 목적지까지 무사히 당도했는지 어쨌는지 알지 못한다. 내가 탄 버스는 제 갈 길을 다시 광속으로 내달렸고, 그 '할마씨'에 대한 인상과 기억도 버스가 달리는 속도만큼이나 빠르게 내 기억 속에서 지워져버렸기 때문이다. 다른 승객들도 마찬가지일 것이다. 대부분 바깥 풍경에는 아랑곳없이 귀에는 이어폰을 꼽고 손바닥 안의 네모난 물건에 시선을 모으고 있었기 때문이다. 그렇게 죽을 줄도 모르고 느릿느릿 길을 건너는 노인네들과 내 갈 길에 거치적거리는 것들은 전부 죽일 듯이 작정하고 차를 몰아대는 운전자들의 심성이 어우러져 만들어낸 성과가 바로 우리나라의 보행자 교통사고 사망률이 OECD 국가 중에서 단연 1위라는 사실이다. 그중에서 65세 이상 고령층이 사망자의 절반 이상을 차지하고, 인구 10만 명당 보행 중 사망자 수는 OECD 회원국 평균치의 5배가 넘는다. 도시의 활력을 지탱하는 것은 속도다. 그런데 느림은 또 노인네들의 특징이다. 그래서 도시와 노인네들은 결코 쉽게 어울릴 수 없는 속성들을 가지고 있는 셈이다.

도시를 관통하는 대로의 이쪽과 저쪽은 단절되어 있다. 전혀 딴 세상이다. 어떤 사람들은 상권이 다르다고들 한다. 서로 연결되기 위해서는 긴 시간을 기다려 짧은 녹색 신호를 틈타거나 땅 밑으로 기어들어가야 한다. 언제였는지는 모르겠지만 이쪽과 저쪽은 분명히 경계가 분명치 않은 한 마을이었을 것이다. 새 길이 뚫렸다 하더라도 버스 한 대 겨우 지나갈 만한 좁다란 신작로에 불과했을 것이고, 지금처럼 이쪽저쪽을 해자(垓字)로 경계 지어 놓듯이 갈라져 살지는 않았을 것이다.

단절되고 끊어지고 새로 뚫리거나 넓혀진 길을 찾아가는 일은 젊은이들조차 쉽지 않은 일이다. 길을 찾을 때 이정표로 삼던 지난 시절의 흔적들이 사라졌기 때문이다. 네비게이션을 능수능란하게 조작할 줄 안다는 것과 내가 길을 잃지 않고 살 찾는다는 것은 전혀 다른 개념이다. 이런 곳에서 노인네들이 길을 잃는다면 그 이유는 길을 몰라서가 아니라 알던 길이, 눈 감고서도 찾아가던 마을 길이 없어져버린 탓일 게다. 노인네들의 몸과 마음까지 감싸 안아주던 마을 자체가 없어져버렸기 때문일 것이다. 한마디로 도(道)가 없는 세상이며 거처(居處)가 불안한 세상이다. 온전한 정신을 가지고 산다는 것이 오히려 신기한 세상이다.

노인네 길을 잃다

박완서의 단편 소설 〈환각의 나비〉[74]는 치매 증상을 보이는 어머니가 가족들이 잠시 방심한 틈에 집을 나가서 행방불명이 되었다가, 반년이 넘는 시간을 거치면서 온갖 우여곡절을 겪은 끝에 가족과 어머니가 우연히 다시 만나게 되는 과정을 그린 이야기다.

소설의 주인공 영주는 일찍 아버지를 여읜 탓에 어머니와 함께 대학가 주변에서 하숙을 치며 동생들을 뒷바라지하다가 뒤늦게 공부에 뛰어들

---

[74] 박완서 소설집 《너무 쓸쓸한 당신》, 창비, 1999. 수록

어 박사과정까지 마친다. "보따리 장수 6년 만에 학위 딴 지 3년 만에" 가까스로 전임 자리를 얻었지만 그 자리란 게 다들 "겨우 지방대학 가려고 뼛골 빠지게 박사를 했냐"고 빈정대는 지방대학의 전임교수 자리다. 이 소설이 발표된 시점이 지금으로부터 딱 20년 전(1995년, 문학동네)이니 서울 사람들의 지방 멸시는 외환위기 이후 진행된 수도권과 지방의 양극화나 대학 구조조정과는 상관없이 뿌리가 깊은 고질병이었던 것 같다.

그래도 그 무렵은 박사학위에 필요한 논문의 조건으로는 "상상력이 아니라 출처가 분명하고 실증할 수 있는 지식"이었던 모양이다. 요즘은 적당히 베껴먹고 출처를 밝히지 않더라도 걸리지만 않으면 되고, 또 제자의 논문까지 날름 제 이름으로 바꿔버리는 염치없는 짓을 해도 교수에 대학 총장에다 국회의원, 장관까지 해먹을 수 있는 세상이다. 우리나라 지식인들에게는 표절과 변절의 이력이 출세의 고속도로를 열어주는 하이패스가 된 것이다.

어쨌든 대학원을 다니는 동안에야 말할 필요도 없겠고, 멀리 지방으로 출퇴근하는 영주의 사정상 누군가가 집에서 육아와 살림을 도맡아 해야 했을 터인데, 그 일을 나이든 친정어머니가 대신해 왔다. 그런데 흘러가는 시간은 늙어가는 어머니들의 일을 빼앗아간다. 손자·손녀들이 자라면서 보살펴주는 손길이 필요 없어지거나 오히려 귀찮아할 무렵이 되면 그 일을 도맡아 하던 사람들의 상실감이 커지기 마련이다. 그래서인지 손자 손녀가 장성하고 아파트로 이사 온 뒤로는 모친의 건망증이 부쩍 심해지기 시작한다. 집을 나가서 길을 잃어버리는 일이 점점 많아졌다. 아파트라는 낯선 환경이 원인이기도 하겠지만 무료한 일상이 몰고 온 긴장감의 상실이 주의력을 떨어트린 탓일 수도 있다. 그런데도 부득히 노인네가 집을 나서는 데에는 무엇보다 아들이 있으면서도 늙은 몸을 딸네 집에 의탁하는 것을 치욕으로 알고 살았던 그 나이 또래 노인들의 강박 같은 것이 제일 크게 작용했다.

대개 치매 환자들이 가출을 하거나 요양시설에서도 반복해서 탈출을 시도하는 것은 우발적인 것 같지만 곁에서는 쉽게 알 수 없는 자신만의 이유와 논리가 분명히 있다. 영주의 모친이 딸네 집을 나와 혼자서는 찾아가기 힘든 아들네 집을 무턱대고 찾아가는 이유도 딸네 집에서 더 이상 밥을 얻어먹을 수 없다는 자존심 같은 것이 작동한 탓이다. 그러나 대도시에서, 그것도 서울 수도권에서 걸어서 가든 차를 타고 가든 낯선 길을 노인 혼자서 목적지까지 온전히 길을 찾아간다는 것이 가당키나 한 일인가? 결국 몇 번의 사달이 난 끝에 영주가 남동생 내외를 설득하여 엄마가 그토록 원하던 아들네 아파트로 거처를 옮기게 된다.

그러나 모친은 아들네 집에서도 마음을 붙이지 못하고 끝없는 탈출을 시도한다. 며느리는 그런 시어머니를 아파트 안에 감금할 수밖에 없었고, 좁은 아파트 안에서도 배회와 섬망이 점점 심해지자 결국 감금의 범위는 화장실이 딸린 방 한 칸으로 축소되고 만다. 아들 내외가 안방까지 내주는 결단(?)을 내린 것이다. 그래도 모친의 증상은 악화일로. 급기야 혈육을 알아보지 못하고, 거울에 비친 자신의 모습을 보고서 누구냐고 묻는 지경에까지 이른다.

◆　　◆　　◆

우리 사회의 근대화과정에서 부모가 자녀를 키운다는 것은 어린 자녀들을 성장시켜 독립시킨다는 뜻이 아니라, 뼈 빠지게 돈 벌어 학교를 보내고, 그 학교의 졸업장이 가진 힘으로 자녀들을 부모가 살던 세상과는 전혀 다른 세상에 사는 딴 사람으로 만드는 것이라고 할 수 있다. 아이들이 딴 세상으로 모두 떠나고 나면 늙은 부모에게 훈장처럼 주어지는 것은 너덜너덜해진 몸뿐이고, 역할 상실에 이어 남는 것은 허전함과 뼈에 사무칠 만큼 지독한 그리움뿐이다.

모친이 "우리 속에 갇힌 짐승 꼴"이 된 사실을 알게 된 영주는 모친을 다시 자기 집으로 모시고 온다. 딸네 집으로 돌아온 뒤 모친은 기억만큼은 여전히 온전치를 못했지만, 자신에게 너무나 익숙하던 일거리인 부엌일을 되찾으면서 조금씩 안정을 찾는다. 그렇게 안정과 함께 기억을 찾아가는가 싶어 가족들이 잠시 방심한 틈에 모친이 또다시 사라지고 만 것이다.

노인이든 어린이든 가족을 잃어버린 가정의 일상은 완전히 무너진다. 살았는지 죽었는지 주검을 확인한 것도 아니고, 그래서 이승에서 저승으로 보내주는 예를 갖춘 것도 아닌, 실종 상태가 지속되는 것만치 고통스러운 것도 없다. 있어야 할 자리에 없는 가족을 잊으려야 잊을 수도 없고, 잊어서도 안 되고, 밥을 먹어도 편히 먹어서는 안 되고, 잠을 자도 발을 뻗고 잘 수 없고, 웃을 일이 있어도 절대 웃어서는 안 되는, 수도승조차 감당하기 힘든 도덕적 책무가 사람을 괴롭힌다. 그리고 가족들 사이에서도 서로 감정을 조절하는 자제력이 급격하게 무너진다. 온 가족이 피폐해진다. 일 년 넘게 물밑에 혈육을 수장시켜두어야 했던 세월호 실종자 가족들의 생활이 그러할 것이다.

엄마를 찾는 일로 반년 넘게 피폐해질 대로 피폐해진 영주는 새로 만든 포스터를 붙이려고 이곳저곳 골목골목을 헤매 다니다가 퇴락하여 낡고 오래된 동네에서도 혼자 따로 떨어져 나와 있는 초췌한 외딴집을 발견한다. 그 집은 "문화재적인 옛날 집이 아니라 그냥 나이만 많이 먹은 귀살스러운 옛날 집"이었지만 이상한 힘으로 사람을 끌어당기는, 형용하기 어려운 느낌이었다. 그리고 영주는 반년 이상 온 나라를 들쑤시다시피 하며 찾아 헤매던 어머니를 그 집에서 우연히 만나게 된 것이다. 그런데 거기서 만난 어머니는 언제 치매를 앓았던가 할 정도로 너무나 자유롭고 자연스러운 모습으로 돌아와 있었다.

노인네 길을 찾다

영주가 어머니를 찾은 그 집은 원래는 점집이기도 한 절집이었다. 서울의 위성도시인 Y시가 농촌이었던 시절, "땅임자와 집장사들이 합작하여" 원주민이었던 농민들을 몰아내고 만들어낸 양옥집 동네에도 속하지 않고 따로 떨어져 있던 낡은 집이었다. 그리고 불과 30년도 채 지나지 않아 양옥집 동네 일부가 새로운 원주민 지역으로 남게 되는 재개발이 이루어졌지만, 그 뒤에도 옛 모습 그대로인 흉흉한 집이었다.

녀 마금이는 절집에서 "꿈같이 편안하고 달콤한" 생활을 한다. 물론 "지난 날에 대해서는 한마디로 횡설수설"이고, "어쩌다 텅 빈 시선으로 먼 산을 바라보면서" 아들을 기다리곤 했지만, 절집의 생활만큼은 무척 만족해하고 있음을 무녀 마금이는 직감으로 알고 있었다. 그래서 "고기도 놀던 물이 좋다더니, 사람이 살던 데가 이렇게 좋은 것을" 하면서 기지개를 켜는 낯선 노인네를 전생에 자신의 할머니인 것처럼 아무 부담없이 받아들인다. 그렇게 절집에서 생면부지의 무녀와 동거생활을 시작한 어머니를 영주는 어떤 느낌에 의해 자기도 모르게 끌려 들어가다시피 한 그 절집에서 마주치게 된 것이다.

헉 하고 숨을 들이쉬면서 천개사 포교원이라는 간판과 함께 빨랫줄에서 나부끼는 어머니의 스웨터를 보았다. 영주는 멎을 것 같은 숨을 헐떡이며 그 집 앞으로 빨려 들어갔다. 마루 천장의 연등과 금빛 부처가 그 집이 절이라는 걸 나타내고 있었다. 그밖엔 시골의 살림집과 다를 바 없었다. 부처님 앞, 연등 아래 널찍한 마루에서 회색 승복을 입은 두 여자가 도란거리면서 더덕껍질을 벗기고 있었다. 더할 나위 없이 화해로운 분위기가 아지랑이처럼 두 여인 둘레에서 피어오르고 있었다. 몸집에 비해 큰 승복 때문에 그런지 어머니의 조그만 몸은 날개를 접고 쉬고 있는 큰 나비처럼 보였다. 아니아니 헐렁한 승복 때문만이 아니었다. 살아온 무게나 잔재를 완전히 털어버린 그 가벼움, 그 자유로움 때문이었다. 여지껏 누가 어머니를 그렇게 자유롭고 행복하게 해드린 적이 있었을까? 칠십을 훨씬 넘긴 노인이 저렇게 삶의 때가 안 낀 천진덩

어리일 수가 있다니.

생명의 신비란 과학이나 의학으로 설명이 불가능한 것이다. 과학에 의해 생명의 신비가 하나하나 설명되어 해체되고 분해되고 나면 인간의 생명은 기계와 다를 바 없게 된다. 명령어에 의해, 입력에 의해 작동되거나 뇌가 보내는 신호에 따라 동작이 실행되는 기계에 불과한 것이 되고 만다. 세계에는 과학으로는 결코 설명할 수 없는 기제들이 있고, 의학으로는 도저히 설명되지 않는 영(靈)적인 현상도 있다.

소설 〈환각의 나비〉가 허구의 이야기든 사실에 기반한 이야기든 간에 분명한 것은 영주 모친의 '지금' '여기'와 '그때' '그곳' 사이에 동강나버린 기억을 이어준 것은 바로 귀신과 대화를 나누고, 하늘과 땅 위의 사람들 사이에서 다리 역할을 하는 무녀였다는 사실이다. 그렇게 이어진 기억을 통해 영주 모친은 제 역할을 하는 온전한 사람으로 되살아났다.

과연 21세기 대한민국에 귀신은 사라졌는가? 하늘과 또 귀신과 대화를 나누면서 인간들의 길흉사를 제어하던 무격은 정말 멸종했는가? 귀신은 우리의 의식은 물론 무의식 속에서도 자취를 감추어버렸는가?

그런데 상상의 세계라 할지라도 예술 속에서는 귀신이 여전히 살아 꿈틀거린다. 그것이 옳은지 그른지를 판단할 필요는 없다. 예술이 답을 보여주는 것은 아니기 때문이다. 예술은 사람들의 눈과 귀에 쉽게 보이지 않고 들리지 않는 것, 사람들이 쉽게 볼 수 없는 것들을 보여주고 들려줌으로써 그 책임을 다하는 것이다. 보고 듣는 사람은 그 속에서 노닐 수만 있으면 된다(遊於藝). 사람들로 하여 시문(詩文)에서 신명을 얻고, 예로서 몸과 마음을 절제하고, 즐거움을 찾아 삶을 완성해나가도록 하는 것이 예술의 힘이다.[75] 답을 찾고 해결책을 내놔야 하는 강박에 시달리는 과학과는 다르다.

혼(魂)과 백(魄)으로 구성된 인간은 몸(魄)이 살아있는 동안은 끝없이 혼의 세계인 영계(靈界)와 교섭을 시도한다. 언젠가 지상의 삶을 마감한 이후에는 찾아가야 할 세계이기 때문이다. 그렇게 꿈에 그리던 "영계와 비현실적인 교섭"이 바로 미신이다. 이런 미신에 대해 쇼펜하우어는 "기도와 희생에 대한 욕구"를 채워주는 것으로 첨단 과학기술의 시대에도 결코 "무시할 수 없는 이점"[76]이 있다고 했다.

우리는 점이나 굿이 근절되어야 할 잘못된 미신이라 하면서도 전혀 의미 없는 것이라고는 생각하지 않는 이중성을 지닌 채 살고 있다. 대형 공사장의 기공식에는 어김없이 돼지머리가 놓이고, 공사 발주처의 높으신 분들도 함빡 웃고 있는 돼지머리에 다소곳이 고개를 조아린다. 문지방에 부적이 붙어 있는 식당을 드나들면서도 불쾌하게 생각하는 사람은 없다. 최악의 가뭄이 들었다는 지난 여름에는 가뭄이 특히 심한 지역의 자치단체장들과 댐 관리 직원들이 기우제를 지내는 모습들이 공중파를 타기도 했다. 그런데 기우제를 지내는 공직자들을 향해 '미개하다'라고 손가락질

---

75 《논어》, 〈태백〉에 나오는 대목이다(興於詩, 立於禮, 成於樂). 순자는 도량형(程)은 물(物)을 재는 기준이고, 예(禮)는 사람의 절도(節度)를 재는 기준이라고 했다(〈지사〉). 그리고 예를 "너무 긴 것은 자르고 너무 짧은 것은 이어주며 남음이 있는 것은 덜어주고 부족함이 있는 것은 보태주어 사랑과 존경의 형식적인 수식을 다해 의로움을 행하는 아름다움을 기르고 완성케 하는 것"이라고 정의한다(〈예론〉). 개인으로 봐서는 절제가, 사회적으로는 분배와 균형이 곧 예라는 뜻이다. 그런 점에서 보면 지금 우리 사회는 '예의'라는 게 없는 사회다.
76 《의지와 표상으로서의 세계》, 홍성광 옮김, 을유문화사, 2012. 535쪽

하는 사람은 아무도 없었다. 미신적 사고는 과학에 의해 끊임없이 부정되고 손가락질받고 있지만, 인간이 영혼의 존재와 영(靈)의 세계를 완전히 부정하지 않는 이상은 결코 소멸되지 않는 미분성(未分性)[77]을 가진다.

기우제를 비롯한 무속신앙은 신앙이나 종교의식 이전에 자연에 대한 인간의 겸손함의 표현이었고, 인간의 오만함을 절제하기 위한 의례행위였다. 그러나 과학기술은 자연 앞에 선 인간의 겸손함을 진보와 문명의 걸림돌로 만들어버린 대신, 인간의 오만함과 욕망만 한도 끝도 없이 부풀려 놓았다. 그 결과 한민족의 오랜 정서와 문화에 뿌리를 둔 토속신앙이 과학의 힘에 의해 미신이라 매도되며 맥없이 밀려나버렸다. 그 뒤로 세상은 몹시 화려하고 편리하고, 밝아졌지만, 그 세상 속의 삶은 한없이 가벼워졌고 위태로워졌고, 무람없어졌다.

부엌데기에서 바리데기로

20세기의 한국이 전통과 근대, 탈근대가 뒤섞여 있던 시대였다

---

77 민속학자 김태곤에 따르면 사고의 미분성(未分性)이란 "시간과 공간의 제약 속에 있는 우주질서에서 벗어난 상황"으로, 이 미분적 상황은 "시공간 분화 이전의 상상을 통해서만 경험될 수 있는 상황"이다. 《무속과 영의 세계》, 한울, 1996. 84쪽 참조)

면 21세기의 대한민국은 자본의 힘 또는 시장의 힘에 의해 전통이 철저하게 와해·소멸되는 시기라고 할 수 있다. 시장에서 팔릴 만큼 가치가 있는 전통은 보존·계승되는 것이 아니라, 상품으로 포장되어 팔려나가기도 한다. 지방자치단체장들의 홍보용 축제에 단골상품으로 등장하기도 하고, 온통 콘크리트로 범벅이 된 대도시에서 소풍조차 갈 곳이 없어져버린 학생들이 체험학습을 하기 위한 중요한 소품이 되기도 한다. 하지만 그런 상품에는 전통이 품고 있는 역사나 정신은 없다.

인간은 몸의 극히 작은 한 부분인 뇌의 기능만으로 살아갈 수 있는 것은 아니다. 뇌가 죽으면(뇌사) 사람도 죽은 것으로 간주하게 된 것은 의학 연구의 결과라거나, 죽음의 정의가 바뀐 까닭이라기보다는 단지 장기이식을 활성화하기 위한 실용적 목적 때문이었다.

몸과 함께 혼으로 구성된 것이 사람이다. 몸을 움직이게 하는 중추기관이 뇌라는 사실을 인정하더라도 혼을 움직이고 혼을 부르는 소리는 따로 있다. 하늘이 땅이, 그리고 산과 들, 바다와 강, 나무와 꽃들이 부르는 소리가 분명히 있다. 다만 우리가 듣지 못할 뿐이고, 들으려고 하지 않을 뿐이지 우리 귓전에서 우리의 혼과 이야기를 나누려는 작은 소리는 분명히 있다. 21세기에 이르러 한국인들이 혼을 부르는 소리를 듣지 못하게 된 것은 광활한 대도시를 뒤덮고 있는 소음과, 별이 보이지 않을 만큼 밤을 환하게 밝히는 불빛, 그리고 끝없는 상품의 소비를 통해 고독한 자신의 처지조차 인지하지 못하게 만드는 소비문화 탓이다.

그래서 21세기 들어와서 까치의 울음소리로 하루의 길흉화복을 점치던 엄마들을 볼 수 없게 되었고, 신주를 모셔놓은 단지를 쳐다보면서 예를 바치던 아버지를 볼 수 없게 되었다. 뒷간이 수세식 화장실로 바뀌면서 달걀귀신이 사라졌고, 아이들이 까치설날을 하얗게 지새우도록 만들었던 야광귀도 종적을 감추었고, 설날 앞마당에 뒹굴고 있던 복조리도 아파트 거실에서 맞이하는 설날에는 날아들 수가 없다. 병원에서 출산을 하게 되면서, 또 그나마 출산마저 기피하게 되면서 삼신할미들은 할 일이 없어져, 어디론가 종적을 감추어버렸다. 3포, 5포 세대가 등장하면서 결혼을 못해 한을 품은 몽달귀신들도 어디론가 사라졌다.

그런데 소설 〈환각의 나비〉에서 영주의 엄마가 자신의 뜻으로, 자기 발로 딸네 집을 나간 반면, 이 소설과 비슷한 설정으로 이야기가 전개되는 신경숙의 장편소설,《엄마를 부탁해》는 "엄마를 잃어버린 지 일주일째다"로 시작한다. 엄마란 아무 생각도 없고, 주관도 없고, 의지도 없고, 아는 것도 없어서 그저 잘 간직하고 보관해야 할 숨 쉬는 유물 정도로 취급한 표현이다. 있을 때는 있는지조차 의식하지 못하면서 잃어버리고나면 모든 일상을 무너지게 만드는 그런 얄궂은 유물…….

사실 그렇다. 여자라는 이유로 버려지는 바리데기 설화는 흘러간 옛이야기가 아니라 지금 이 시대에 실존하는 우리 어머니들의 이야기다. 남성 중심, 자녀 중심의 한국 특유의 가족 문화에서 식구들을 먹여 살리기 위해 젊어서는 부엌데기로 살다가 늙어서는 장성한 자녀들로부터 바리데기처럼 버려지는 신세로 전락하고 마는 우리 어머니들의 이야기다.

그런 엄마를《엄마를 부탁해》의 자식들은 잃어버렸고 또 찾지를 못했다. 자녀와 가족들로부터 떨어져 바리데기 신세가 된 엄마는 어디로 갔는가? 자식들과 숨바꼭질을 하고 있는가? 복잡한 지하철에서 손을 놓아버린 아버지의 실수 때문이 아니라, 엄마는 귓전에서 자신을 부르는 소리를 듣고 혼자서 다른 길을 찾아간 건 아닌가? 그 소리를 따라가 엄마는 잃어버렸던 것을 되찾았던 것은 아닐까? 혼을 부르는 소리를 듣고 그 소리의 뿌리를 찾아간 것은 아닐까? 거기에 머물면서 내 자식들을 기다리고 있는 것은 아닐까? 영주의 어머니처럼……

◆　◆　◆

그러나 우리는 혼을 부르는 소리를 들을 수도 없고 들을 수 있는 한 치의 여유도 없다. 바쁘다. 생각할 시간도 없다. 부지런히 벌어서 쓰기에도 빠듯한 시간이다. 내 한 몸 건사하기에도 숨이 벅찰 정도로 각박하다. 그래서 젊어서는 부엌데기로 살다가 나이 들어서는 바리데기 신세로 전락한 어머니가 찾아가려 했던 곳이나 지금 머물고 있는 곳을 짐작조차 하지 못한다. 한반도의 근대화·문명화 과정은 나이든 사람들이 가진 기억의 장소를 불도저와 포크레인으로 흔적도 없이 밀어버리는 과정이었기 때문이다. 민족의 문화, 그리고 민족의 혼과 정서까지도 바리데기 신세가 되고 만 것이다. 그래서 기억의 장소를 찾아 헤매는 어머니를 위해 자녀들이 할 수 있는 일은 아무 것도 없다. 결국 무책임하게, 막연하게 "엄마를 부탁"한다. 그런데 누구한테 엄마의 무엇을 어떻게?

전통은 사람들 사이에 대물림되는 유형의 물질이 아니라 사람들이 서로 공유할 수 있는 집단 기억을 통해 재구성되는 것이다. 그런 전통이 와해된다는 것은 과거와 현재를 이어주는 다리가 끊어진다는 것과 마찬가지다. 동시대를 살아가고 있지만 세대 사이에 서로 공유할 수 있는 집단 기억들이 없어짐으로 해서 세대를 이어주는 동질성이나 일체감이 없어진 것이다. 그런 전통이 와해되었을 때 제일 큰 피해자는 전통의 체현자들이라고 할 수 있는 노인네들이다. 전통이 무너지면서 한평생 습관과 기억만으로 살아왔던 노인네들의 기억과 습관, 말조차도 소통 불가능한 구닥다리가 되고 말았다.

전통으로부터 멀어진 우리는 지금 서양사람보다 더 서양사람 같은 모습으로 살아가고 있고, 이렇게 변한 모습을 두고 근대화 또는 문명화되었다고 평가한다. 그리고 문명화와 함께 지나간 시절의 규범이나 문화가 힘을 잃으면서 겉모습으로 드러난 의식의 세계는 한없이 자유로워 보인다. 하지만 우리의 무의식은 틈만 나면 소리 없이 뿌리로 되돌아가려 한다. 의식의 세계와는 달리 끊임없이 뿌리로 되돌아가려는 무의식은 정신의 본능과도 같은 것이다. 그 뿌리란 바로 전통의 세계다. 이런 의식과 무의식의 부조화 속에서 우리는 불안과 우울에 시달리고 있는 것인지도 모른다. 문화와 문명의 경계에서 방황하며 불안해하다가 피를 토하며 죽어간 나쓰메 소세키처럼……. 살아있더라도 넋을 잃거나 얼이 빠지기도 한다. 그런 사람들에게 우리는 여지없이 '치매'라 손가락질을 하며 혐오감을 드러내곤 한다.

삶의 여유와 자유

20세기의 한반도 역사는 5,000년이나 지속된 자신들의 문화에 대해서 최소한의 긍지나 자부심조차 포기한 채 허겁지겁 서구 문명을 모방해온 시기였다. 서양 또는 서양인의 삶이라는 분명한 목표를 정해놓고 국가권력이 내리치는 채찍질에 내몰리다시피 한 것이 바로 우리의 근대화 과정이다. 그런 근대화를 통해 이룬 문명이란 당연히 서구 문명을 이야기한다.

그런데 서양의 문명에는 우리의 문화와 정서에 뚜렷이 남아 있는 '족(足)함'이 없고, '그칠(止) 바'라는 것이 없다. 서구 문명의 "모든 가치는 대립적인 것으로 양극·분해되고, 대립은 더욱 세밀한 대립을 낳으며 분열은 더욱 새로운 분열을 낳"는다. 서양 사고가 가진 "사유의 명석함, 계량의 정확성"은 "대립과 투쟁, 자기 고집과 불관용"으로 이어져 자신들의 "역사를 피로 물들여 간다." 그리고 "자기를 남과 엄격히 구별하고, 남에 대해서 철저하게 관용하지 않음"으로써 마침내 인간과 자연까지도 대립적으로 파악하고, 자연을 "인간에 의해 극복되어야 할 적대자"로 취급하는 것이 바로 서양문명이다.[78] 그러나 족함을 모르고, 그칠 바도 모르는 인간의 운명은 끝내 파국을 맞게 된다. 20세기 인류가 겪은 재앙의 역사가 그 사실을 증명한다. 그 재앙들은 모두 서구 문명에 의해 촉발되었다.

---

[78] 아카쓰카 기요시(赤塚忠)·가나야 오사무(金谷治) 외, 《중국사상개론》, 조성을 옮김, 이론과 실천, 1987. 127쪽

그렇다면 21세기는 어떨까? 일극체제로 세계화된 21세기의 디지털 문명은 사람들이 결코 만족을 할 수 없게 만들어 끝없이 새로운 수요를 창출하는 문명이다. 그렇게 해서 생긴 이익은 기업이 독차지한다. 그리고 앞선 사람들을 끊임없이 바보로 만들면서 전진하는 문명이다. 사람이 계속해서 변하는 제품의 성능이나 기능을 무한정 따라잡는 것은 불가능하다. "새 제품이 출현하는 속도, 그리고 체제 전체의 자의적 재구성이 일어나는 속도 때문에, 대다수 사람들에게 정보·통신 테크놀로지와의 지각적·인지적 관계는 계속해서 소외되고 무력화된다"는 것이 조너선 크레리의 판단이다. 그래서 그 끝이 어디가 될지는 아무도 예측할 수 없지만 아무래도 짧은 시간 안에 서로 다른 세대가 공유할 수 있는 기억이나 문화는 사라지고 말 것이다. 조너선 크레리의 전망은 상당히 우울하다. 결국 "역사적 인식의 증발"을 의미하며, "과거의 체계적 삭제"를 보장하는 것이기 때문이다. 남는 것은 시장경제 속의 자유일 뿐이다.[79]

그런데 시장경제원리 속의 자유란 무엇일까? 시장의 힘이 모든 것을 지배하는 사회에서 자유란 재력의 크기에 비례한다. 그 실증적 사례를 한국 사회가 가장 선명하게 드러내 보여주고 있다.

한국 사회에서 재력가는 하고 싶은 일을 마음대로 할 수 있는 자유뿐만 아니라 인간으로서는 해서는 안 될 일을 저지를 수 있는 자유도 있고, 그렇더라도 처벌받지 않는 특권이 있다. 우리 사회에서 재력과 권력은 샴쌍둥이처럼 서로 붙어 다니는 것이기 때문이다. 물론 보통 사람들이 누리

---

[79] 《잠의 종말》, 68쪽, 78쪽

는 자유의 크기도 그가 가진 경제력에 비례한다. 감정노동자들은 자신의 감정에 따라 울거나 웃을 수도 없고, 화를 내거나 슬퍼할 자유도 없다. 21세기 한국 사회에서 자유는커녕 봉건시대의 노예보다도 못한 삶을 사는 사람들이 적지 않은 이유가 바로 자유가 시장경제원리 안에서 작동하며 또 사고 팔리기 때문이다.

◆　◆　◆

　동아시아 문화에서 서구식 자유의 개념은 없다. 동아시아 문화에서 자유가 있다면 그것은 자연에 있다. 서양의 자유가 신의 계시에 예속된 내가 아닌, 스스로의 사유와 판단에 따라 행동하는 나를 지향하는 것에서 출발한 것이라면, 동아시아의 자유는 인간이 만든 제도와 물질의 구속에서 풀려나는 것이다. 그 자유는 자연에 나를 내맡김으로써 얻을 수 있는 자유다. 무기력하고 의기소침한 우울과 권태에 찌든 삶에 신명(神明)[80]과 신바람을 불어넣는 예(藝)에 노닐며 아무런 구속이 없는 자연에 머무는 자유다. "거친 음식을 먹고 물마시며 팔을 굽혀 베개를 삼더라도" 즐거울 수 있는 이유(《논어》, 〈술이〉)는 인간이 만든 세속의 제도와 질서에서 벗어

---

80 "신명은 한민족의 기원과 더불어 무(巫)의 전통 속에서 시작된 뿌리 깊은 미의식이다. 내재적 인격신관을 갖고 있는 한국인들은 자신의 의지보다 신령한 힘에 의해 현실의 문제를 극복하고자 했다. 한국인들은 유난히 신명이 강한 민족이고, 신명나면 힘들고 어려운 일도 척척 해낼 수 있는 저력이 있다.(중략) 신명은 주로 가무(歌舞)에 의해서 신인묘합의 상태에 이르렀을 때 느끼는 한국인 특유의 밝고 긍정적인 미의식으로 일상적 정서와 다른 강렬한 흥분을 통해 특별한 시공의식에 들게 한다." (최광진, 《한국의 미학》, 미술문화, 2015. 289쪽)

나 자연과 내가 일체가 될 수 있기 때문이다. "못가의 꿩이 열 걸음을 걸어 한 입 쪼아 먹고, 백 걸음을 걸어서 한 모금의 물을 마실지언정 새장 속에서 길러지기를 바라지 않는 이유"(《장자》,〈양생주〉)는 세속의 질서가 아닌 자연의 질서에 자신을 의탁함으로써 즐길 수 있는 무한의 자유를 지키기 위함이다.

그런 자연의 자유를 지키기 위해서는 여유가 필요하다. 이때의 여유란 재물이 넘쳐 남아돈다는 뜻이 아니다. 자연 속의 자유가 가능한 삶의 여유란 재물이 많다는 것이 아니라 "욕망이 절제되어 일이 적은 것"을 말한다. 따라서 부족하다는 것도 "재화가 없는 것이 아니"라, 욕망이 절제되지 않아 "백성들이 시끄러이 소비가 많은 것"을 이른다.(《회남자》,〈제속훈〉)

그런 점에서 우리는 지금 너무 여유가 없는 삶을 살고 있다. 하루 24시간을 다 써도 모자랄 만큼 일이 많고, 아무리 채워도 충족되지 않는 욕망의 노예가 되어 있고, 쓰고 버리고 또 쓰고 버리면서도 부족함에 시달린다. 온갖 쓰레기 정보는 사방에서 쏟아져 들어오고, 지식과 정보는 흘러 넘치는데 정작 삶의 지혜는 부족하기 짝이 없다.

그러나 이대로 가다 보면 언젠가는 새것을 더 이상 받아들일 수 없는 몸과 마음의 포화상태, 지식과 정보의 체증현상이 일어날 수밖에 없다. 앞서거나 뒤서거나의 차이일 뿐 거의 모든 사람들에게 나타나는 현상일 것이다. 따라서 어느 시점에 이르러 지식과 정보의 포화·체증 상태가 되면 당연히 마음은 강퍅해지고, 변화의 속도를 따라잡지 못한 몸은 부자연스럽고 굼뜨게 된다. 게다가 소비 능력마저 소진되고 나면 그런 사람을 과연 누가 선뜻 도와주려 손을 내밀 것인가?

•　　•　　•

　전통에 뿌리를 둔 삶의 문화와 사고방식은 무지와 몽매의 소산이어서
계몽의 대상이요, 하루빨리 청산되어야 할 구태로 취급되어 온 것이 근대
화의 결과였다. 그것은 결국 우리 문화와 그 문화에 뿌리를 둔 우리만의
정서를 부정하는 결과로 이어졌다. 그것은 또 과거에 대한 부정이요, 기
억의 삭제로 이어졌다. 그렇게 삭제된 기억은 클릭 한 번으로 휴지통으로
향하게 된다. 그리하여 이반 일리치가 인간을 인간답게 하는 것이라고 했
던, "과거성이라는 그림자 속의 삶"이 사라져버렸다.

　이쯤에서 멈추어 과거성을 되살릴 수 있는 여유를 찾아야 한다. 더 늦기
전에, 더 잊어버리기 전에. 그래서 뿌리가 뽑힌 채 불안과 우울, 기억과 망
각 사이에서 길을 찾지 못하고 방황하고 있는 삶의 지혜들을 찾아야 한다.

　불안이란 자유로운 몸이 느끼는 현기증이라는 것이 키에르케고르가 말
한 '불안의 개념'이다.[81] 이 현상이 나타날 때는 "정신이 종합을 정립하기
를 원"한다. 그렇다면 종합은 어떻게 가능할까? 인간은 "영(靈)과 육(肉)이
종합"된 존재이다. 그런데 그 종합은 "정신이란 제3요소에 의해 영육(靈肉)
이 통일"된 것을 말한다. 그런 영육의 통일은 생명의 유한성을 인정할 때
라야만 가능해지는 것이고, 죽음이 삶과 분리된 별개의 것이 아님을 받아
들일 때 가능해진다. 그때 자유로 말미암은 현기증도 사라진다.

　우울은 텅 빈 자리에 스며드는 검은 담즙색의 기운이다. 마음 한 구석

---

81 《불안의 개념》, 임규정 옮김, 한길사, 1999.

에 빈자리를 채우지 못해서, 가야 할 길을 찾지 못해 헤매는 동안 마음 한 구석에서 자라난 의기소침이요, 자아의 상실감이다. 이때 필요한 것은 빈 자리를 다시 채워 넣으려는 결연한 의지라기보다는 삶의 길, 즉 도(道)를 똑바로 바라볼 수 있는 용기와 정신력이다. 학문이나 재물, 명성은 나날이 더해가는 것이지만 도는 자신의 의지로, 정신의 힘으로 나날이 들어내고 비워내는 것이다. 그러므로 비어있다는 점에서 도와 우울은 동전의 양면과도 같은 것이다. 내 의지로 비운 것인가 내 의지와 무관하게 비워진 것인가의 차이일 뿐이다.

덕(德), 길을 비추는 빛

그런데 도가 그리 어렵고, 실체가 무엇인지 사람의 능력으로는 쉽게 이해하기 어려운 것인가? 아니다. 사람이 다니는 길, 사람이 다녀야 하는 길이 바로 '도'이다. 다산[82]의 설명은 더욱 명쾌하다. 도는 여기에서 저기로, 즉 '지금 여기', 차안의 세계에서 '저기 저편', 피안의 세계로 가는 길이며, 태어나면서부터 떠나기 시작하여 죽어서야 다다르는 길이다. 그

---

82 국역 《여유당전서 1》, 전주대 호남학연구소 옮김, 여강출판사, 1999. 201쪽

길을 가는 것을 다산은 '행도(行道)'라 하였다. 군자가 삶을 마감할 때까지, 즉 행도를 마칠 마지막 순간까지 한순간의 쉼 없이 덕을 쌓고 업을 닦으라고 한 까닭은 사람이 사람으로서 가야 할 길을 잃지 않도록 하기 위함이다.

따라서 산다는 것이 무엇인가라는 질문에 대한 답은 때맞추어 이 세상에 와서 때맞추어 이 세상을 떠날 때까지, 길을 잃지 않고 행도를 무사히 마치는 것이라고 할 수 있다. 그 길(道)을 잃지 않게 하는 것은 덕(德)이다. "도란 덕과 나란히 있는 것이며, 삶은 그 덕에서 내비친 빛"이기 때문이다.(《장자》,〈경상초〉)

장자는 아침 햇살처럼 환한 깨달음이 있을 때 텅 빈 자리에 홀로 덩그러니 앉아 있는 도를 볼 수 있다고 했다('朝徹見獨',〈대종사〉). 그런 깨달음을 칼 구스타프 융은 "더 가득한 삶의, 더 넓은 의식의 소리"인 내면의 소리를 들을 줄 아는 "위대한 인격의 출생 순간"이라고 표현했다. 그런 인격은 "특별한 인간의 삶이 타고난 독특성의 최고 실현"이며, "스스로 최대한 자유롭게 결정할 수 있으면서 보편적인 것에 가장 성공적으로 적응하는 행위"이다. 그래서 융은 동아시아적 가치인 도(道)를 빌려와 "인격은 도(道)"라고 서슴없는 결론을 내린다.[83] 도로 완성되는 인격은 "완성, 전체성, 채워진 소명, 사물에 고유한 존재의미의 시작이자 목표이자 완전한 실현"으로서 인간인 셈이다. 장자는 그런 인격을 완성케 하는 참된 도는 "텅 빈, 공허(空虛) 속에서만 모이고", 아집과 욕망에서 벗어나 도를 볼 수

---

[83] 《인간의 문화》, 16, 30, 33쪽

있는 텅 빈 내 마음의 공허(空虛)를 '심재(心齋)'라고 했다.

저 텅 빈 곳을 보라! 아무 것도 없는 텅 빈 방에 눈부신 햇빛이 비쳐 저렇게 환히 밝지 않은가? 행복 또한 이 텅 빈 고요함에 모이는 것이다. 그러나 머물 곳을 모르고 그칠 바를 모르는 마음에는 결코 보이지 않을 것이니 그런 마음을 '좌치(坐馳)'라 한다.(《장자》, 〈인간세〉)

도와 함께 행복이 모이는 빈자리를 볼 줄 아는 심재(心齋)와 달리 머물 곳을 모르고 그칠 바를 모르는 좌치(坐馳)의 끝은 어디일까? 불안과 우울에 이어 끝내는 발광(發狂), 물치(物痴)로 치닫는다.

그런데 남들과 달리 혼자 도를 찾아가는 삶은 외롭고 슬프고도 적막한 삶일까? 고립과 소외에 시달리다 불안과 우울, 치매로 이어지는 비참해지는 삶일까? 결코 그렇지 않다. 도와 나란히 길을 가는 덕이 있으면 스스로를 감추더라도 삶이 밝게 빛나서 절대 외롭지 않고, 슬프지도 않으며 적막하지도 않다. 공자가 이르기를 덕은 결코 외로운 것이 아니라 항상 곁을 지켜주는 이웃들을 불러들인다고 하지 않았던가!

덕불고 필유린(德不孤 必有隣)!